DEPART
le coq sportif

Martin Engelhardt Alexandra Kremer

Triathlon perfekt

Technik · Training Wettkampf

BLV Verlagsgesellschaft
München Wien Zürich

CIP-Kurztitelaufnahme der Deutschen Bibliothek

Engelhardt, Martin:
Triathlon perfekt: Technik, Training, Wettkampf / Martin Engelhardt; Alexandra Kremer. [Grafiken: Barbara von Damnitz]. - München; Wien; Zürich: BLV Verl.-Ges.. 1987.
ISBN 3-405-13343-2

NE: Kremer, Alexandra

Satz: Filmsatz Schröter GmbH, München
Druck und Bindung: Passavia, Passau

Printed in Germany · ISBN 3-405-13343-2

Dr. Martin Engelhardt wurde 1960 in Hanau geboren. Er arbeitet heute als Arzt an der Orthopädischen Universitätsklinik in Frankfurt am Main. Wie so viele Triathleten kommt er aus dem Schwimmerlager; bis 1980 war er in der Bundesligamannschaft des Offenbacher Schwimmclubs. In verschiedenen Funktionen in Verband und Verein war er von 1978 bis 1985 tätig. 1985 gründete er zusammen mit anderen den Triathlon-Verein Deutscher Ärzte und Apotheker, dessen erster Vorsitzender er wurde. Den Titel eines Deutschen Triathlonmeisters der Ärzte und Apotheker errang er 1985 und 1987, außerdem wurde er 1987 Ärzteweltmeister. Seit Mitte 1987 ist er Präsident der Deutschen Triathlon Union.

Alexandra Kremer wurde 1958 in Worms geboren, sie lebt in Köln und ist Diplomsportlehrerin. Für ihre Diplomarbeit über ein Thema, das sich mit dem Schwimmtraining befaßt, wurde sie mit der August-Bier-Plakette ausgezeichnet. Frau Kremer hat einige Jahre als Schwimmtrainerin gearbeitet und beschäftigt sich seit 1983 mit speziellen Fragestellungen zum Triathlon- und Ausdauertraining, die sie regelmäßig in Sportfachzeitschriften veröffentlicht.

Ihre sportliche Entwicklung prädestiniert zu Spitzenleistungen im Triathlon. Ehemals Kunstturnerin absolvierte sie im Sportstudium die Sonderfachausbildung Schwimmen, nahm seit 1983 regelmäßig an Marathonläufen teil. 1984 bestritt sie ihren ersten Triathlon-Wettkampf. Schon 1985 gewann sie den Titel bei den Europameisterschaften im Kurztriathlon, wurde Deutsche Meisterin (ebenso 1986) und belegte Platz 7 bei den Weltmeisterschaften in Nizza. 1986 wurde sie außerdem Europameisterin mit der deutschen Nationalmannschaft.

Inhalt

Einführung 9

Ausrüstung 17

Technik 37

Training 55

Wettkampf 99

Triathlon-Medizin 109

Anhang 129

Vorwort

Die Sportart Triathlon erfreut sich seit Jahren steigender Beliebtheit: Über eine Million Sportler nehmen jährlich weltweit an Triathlon-Veranstaltungen teil. Die Gründe für diesen Triathlon-Boom sind vielfältig.
Da der heutige Arbeitsalltag in unserer Industriegesellschaft häufig eine einseitige geistige Beanspruchung mit sich bringt, dienen die Ausdauersportarten vielfach als Ausgleich für diese Belastungen. Das Sporttreiben in der freien Natur findet dabei immer größeren Zuspruch. Zudem können Schwimmen, Radfahren sowie Laufen Herz- und Kreislauferkrankungen vorbeugen und haben eine positive Auswirkung auf unser seelisches Gleichgewicht.
Schwimmen, Radfahren und Laufen hat fast jeder von Kindheit an gelernt und bringt daher schon eine wichtige Voraussetzung für eine Teilnahme am Triathlon mit. Ein Großteil der Sportler betrachtet Triathlon als eine Herausforderung, die eigenen Leistungsgrenzen zu erfahren. Ganze Familien, jung und alt, Frauen und Männer, Sportler jeder Leistungsklassen nehmen an Triathlonveranstaltungen teil. Bei vielen Wettkämpfen können, im Gegensatz zu anderen Sportarten, sowohl Spitzen- als auch Breitensportler zusammen bei einer Veranstaltung starten.
Die rasante Entwicklung des Triathlonsports in Deutschland (mittlerweile zählt die Deutsche Triathlon Union 15000 Mitglieder, bei den Wettkämpfen gibt es stets mehr Nachfragen als Startplätze zur Verfügung stehen) hat dazu geführt, daß einige Bereiche zurückgeblieben sind.
Das Wissen über Training, Medizin und Ernährung, um nur drei Aspekte zu nennen, wurde bis vor kurzem aus anderen Sportarten übernommen. Dies konnte das Bedürfnis vieler Triathleten und Triathlonneulinge, möglichst viel über »ihre Sportart« zu erfahren, nicht befriedigen.
Seit 1986 bemüht sich der Mediziner Dr. Martin Engelhardt durch die Organisation von Triathlon-Symposien erfolgreich, Triathlon auf »wissenschaftliche Beine« zu stellen.

Konsequenterweise arbeitet er weiter an Publikationen und bringt jetzt zusammen mit Alexandra Kremer, der zweifachen Deutschen Meisterin, ein Buch auf den Markt, auf das deutsche Triathleten lange gewartet haben.
Die Autoren präsentieren mit »Triathlon perfekt« umfassende Sachinformation zu allen Bereichen dieses Sports. Beide gelten in Fachkreisen als absolute Triathlon-Experten. Ihre beruflichen Kompetenzen – Alexandra Kremer ist Diplomsportlehrerin und Dr. Martin Engelhardt arbeitet in der Unfallchirurgie – sowie ihre langjährigen Erfahrungen als erfolgreiche Triathleten haben sie in dieses Buch eingebracht.
Dieser Einklang von Theorie und Praxis macht die vorliegende Publikation für alle Triathlonbegeisterten interessant – egal ob Breiten- oder Spitzensportler, ob Kurz- oder Langspezialist.
Möge das vorliegende Werk allen Triathleten als wertvolle Hilfe dienen und weite Verbreitung finden.

Klaus Klaeren

Klaus Klaeren

Leistungssportwart der Deutschen Triathlon Union
Deutscher Triathlonmeister 1984

YOP

Einführung

Faszination Triathlon

Die Definition von Triathlon ist recht einfach: Nonstop-Ausdauerwettkampf mit den Teildisziplinen Schwimmen, Radfahren und Laufen. Die Zeitnahme wird ohne Unterbrechung durchgeführt, die Stoppuhr beginnt zu laufen mit dem Schwimmstart und wird erst angehalten, wenn der Triathlet als Läufer die Ziellinie passiert.
Doch was steckt wirklich hinter Triathlon? Warum ist Triathlon in so kurzer Zeit so populär geworden? Was ist das Geheimnis dieses Sports? Ist Triathlon eine Modeerscheinung oder verkörpert Triathlon das veränderte Freizeit- und Gesundheitsbewußtsein der Achtzigerjahre?
Über eine Million Sportler haben im letzten Jahr weltweit an Triathlon-Veranstaltungen teilgenommen. Die Palette der Angebote reicht dabei vom »1/10-Ironman« auf Lanzarote, der dort schon fast tausend sportliche Urlauber mit Triathlon bekanntgemacht hat, über viele Volks-, Kurz- und Mitteltriathlons bis hin zu den langen »Ultra«-Distanzen auf Hawaii, in Holland oder anderswo. Jung und Alt, Frauen und Männer, Sportler jeder Leistungsklasse können ihren geeigneten Wettbewerb auswählen. Spitzensport und Breitensport in einer Veranstaltung, in welchen Sportarten gibt es das sonst noch!
Um einerseits dieser Vielfalt gerecht zu werden, andererseits aber einen geregelten Sportbetrieb zu gewährleisten, wurde der Aufbau einer Organisationsstruktur notwendig. Dachorganisation für den Triathlon-Sport in der Bundesrepublik ist die Deutsche Triathlon Union (DTU). Zu ihren Aufgaben gehört es u.a. ein ordnendes Regelwerk, dessen wichtigster Zweck Chancengleichheit, sportliche Fairneß und Sicherheit sind, zu schaffen und Deutsche Meisterschaften zu vergeben. Auf regionaler Ebene haben Landesverbände die Arbeit aufgenommen. Sie erfassen und betreuen die Triathleten in Vereinen und Abteilungen, vergeben Landesmeisterschaften und koordinieren den Triathlon-Veranstaltungskalender. Wichtige Basisarbeit wie Talentsuche und -förderung speziell im Jugendbereich konnte bisher infolge fehlender Mittel noch nicht geleistet werden. Seit 1985 werden jährlich offizielle Deutsche und Europameisterschaften durchgeführt, 1986 gab es die erste Deutsche Jugendmeisterschaft und die ersten Deutschen Seniorenbestenkämpfe. Der Anteil der Frauen bei Triathlon-Wettkämpfen liegt noch bei etwa 10% in der Bundesrepublik Deuschland (dagegen ca. 30% in den USA!).
Bewegungsmangel ist einer der Hauptrisikofaktoren der Herz- und Kreislauferkrankungen, die über 50% der Todesfälle in der Bundesrepublik zur Folge haben. Ausdauertraining ist das einfachste Rezept, sicher nicht für die Unsterblichkeit, aber doch dafür, die genetisch terminierte Lebensspanne wirklich ausleben zu können. Voraussetzung für seine Wirksamkeit ist natürlich, daß ein regelmäßiges Training genauso wie Essen, Trinken und Zähnebürsten in den Tages- und Wochenablauf eingeplant wird. Mit Schwimmen, Radfahren, Laufen, jahreszeitlich bedingt und nach Lust und Möglichkeiten noch durch eine Reihe anderer Sportarten ergänzt wie Skilanglauf, Rollski, Eisschnell-Lauf, Kanu, Kajak usw. schaffen Sie sich eine Basisausdauer für alle anderen sportlichen Disziplinen und erhöhen durch ein verbessertes Wohlbefinden Ihre Lebensqualität. Triathlon-Training ist abwechslungsreich, eine Teilnahme an Wettkämpfen wirkt motivationsfördernd. Die Grenze zwischen Breiten- und Leistungssport liegt dort, wo der Trainingsaufwand das Maß übersteigt, das präventivmedizinisch als Minimalanforderung angesehen wird, etwa bei einem Pensum von 3–4 Stunden pro Woche.
Der heutige Arbeitsalltag bringt weniger eine körperliche, mehr eine geistige Erschöpfung mit sich. Schwimmen, Radfahren und Laufen wirken da fast wie ein Wunderelixier. Schon nach kurzer Zeit fällt jede Erschöpfung ab und der Kopf wird frei für kreative Gedanken. Aggressionen werden abgebaut, der Seelenfrieden wiederhergestellt, Kraft für neue Beanspruchung wird getankt. Selbstversenkung, Meditation, innere Ruhe wird bei Ausdauerbewegung erlebt. Diese positiven Auswirkungen auf das Seelenleben zählen gerade für die jüngere und mittlere Generation, die von körperlichen Gebrechen noch verschont geblieben ist, zu den wichtigsten gesundheitlichen Auswirkungen des Triathlon-Sports.

Triathlon macht Spaß, ist ein Erlebnis, ein Abenteuer! Die Herausforderung, die eigenen Leistungsgrenzen zu erfahren, ist auch an dem Präsidium der DTU nicht spurenlos vorübergegangen. Fünf dieser Acht haben den Ironman auf Hawaii, vom Schwimmen im glasklaren warmen Wasser mit den herrlich bunten Fischen und Korallen in der Bucht von Kona über die Gluthitze und den Gegenwind auf dem High-way durch die Lava-Wüste auf 180 fast endlosen Radkilometern bis zum Marathonlauf, den die ersten noch bei Tageslicht, die Mehrzahl aber mit phosphorisierenden Leuchtstäben am Handgelenk beenden, erlebt, durchlitten und das Glücksgefühl im Ziel ausgekostet. Für die große Mehrzahl aller Teilnehmer ist der Ironman ein großes, aber stets kalkulierbares Abenteuer, nur für die ersten 100 bis 200 ist es Leistungssport, ist das Ergebnis auf Minuten vorhersagbar.
Grenzerfahrung, Körpererlebnis, Gruppenerlebnis, Naturerlebnis, in dieser Vielfalt bietet der Triathlon-Sport wohl eine einmalige Verbindung. Wenn Kinder zum ersten Mal einen Triathlon mit 200 m Schwimmen, 8 km Radfahren und 2 km Laufen beenden und im Ziel sagen: »Es ist ein tolles Gefühl, wenn man es geschafft hat«, dann haben sie ihren Ironman erlebt! Sie haben ihre persönliche Grenzerfahrung gemacht und können stolz auf die eigene Leistung sein. Wenn am Ende eines langen Triathlons der Körper ausgebrannt ist und nur noch zwei Gedanken im Hirn kreisen: trinken, duschen – wenn man dann schließlich unter der Dusche steht, dann erlebt man dankbar und bewußt seine Körperlichkeit.
Triathlon ist Einzelsport, aber nur bei wenigen Sportarten existiert ein solches Kameradschaftsgefühl, eine solche Hilfsbereitschaft und gegenseitige Achtung, die aus dem Erlebnis des gemeinsamen Trainings und der gemeinsam erlebten Wettkämpfe erwachsen sind. Triathlon schafft Kontakte.
Der Reiz, in natürlichen Gewässern zu schwimmen, wurde wiederentdeckt: im Silbersee bei Worms, im Alpsee, Schluchsee, Bodensee, in den Wellen des Atlantik von Hilton-Head ... bei Wassertemperaturen zwischen 13 und 26 °C, jedesmal ein neues Erlebnis. Radstrecken flach wie in Almere, Sendai oder Brasschaat, durch Großstädte wie Essen oder Berlin, bergig wie im Allgäu oder um den Schluchsee, jede für sich etwas anderes, neues, ein Naturerlebnis, das zu genießen auch im Wettkampf möglich ist. Ganz anders als auf dem Rad erlebt man die Natur beim Laufen. Sind es beim Fahren die vielfältigen Eindrücke der Landschaft, so ist es beim Laufen die kleinere Welt des Waldes, der Tiere und Blumen, so sind es der Duft der Himbeeren, Meeresluft mit ihrem Gemisch aus Tang- und Fischgerüchen, Hitze, Kälte, Regen, Schnee, Asphalt, Sand, federnder Waldboden, eine endlose Liste. Intensivere Naturerlebnisse sind kaum denkbar!
Triathlon wird mit seinem leistungs- oder breitensportlichen Angebot und dem hohen Gesundheits- und Erlebniswert seinen Platz in der bunten Palette des Sports finden. Alle Fragen nach dem »Warum Triathlon?« können ganz leicht beantwortet werden:

Faszination Triathlon!

Dr. Joachim Fischer

Entwicklung des Triathlon

Mit dem zunehmenden Gesundheitsbewußtsein der letzen Jahre stieg auch das Interesse der Bundesbürger an einer aktiven Freizeitgestaltung durch Sport. Besonders die Ausdauersportarten wie z. B. Schwimmen, Radfahren, Laufen und Skilanglauf hatten einen großen Zuwachs zu verzeichnen.
Der amerikanische Arzt Dr. Kenneth Cooper entwickelte in seinem 1968 erschienenen Buch »Aerobics« ein Gesundheitsprogramm, in dem das regelmäßige Ausdauertraining eine zentrale Rolle spielt. Bemerkenswert darin ist eine Punktetabelle, in der fast alle Sportarten und ihr Einfluß auf die Verbesserung der Ausdauerleistungsfähigkeit bewertet werden. Schwimmen, Radfahren und Laufen stehen in der Rangliste ganz oben!

Jede der Einzeldisziplinen von Triathlon hat bei uns eine überragende Bedeutung als Breiten- und Leistungssport.
Schwimmen – dabei denken viele Menschen nicht nur an Wasser, Luft, Sonne und Urlaub. Laut Umfragen ist Schwimmen seit einigen Jahren die Lieblingssportart von über 50% aller Bundesbürger.
Laufen wurde bereits seit dem Ende der 60er Jahre zu einem Phänomen in vielen Industriestaaten, in denen das Problem des Bewegungsmangels auftrat. Allein in der Bundesrepublik gibt es heute über zwei Millionen Menschen, die zweimal und mehr pro Woche Dauerlauf betreiben.
Laufen kann man überall und bei jedem Wetter, spezielle Voraussetzungen und Kenntnisse sind nicht notwendig, der Materialaufwand ist vergleichsweise gering.
Volksläufe, an denen jeder teilnehmen kann, werden seit 1963 organisiert.

Die Popularität des Radfahrens wuchs in den 70er Jahren rapide. Das besondere Interesse gilt dabei den Radwanderfahrten mit Tourenrädern sowie dem sportlichen Radfahren auf Rennmaschinen. Ähnlich den Volksläufen werden an den Wochenenden von April bis Ende September Radtouristikfahrten angeboten.
Anfang der 80er Jahre kam Triathlon als eine neue Ausdauersportart hinzu, die den Rahmen des bisher bekannten sprengte. Die Kombination der drei Ausdauersportarten Schwimmen, Radfahren und Laufen ermöglichte es, die Grenzen der Ausdauerleistungsfähigkeit in völlig neue Dimensionen zu verschieben.
Die Sportordnung der Deutschen Triathlon Union (DTU) sieht eine Unterteilung in Volks-, Kurz-, Mittel- und Langtriathlon vor. Die Einzelteilstücke müssen dabei in der Relation von etwa 1:30–50:9–11 zueinander stehen. Dadurch sollen die Spezialisten für die einzelnen Disziplinen weder übervorteilt noch benachteiligt werden. Die DTU sorgt seit 1985 mit der Sportordnung für ein einheitliches Regelwerk.
Bekannteste und wohl spektakulärste Triathlon-Veranstaltung ist der »Ironman« auf Hawaii mit 3,8 km Schwimmen, 180 km Radfahren und 42,195 km Laufen. Er wird seit 1978 jährlich ausgetragen und gilt neben der Konkurrenzveranstaltung auf europäischem Boden in Nizza (3 km Schwimmen, 120 km Radfahren, 32 km Laufen) als inoffizielle Weltmeisterschaft.

Start zum traditionsreichsten Triathlon-Wettbewerb, dem »Ironman«.

Die Presseberichte aus der Anfangszeit über Triathlon, in denen es hieß: »Große Schau der Supermänner«, »Verrückheit hoch drei«, »Der totale Wahnsinn« oder »Nichts für normale Menschen«, gehören schon lange der Vergangenheit an. Triathlon hat sich mittlerweile zu einem weltweiten Phänomen entwickelt. Viele sprechen davon, daß immer mehr Athleten aus den unterschiedlichsten Sportarten zur Teilnahme angeregt werden. Triathlon hat eine der höchsten Zuwachsraten hierzulande. So ist in der BRD in den letzten vier Jahren die Anzahl der triathlonbegeisterten Sportler um das 100fache (!) gestiegen.

Die wachsende Anzahl der Veranstaltungen und Aktionen im Triathlon-Sport der BRD

Jahr	Anzahl der Veranstaltungen	Anzahl der akt. Triathleten
1982	7	300
1983	15	3 000
1984	50	10 000
1985	100	20 000
1986	160	30 000

Geschichtlicher Überblick

vor 1974 Überlebenstraining/-versuche (Survival-Trials) auf dem amerikanischen Kontinent, z.B. der Alaska-Trial, Arizona-Trial. Es handelt sich um Staatsdurchquerungen ohne fremde Hilfe, zu Fuß, mit Kanu, Hundeschlitten, Ski usw. Die sich immer mehr ausbreitende Fitneß-, Jogging-, Radfahrwelle übernimmt die Idee der Kombination verschiedener Sportarten und kreiert den Triathlon als Einzelsportart.

Dave Scott – fünfmaliger Gewinner des Ironman.

1974 Erster Triathlon in San Diego, Kalifornien. Distanzen sind ca. 1,5 km Schwimmen, 40 km Radfahren und 10 km Laufen. Sieger wird Bill Philipps.

1977 Es wird gesagt, daß an einem Abend am Biertisch John Collins und einige seiner Freunde, Angehörige einer auf Hawaii stationierten US-Armee-Einheit, darüber diskutierten, welcher der drei auf der Insel Oahu jährlich durchgeführten Ausdauerwettkämpfe wohl der härteste sei: das Waikiki Rough Water Swim (Brandungsschwimmen) über 2,4 Meilen (3,8 km), das Around Oahu Bike Race (Radrennen) über 112 Meilen (180 km) oder der Honolulu Marathon. Es entstand die Idee vom dreifachen Ausdauertest, nämlich alle drei Wettbewerbe an einem Tag hintereinander zu absolvieren.

1978 Am 18. Februar 1978 starten 15 Männer zum ersten Hawaii-Triathlon. 12 davon kommen ins Ziel. Gordon Haller, ein 27jähriger Marinesoldat, siegt in 11:46:58 Stunden.

1980 Die amerikanische Fernsehgesellschaft ABC überträgt den dritten Ironman am 10. Januar 1980 und verschafft damit dem Hawaii Triathlon weltweite Popularität. Sieger sind Dave Scott in 9:24:33 Stunden und bei den Frauen Robin Beck in 11:21:24 Stunden.

Am 21.6. findet der erste Triathlon auf europäischem Boden in der CSSR statt.

1981 Erste Fernsehberichterstattung über den Ironman auf Hawaii in der BRD. In Den Haag gewinnt der Holländer Gregor Stam am 5.9. den ersten Triathlon über die Ironman-Distanzen auf europäischem Boden in 11:11 Stunden.

1982 Unter den Scheinwerfern der Fernsehkameras bricht die mit einigen Minuten führende Julie Moss kurz vor dem Ziel zusammen und kann den Wettkampf nur noch kriechend beenden. Ihre Konkurrentin Kathleen Mc Carteney überholt sie noch wenige Meter vor der Ziellinie und gewinnt den fünften Ironman auf Hawaii in 11:09:40 Stunden. Der Ironman gelangt so in die Schlagzeilen zahlreicher internationaler Magazine.
In den USA wird die erste United States Triathlon Serie (USTS) angeboten. Sie besteht aus fünf Veranstaltungen in San Diego, San Francisco, Los Angeles, Seattle und Portland mit den Distanzen 2 km Schwimmen, 40 km Radfahren und 15 km Laufen.
Triathlon-Premiere in der BRD. Am 26. April findet in Essen der erste Triathlon statt. Die Distanzen sind 1 km Schwimmen, 70 km Radfahren und 10 km Laufen. Sieger: Thomas Lücke.

1983 Manuel Debus gründet den Deutschen Triathlon Verband (DTV).
Günter Kissler gründet den Deutschen Triathlon Bund (DTrB).

1984 Auf europäischer Ebene wird die Europäische Triathlon Union (ETU) ins Leben gerufen. Jährlich sollen drei Europameisterschaften, je über die kurze, mittlere und lange Distanz durchgeführt werden. Zusätzlich als Mannschaftswettkampf wird eine Staffeleuropameisterschaft in der Vorsaison angeboten.
Erste Deutsche Meisterschaft in Immenstadt. Distanzen sind 1,9 km Schwimmen, 115 km Radfahren und 29 km Laufen. Bei den Männern siegt Klaus Klaeren in 5:56 Stunden, bei den Frauen Hanni Zehendner in 7:02 Stunden.

1985 Am 23. Februar 1985 fusionieren der Deutsche Triathlon Verband und der Deutsche Triathlon Bund zur Deutschen Triathlon Union, die seitdem Dachorganisation in der BRD ist. Präsident wird Dr. Joachim Fischer.
Die erste offizielle Europameisterschaft (Kurztriathlon): 1,3 km Schwimmen, 60 km Radfahren, 12 km Laufen) wird in Immenstadt/Allgäu ausgetragen. Sieger: Rob Barel in 2:37:42 Stunden, Siegerin: Alexandra Kremer in 3:06:02 Stunden.

Siegerliste des »Ironman« auf Hawaii

Männer

Jahr	Name	Schwimmen	Radfahren	Laufen	Gesamtzeit
1978	Gordon Haller	–	–	–	11:46:58
1979	Tom Warren	1:06:15	6:19	3:51	11:15:56
1980	Dave Scott	0:51:00	5:03	3:30:33	9:24:33
1981	John Howard	1:11:12	5:03:29	3:23:48	9:38:29
1982 (Feb.)	Scott Tinley	1:10:45	5:05:11	3:03:45	9:19:41
1982 (Okt.)	Dave Scott	0:50:52	5:10:16	3:07:15	9:08:23
1983	Dave Scott	0:50:52	5:10:48	3:04:16	9:05:57
1984	Dave Scott	0:50:21,4	5:10:59,1	2:53:00,2	8:54:20,7
1985	Scott Tinley	0:55:13	4:54:07	3:01:33	8:50:54
1986	Dave Scott	0:50:53,8	4:48:32,2	2:49:11,5	8:28:37,5

Frauen

Jahr	Name	Schwimmen	Radfahren	Laufen	Gesamtzeit
1978	–	–	–	–	–
1979	Lyn Lemaire	1:16:20	6:30	5:10	12:55:38
1980	Robin Beck	1:20	6:05	3:56:24	11:21:24
1981	Linda Sweeney	1:02:07	6:53:28	4:04:57	12:00:32
1982 (Feb.)	Kathleen McCartney	1:32:00	5:51:12	3:46:28	11:09:40
1982 (Okt.)	Julie Leach	1:04:57	5:50:36	3:58:35	10:54:08
1983	Sylviane Puntous	1:00:28	6:20:40	3:22:28	10:43:36
1984	Sylviane Puntous	1:00:45,2	5:50:36,7	3:33:51,4	10:25:13,3
1985	Joanne Ernst	1:01:43	5:39:13	3:44:26	10:25:22
1986	Paula New-Fraser	0:57:03,1	5:32:05,6	3:20:05,7	9:49:14,5

Links: Die erste Deutsche Meisterin, Hanni Zehendner.

Rechts: Scott Tinley, u. a. mehrmaliger Gewinner des Ironman, ist einer der großartigen Athleten aus den USA.

Wohl die beste deutsche Triathletin der letzten Jahre: Alexandra Kremer.

Siegerliste »Weltmeisterschaft« in Nizza

Jahr	Name	Ges.-Zeit
1982	Mark Allen Lyn Brooks	6:33:52 7:40:44
1983	Mark Allen Linda Buchanan	6:04:51 7:06:03
1984	Mark Allen Colleen Cannon	6:05:22 7:05:15
1985	Mark Allen Erin Baker	5:53:13 6:37:21
1986	Mark Allen Linda Buchanan	5:46:10 6:50:56

Sieger der offiziellen Europameisterschaften 1985

Staffel-EM (Belfast/Nordirland)	Mannschaft der Niederlande (Barel, Hellemans, Huls, Koenders)
Kurz-EM: 1,3/60/12,3 (Immenstadt/BRD)	Rob Barel (NL) 2:37:42 Alexandra Kremer (BRD) 3:06:0?
Mittel-EM: 1,9/90/21,1 (Aabenraa/Dänemark)	Peter Ziyerveld (NL) 4:10:05 Lieve Paulus (B) 4:45:19
Lang-EM: 2,4/180/42 (Almere/Niederlande)	Gregor Stam (NL) 8:56:55 Sarah Springman (GB) 10:18:53

Sieger der offiziellen Europameisterschaften 1986

Staffel-EM (Mansfield/Großbritannien)	Mannschaft der BRD (Kremer, Rupp, Wachter, Zäck)
Kurz-EM: 1/44/12 (Milton Keynes/Großbritannien)	Rob Barel (NL) 1:59:50 Lieve Paulus (B) 2:17:10
Mittel-EM: 1,9/90/21 (Brasschat/Belgien)	Rob Barel (NL) 3:54:31 Sarah Coope (GB) 4:32:13
Lang-EM: 3,8/180/42 (Säter/Schweden)	Magnus Lönnquist (FIN) 8:40:11 Sarah Springman (GB) 9:59:49

Sieger der offiziellen Europameisterschaften 1987

Kurz-EM: 1/45/10 (Marseille/Frankreich)	Rob Barel (NL) 1:58:12 Sarah Coope (GB) 2:17:02
Mittel-EM: 2/92/20 (Roth/BRD)	Glenn Cook (GB) 3:57:19 Sarah Coope (GB) 4:28:38
Lang-EM: 3,8/180/42 (Joroinen, Finnland)	Axel Koenders (NL) 8:36:22 Sarah Coope (GB) 9:48:17

Sieger der Deutschen Meisterschaften

1984 (Immenstadt) 1,9/115/29	Klaus Klaeren 5:56 Hanni Zehendner 7:02
1985 (Schluchsee) 2,5/100/25	Gerhard Wachter 5:05:21 Alexandra Kremer 6:01:45
1986 (Roth) 2,5/99/25	Dirk Aschmoneit 4:40:47 Alexandra Kremer 5:18:57
1987 (St. Wendel) 1,5/63/15	Wolfgang Dittrich 2:42:15 Monika Lövenich 3:13:26

Veranstaltungsserien

Neben den offiziellen Meisterschaften werden in fast allen führenden Triathlonnationen Serienveranstaltungen durchgeführt. Über das ganze Jahr verteilt finden an unterschiedlichen Orten Triathlonwettbewerbe statt, die zu einer Serie zusammengefaßt werden. Nach einem Punktesystem werden am Ende der Saison die Sieger ermittelt.

Die angebotenen Wettkampfstrecken sind meist kurz, die bekannteste Serie in den USA (USTS) ist seit 1984 auf die Distanzen 1,5 km Schwimmen, 40 km Radfahren und 10 km Laufen festgelegt worden, um so gerechte und ausgeglichene Relationen der Einzeldisziplinen zueinander zu gewährleisten. Die vorderen Plätze in der Serie werden mit Preisgeldern belohnt, die in den USA beträchtliche Summen ausmachen. In der Bundesrepublik wurde 1986 eine Serie von elf ausgesuchten Triathlon-Veranstaltungen angeboten (DTU-Serie), die – mit Ausnahme der Deutschen Meisterschaft – alle mit 1,5 km Schwimmen, 60 km Radfahren und 15 km Laufen durchgeführt wurden. Die besten drei Ergebnisse wurden für die Serien-Ergebnisliste gewertet. 1987 fand die Serie auf verkürzten Teilstrecken statt (1 km Schwimmen, 40 km Radfahren, 10 km Laufen).

Trimmathlon

Der Deutsche Sportbund reagierte schnell auf die zunehmende Begeisterung für den Triathlon-Sport in der BRD: Trimmathlon wird als Volkswettbewerb angeboten. Dieser Ausdauertest besteht aus drei Ausdauersportarten, vorzugsweise Schwimmen, Radfahren und Laufen, je nach örtlichen Gegebenheiten können jedoch auch Skilanglauf, Eislauf, Rollschuhlauf, Rudern, Kanu usw. angeboten werden. Die drei Sportarten müssen an einem Tag absolviert werden. Jeder bestimmt sein Tempo selbst, es gibt keine Mindestzeiten und es erfolgt keine Zeitnahme. Eine Unterteilung in »Beginner« und »Geübte« wird empfohlen. Die Streckenlängen werden so gewählt, daß die Beginner auf eine Belastungsdauer von jeweils 10–15 min kommen, die Geübten je Sportart ca. 30 min aktiv sind. Veranstalter sind in der Regel die örtlichen Sportvereine u. U. in Zusammenarbeit mit dem Sportamt der Stadt- bzw. Gemeindeverwaltung.

Jürgen Zäck, 1986 Seriensieger der Deutschen Triathlon Union.

Beispiele für Streckenlängen:

	Schwimmen	Radfahren	Laufen
Beginner	300 m	5 km	1,7–2,0 km
Geübte	700 m	10–12 km	5,0–6,0 km

Über nähere Einzelheiten informiert die Geschäftsstelle des DSB Breitensport, Otto-Fleck-Schneise 12, 6000 Frankfurt 71. Dort kann auch kostenloses Werbe- und Organisationsmaterial angefordert werden.

Volkstriathlon

Nach dem Vorbild der Volksläufe und der Radtourenfahrten werden zunehmend Volkstriathlonveranstaltungen angeboten. Die Distanzen befinden sich im Bereich des Trimmathlons für Geübte, jedoch werden die Teildisziplinen ohne Pause in der üblichen Reihenfolge Schwimmen-Radfahren-Laufen durchgeführt. Bei diesen Wettbewerben wird die jeweilige Gesamtzeit des Teilnehmers ermittelt und jeder erhält für seine Leistungen eine Urkunde. Die Teilnehmer eines Volkstriathlons müssen weder einem Verein noch einer sonstigen Organisation angehören. Jeder kann ausprobieren, ob er die Strecken bewältigen kann. Gegen einen Unkostenbeitrag erfolgt die Verpflegung und Versicherung durch den ausrichtenden Verein.

Jugend trainiert für Triathlon

Eine neue Breitensportaktion für Jugendliche wurde 1986 vom Präsidenten der DTU ins Leben gerufen. »Jugend trainiert für Triathlon« wird ab 1987 bundesweit

Gerade für Jugendliche ist Triathlon bei richtiger Dosierung gut geeignet.

und nach einheitlichem Muster durchgeführt. Die Längen der Einzelstrecken wurden so gewählt, daß diese von jedem gesunden Jugendlichen ohne große Trainingsvorbereitung bewältigt werden können. Schülerinnen und Schüler im Alter von 10–14 Jahren absolvieren 200 m Schwimmen (Schwimmbad!), ca. 7,5 km Radfahren und 2 km Laufen. Jugendliche im Alter von 15–18 Jahren starten über die doppelte Distanz.
Auch in die Schulen hat der Triathlon-Sport Eingang gefunden, doch wird bisher lediglich in Neigungsgruppen und Arbeitsgemeinschaften trainiert (Triathlon ist in den Richtlinien noch nicht verankert). Immerhin gab es in Nordrhein-Westfalen schon Wettkämpfe für Schülerinnen und Schüler (Krefeld, Essen, Bochum, Dormagen). In Essen wurde sogar eine Stadtmeisterschaft der Gymnasien durchgeführt, an der sich 1986 zehn Schulen mit 76 Aktiven im Alter von 14–18 Jahren beteiligten.

Ausdauermehrkämpfe

Die Tradition der Audauermehrkämpfe reicht bis über den Zeitpunkt des ersten Triathlon-Wettkampfs hinaus. Mehrere Ausdauersportarten werden an einem Tag oder über einen bestimmten Zeitraum hinweg absolviert. Jedes Rennen wird für sich gewertet, die Summe der Einzelleistungen bestimmt schließlich die Sieger. Im Gegensatz zum Triathlon sind kürzere oder längere Pausen zwischen den Teilabschnitten eines Wettbewerbs gewährleistet.

1970 Die Schweden schaffen mit ihrem Svensk-Klassiker den bis heute anspruchsvollsten und traditionsreichsten Ausdauermehrkampf. Innerhalb eines Jahres müssen der Wasalauf (89 km), das Radrennen rund um den Vätternsee (330 km), der Lindigolauf (30 km) sowie das Flußschwimmen im Vansbro (3 km) absolviert werden. Die Idee begeistert seither Tausende von Teilnehmern.

1974 Der Norsk-Klassiker, das norwegische Gegenstück, wird eingeführt: 42 km Skilanglauf von Holmenkollen nach Marsjen, 170 km Radfahren von Vestfold nach Rundt, 2,5 km Schwimmen von Holnsvannet nach Rundt und 20 km Geländelauf von Fredrikstadmarka nach Rundt.

seit **1976** Husumer Ausdauervierkampf (Deutschland-Klassiker): 50 km Gehen, 1,5 km Schwimmen, 150 km Radfahren und ein Marathonlauf werden in einer Sommerwoche zurückgelegt.

seit **1977** Bayerischer Ausdauervierkampf: im Winter 30 km Skilanglauf, im Sommer 100 km Radfahren und 1 km Schwimmen, im Herbst 10 km Geländelauf.

1978 Simsee-Dreikampf: Radzeitfahren über 25 km, 900 m Schwimmen über den Simsee und 2,8 km Laufen an einem Tag.

seit **1979** Süddeutscher Ausdauermehrkampf: auf dem Programm stehen ein winterlicher großer Skilanglauf wie z. B. der König-Ludwig-Lauf, der Schwarzwald-Skimarathon oder der 100-km-Rucksacklauf, ein Rad-Zeitfahren über 80 km und mehr, ein Marathonlauf, das Bodenseeschwimmen über 2,5 km und der herbstliche Schönbuchlauf über 25 km. Das Programm variiert alljährlich, Berglauf und Bergsteigen werden auch angeboten.

seit **1980** Der Frammersbacher Ausdauerdreikampf, erstmals veranstaltet am 21. 9. 1980, ist bei uns seitdem der bekannteste Ausdauermehrkampf und kann als direkter Vorläufer der bundesdeutschen Triathlonbewegung angesehen werden. An zwei Tagen werden 1 km geschwommen, 50 km radgefahren und 20 km gelaufen. Große Teilnehmerzahlen und Spitzenleistungen der Athleten sorgen seither für Aufsehen.

Ausrüstung

Schwimmen

Neben **Badehose** bzw. **Badeanzug** und **Badekappe** gehört eine **Schwimmbrille** zur Grundausstattung fürs Triathlon-Schwimmtraining. Schwimmbrillen schützend die Augen vor den Chemikalien in den öffentlichen Bädern (z. B. Chlor) oder vor dem Salz beim Schwimmen im Meer, denn längeres Training kann zur Rötung und schmerzhaften Reizung der Bindehaut der Augen führen. Die Brillenauswahl sollte individuell erfolgen, es empfiehlt sich, verschiedene Modelle von unterschiedlichen Firmen auszuprobieren. Um das ständige Anlaufen der Schwimmbrille zu vermeiden, genügt es oft, sie vor dem Schwimmen mit etwas Spucke einzureiben oder mit Haarshampoo auszuspülen. Anti-fog-Brillen sind gegen Anlaufen präpariert.

Ausrüstung im Überblick:

Badehose/-anzug
Badekappe
Schwimmbrille
Nasenklammern/Ohrenstöpsel
Triathlonanzug
Neoprenanzug mit Haube
Vaseline
Pull-buoy
Schwimmbrett
Schwimm-Paddles
Wasserdichte Armbanduhr

Nasenklammern und **Ohrenstöpsel** werden von Sportlern verwendet, die allergisch auf Chlor reagieren oder das Eindringen von Wasser in Nase und Ohren als unangenehm empfinden.

Einteiliger Triathlonanzug.

Der **einteilige Triathlonanzug** wird im Triathlon-Wettkampf ohne Wechsel in allen drei Disziplinen getragen. Er besteht aus einem speziellen, schnelltrocknenden Material und sollte dem Körper eng anliegen ohne jedoch die Bewegungsfreiheit zu beeinträchtigen.

Kälteschutzanzüge aus Neopren wurden inzwischen speziell für den Triathlon-Sport entwickelt und dürfen uneingeschränkt bei jeder Wassertemperatur im Wettkampf getragen werden. Neopren ist ein künstlich hergestellter Kautschuk, der sich neben seiner guten Dehnbarkeit durch eine hervorragende Wärmeisolation auszeichnet. Verantwortlich dafür sind die vielen, kleinen, in sich abgeschlossenen Luftbläschen, die im Material enthalten sind. Sie setzen zum einen die Wärmeleitfähigkeit herab (Luft ist ein schlechterer Wärmeleiter als Wasser) und verhindern darüber hinaus, daß sich das Wasser im Anzug ständig erneuert und so vermehrt Wärme abgeführt wird.

Mit dem Neoprenanzug geschützt (in Dikken zwischen 1,5 und 3 mm, mit langen/kurzen Armen/Beinen erhältlich) kann man längere Zeit ohne die Gefahr einer Unterkühlung im Wasser verbringen. Die Neoprenhaut ist innen kaschiert, d. h. mit Stoff überzogen, was dafür sorgen soll, daß der Kälteschutzanzug bequem an- und vor allem schnell auszuziehen ist. Ein funktionell entwickelter Neoprenanzug schützt den Körperkern (Rumpf einschließlich Oberschenkel, Nackenbereich!) nur bei optimaler Paßform. Ein zu

großer Anzug läßt permanent Wasser an den Körper (Wärmeentzug), während ein zu enger Anzug die Blutzirkulation der Haut behindert. Da ein sehr hoher Prozentsatz der Körperwärme beim Schwimmen über den Kopf abgegeben wird, sollte bei kalten Wassertemperaturen zusätzlich eine **Neoprenhaube** getragen werden. Durch den zusätzlichen Auftrieb mit Neoprenanzug sind die Schwimmzeiten deutlich schneller.
Vaseline schützt vor Reibungsstellen, die vom Neoprenanzug verursacht werden können (am Hals, in der Achselgegend).
Pullbuoy, Schwimmbrett und Paddles sind die am häufigsten verwendeten Übungs- und Trainingshilfen im Schwimm- und Triathlon-Training. Pullbuoys werden zwischen den Oberschenkeln festgeklemmt und sichern so beim speziellen Armzugtraining eine flache Wasserlage.

Kurzer und langer Neoprenanzug.

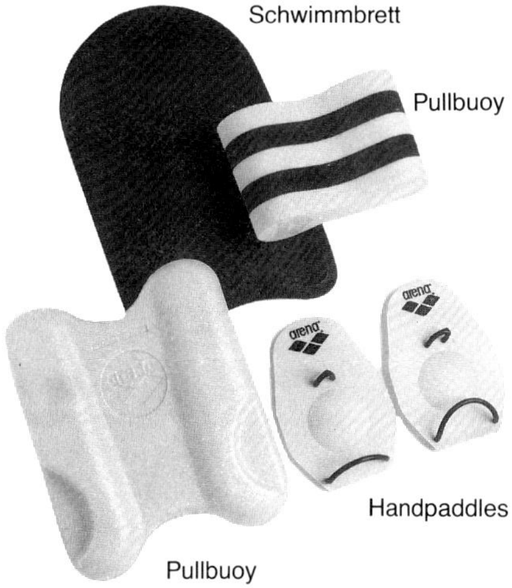

Schwimmbrett
Pullbuoy
Handpaddles
Pullbuoy

Das Schwimmbrett ist ein bewährtes Hilfsmittel beim Erlernen und Trainieren des Kraul-Beinschlags und sollte somit vom Anfänger wie vom Spitzensportler genützt werden.
Schwimm-Paddles sind kleine Kunststoffbretter, die mit Gummis an Handgelenk und Fingern befestigt werden. Die Handflächen werden dadurch vergrößert. Schwimmen mit vergrößerten Handflächen erfordert einen vermehrten Kraftaufwand und trainiert so die Muskulatur (siehe auch Kraftausdauertraining). Die in verschiedenen Größen erhältlichen Paddles dienen darüber hinaus zur Verbesserung der Armzugtechnik: ungünstige Handstellungen in der Unterwasserphase der Arme (Antriebsphase) werden mit Paddles durch den erhöhten Wasserwiderstand viel eher und deutlicher wahrgenommen.
Eine **wasserdichte Armbanduhr**, die im Training eine ständige Leistungskontrolle, (z. B. beim Intervalltraining und Zeitschwimmen) im Wettkampf eine Zwischenzeitnahme zur besseren Einteilung der Kraftreserven ermöglicht, ist eine sinnvolle Anschaffung für jeden Triathlonsportler.

Radfahren

Das konventionelle Straßenrennrad gehört zur Standardausrüstung im Triathlon-Sport. Noch bis vor kurzem galt es als durchaus ausreichend für Taining und Wettkampf. Inzwischen hat man jedoch erkannt, daß die besonderen Bedingungen im Triathlon (Einzelzeitfahren ohne den Vorteil des Windschattenfahrens) spezielle Anpassungen des Materials erfordern. Die Experimentierfreudigkeit deutscher und internationaler Spitzen-Triathleten auf dem Radsektor in den letzten Jahren ist erstaunlich. Aerodynamische Komponenten zur Minimierung des Luftwiderstandes gewinnen zunehmend an Bedeutung. Man erinnere sich an den sensationellen Auftritt von Scott Tinley bei der

Das Straßenrennrad setzt sich aus folgenden Teilen zusammen:

Rahmen

Steuersystem mit Lenker/Vorbau, Steuersatz und Gabel

Antriebssystem mit Tretlager (Innenlager, Tretkurbeln, Kettenblätter), Pedalen, Zahnkränzen, Schaltung und Kette

Laufräder mit Naben, Speichen und Felgen

Reifen

Bremsen und Bremsgriffe

Sattel und Sattelstütze

Zubehör wie Luftpumpe, Ersatzreifen, Flaschenhalter mit Trinkflasche, Kilometerzähler/Radcomputer, Pulsmeß- und Trittfrequenzbestimmungsgerät, Schutzbleche für Regenfahrten

Deutschen Meisterschaft 1986 in Roth. Er präsentierte dort seine hochtechnisierte Rennmaschine, die für Kurz-, Mittel- und Langtriathlons einsetzbar ist: ein nur 8,5 kg schweres Rad mit Carbonrahmen, windschlüpfrigem Lenker, aerodynamischen Säbelspeichen und davon auch nur die minimal mögliche Anzahl.
Die Frage (die noch nicht endgültig beantwortet ist) ist, ob das optimale Triathlon-Rennrad eher vom Typ der Zeitfahrmaschinen mit abfallendem Oberrohr am Rahmen, 24- oder 26-Zoll-Vorderrad, mit verkleideten Scheibenrädern ist, oder ob sogar selbsttragende Alu- oder Carbonscheibenräder, Horn- oder Büffellenker, nach innen verlegte Bremszüge oder ähnliches zweckmäßig sind.
Jeder Triathlon-Sportler sollte sich ein Rad zusammenstellen, das den persönlichen Bedürfnissen und Zielsetzungen gerecht wird. Einen Trimmathlon oder Volkstriathlon kann man bereits mit einem normalen Tourenrad bewältigen. Der leistungsorientierte Triathlet dagegen achtet beispielsweise darauf, daß Rahmenhöhe und Sitzposition auf seine Körpermaße abgestimmt sind, um einen optimalen Bewegungsablauf und die bestmögliche Leistung zu gewährleisten.

Rahmen

Der wichtigste Teil des Rennrades sollte so leicht wie möglich sein und dabei gleichzeitig eine ausreichende Stabilität aufweisen, damit die volle Beinkraft des Triathleten möglichst auf das Antriebssystem übertragen werden kann. Jedes Kilogramm Mehrgewicht eines Rennrades bedeutet bei einer Geschwindigkeit von 35–42 km/Stunde einen zusätzlichen Aufwand an Energie von ein bis zwei Prozent. Andererseits bringt z. B. ein zu leichter Rahmen keine Vorteile, wenn er sich unter

Moderne Zeitfahrmaschine, die für Triathlon geeignet ist.

Der Rahmen eines Rennrades.

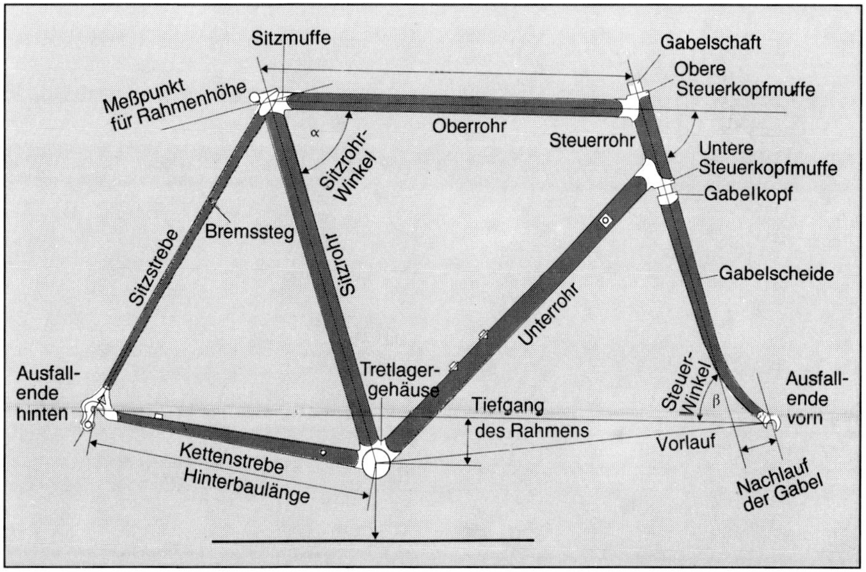

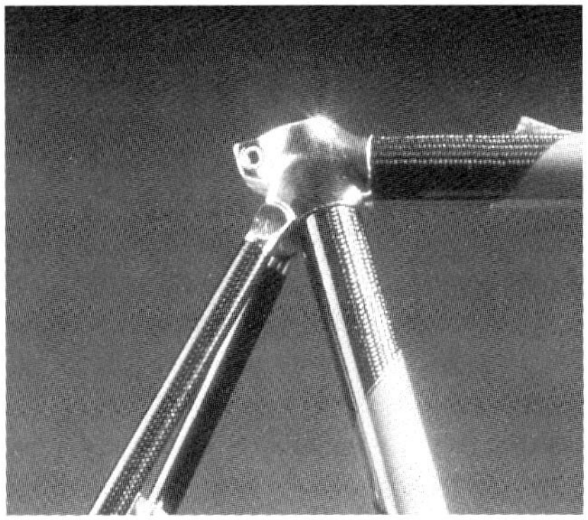

Carbonrahmen, gut ist die Faserstruktur des Materials zu sehen.

Ein Rahmen mit nach vorne abfallendem Oberrohr ermöglicht eine aerodynamisch günstige Position auf dem Rad und wird in Zukunft nicht nur im Triathlon-Spitzensport eingesetzt. Der Vorteil auf flachen Strecken und bei Wind ist nicht von der Hand zu weisen.

Rahmenhöhe, Rahmenlänge

Rahmenhöhe und Oberrohrlänge sind die wichtigsten Abmessungen des Rennrahmens. Sie müssen den individuellen Körpermaßen angepaßt werden. Die **Rahmenhöhe** wird in Zentimeter angegeben und normalerweise von der Mitte des Tretlagers bis zur Oberkante des Sitzrohrs gemessen. Es gibt jedoch Hersteller, die von der Tretlagermitte zur Oberrohrmitte messen. Die beiden Maße unterscheiden sich um ca. 0,5 cm. Also: im Zweifelsfall selbst nachmessen!

Die richtige Rahmenhöhe läßt sich nach verschiedenen Verfahren bestimmen. Man berücksichtigt dabei Bein-, Schrittlänge oder die Körpergröße (dieser Wert ist am ungenauesten).

Bei einem nach Maß angefertigten Rahmen kann auch die **Rahmenlänge** den persönlichen Verhältnissen angepaßt werden. Besondere Berücksichtigung finden

Belastung »verwindet« und so kostbare Kraft verschwendet wird.

Das Material der im Rad- und Triathlon-Sport bevorzugten Rahmen besteht meistens aus einer Mangan- bzw. Chrom-Molybdän-Legierung. Reynolds-Rohre sind die stabilsten Rohre, sie werden vorwiegend von französischen, englischen und holländischen Rahmenbauern verwendet. Die Italiener bevorzugen Columbus-Rohre, die etwas leichter, dafür nicht ganz so stabil sind. Gute Rahmen werden in Handarbeit gefertigt und wiegen ca. 2,5 kg. Leichtrahmen aus Kohlefaserstoff (Carbon) und Aluminium in Kombination mit einer aerodynamisch günstigen Bauweise sind in den letzten Jahren auf dem Vormarsch. So wurde bereits ein Carbonfaser-Rahmen entwickelt, der mit seinem Gewicht von 1,7 kg schon fast an die Grenze des Machbaren geht. Gerade für Triathletinnen und leichtgewichtige Triathleten eröffnen sich damit völlig neue Perspektiven. Für schwere Fahrer sind diese Rahmen nicht steif genug, der Vorteil des leichteren Rahmens geht verloren durch den Energieverlust, der entsteht, wenn der Rahmen sich verwindet.

Rahmenhöhe in Abhängigkeit von Beinlänge, Schrittlänge und Körpergröße

Rahmenhöhe cm	Beinlänge cm	Schrittlänge cm	Körpergröße cm
51,0	80,0	76,0	160–165
51,5	81,0	76,5	
52,0	81,5	77,0	
52,5	82,0	77,5	
53,0	83,0	78,0	
53,5	84,0	78,5	165–170
54,0	84,5	79,0	
54,5	85,0	79,5	
55,0	86,0	80,0	
55,5	87,0	80,5	170–175
56,0	88,0	81,0	
56,5	89,0	81,5	
57,0	89,5	82,0	
57,5	90,0	82,5	175–180
58,0	91,0	83,0	
58,5	92,0	83,5	180–185
59,0	93,0	84,0	
59,5	94,0	84,5	185–190
60,0	95,0	85,0	
60,5	96,0	85,5	über 190
61,0	97,0	86,0	
61,5	98,0	86,5	
61,5	99,0	86,5	
62,0	100,0	87,0	

dabei die Länge des Rumpfes (Oberschenkelknochen bis Schulterhöhe) plus der Armlänge (Handgelenk bis Schulterhöhe).

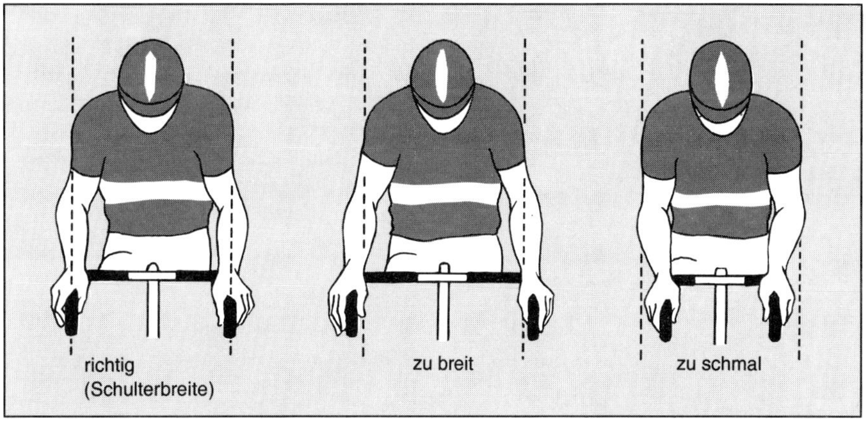

Lenkerbreite und Schulterbreite.

Rahmenlänge in Abhängigkeit von Rumpf- und Armlänge

Rumpf- u. Armlänge cm	Rahmenlänge cm
100	53,0
101	53,4
102	53,8
103	54,1
104	54,4
105	54,7
106	55,0
107	55,3
108	55,6
109	55,9
110	56,2
111	56,5
112	56,8
113	57,1
114	57,4
115	57,5
116	58,0
117	58,3
118	58,6
119	58,8
120	59,0
121	59,2
122	59,4
123	59,6
124	59,8
125	60,0

Steuersystem

Das Steuersystem setzt sich aus Lenker mit Vorbau, Steuersatz und Gabel zusammen. **Lenker und Vorbau** sind meistens aus Dur-Aluminium gefertigt und wie der Rahmen in verschiedenen Abmessungen erhältlich. Die **Lenkerbreite** richtet sich nach der Schulterbreite und beträgt zwischen 38 und 44,5 cm. Sie wird gemessen als Abstand zwischen den beiden Lenkerenden (Rohrmitte zu Rohrmitte).
Mit Hilfe des **Lenkervorbaus** kann der Abstand zwischen Lenker und Sattel optimal eingestellt werden und so ein mögliches Mißverhältnis zwischen Rahmenhöhe und Oberkörper-/Armlänge bei nicht maßangefertigten Rahmen ausgeglichen werden. Vorbauten gibt es in Längen zwischen 6 und 14 cm und unterschiedlichen Neigungswinkeln. Die Typen »Sprint« und »Bahn« ermöglichen eine aerodynamisch günstige Position auf dem Rad.
Man unterscheidet verschiedene **Lenkerbügelformen**. Die im Training und/oder Wettkampf bevorzugte Handhaltung (siehe auch Kapitel Technik: obere, untere Lenkergriffhaltung, Bremsgriffhaltung) und

Verschiedene Lenkervorbauformen.

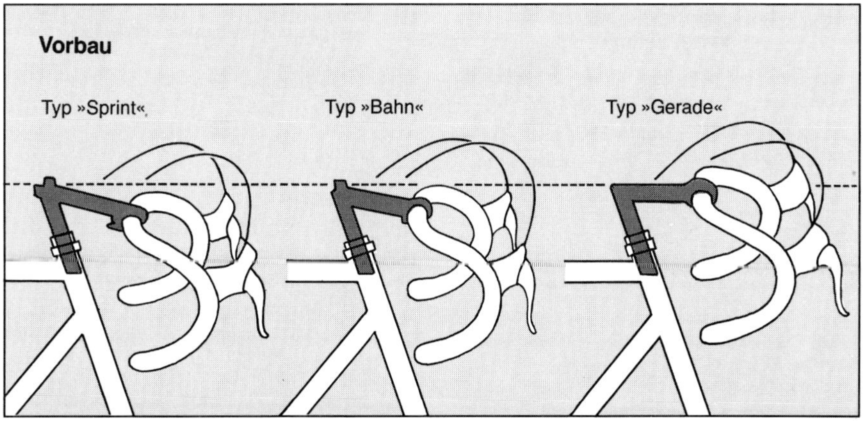

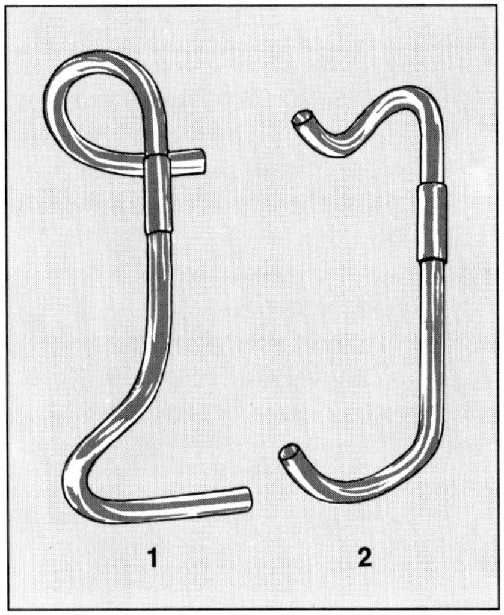

Verschiedene Rennbügelformen:
1 Straßenlenker: »Tour de France« bzw. »Giro d'Italia«, je nach Hersteller
2 Horn- oder Büffellenker.

die persönlichen Zielsetzungen im Triathlon-Sport sind für die Wahl maßgebend. Ein mehr breitensportlich orientierter Triathlet entscheidet sich für den normalen Rennbügel. Der Leistungssportler dagegen nutzt die Vorteile der aerodynamisch günstig geformten Lenker. Horn- oder Büffellenker finden deshalb im Triathlon zunehmend Verwendung. Scott Tinley's Speziallenker ist für die zukünftige Entwicklung eines triathlonspezifischen Rennlenkers richtungsweisend.
Der **Steuersatz** befestigt den Gabelschaft im Steuerrohr des Rahmens und nimmt den Vorbau mit dem Lenker auf. Steuersätze gibt es aus Stahl, Dur-Aluminium oder Titan. Die beiden letzteren sind deutlich leichter, aber auch dementsprechend teurer. Der Steuersatz sollte so eingestellt sein, daß Lenker und Gabel kein Spiel aufweisen, sich aber trotzdem leicht drehen lassen.
Das Fahrverhalten des Rennrades hängt u.a. von der **Gabelbiegung** ab. Steile Gabeln mit geringer Biegung bedeuten weniger Energieverlust bei bergigen Strecken, wenn oft im Wiegetritt gefahren wird. Sie sind allerdings nur für gute Straßen geeignet, da Straßenunebenheiten schlechter abgefangen werden.

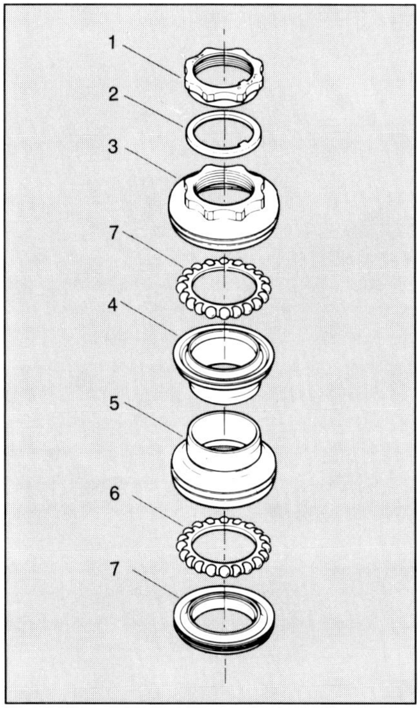

Steuersatz: er besteht aus folgenden Teilen:
1 Gegenmutter, 2 Nasenringe, 3 Obere Kugelschale, 4 Oberer Konus, 5 Untere Kugelschale, 6 Unterer Konus, 7 Kugellager

Antriebssystem

Das Innenlager mit Achse, Schalen und Kugeln, die Tretkurbeln und die beiden Kettenblätter mit den dazu gehörigen Befestigungsschrauben bilden zusammen das **Tretlager**. Alle Teile müssen zusammenpassen und sollten daher vom gleichen Fabrikat sein (z.B. Campagnolo, Shimano). Das Tretlager wird aus hochwertigen Materialien gefertigt (Dur-Aluminium oder Titan, leichter und entsprechend teurer) und sollte sich stets in optimalem Zustand befinden, da an diesem Punkt die Kraftübertragung aufs Hinterrad und damit der eigentliche Antrieb erfolgt.
Die Länge der **Tretkurbeln** (Tretlagermitte bis Mitte der Pedalachse) richtet sich nach der Bein- und Schrittlänge. Je länger die Tretkurbel ist, desto größer ist die Hebelwirkung (größere Kraftübertragung, günstig bei Bergstrecken) desto größer wird allerdings der Kraftaufwand, der bei einer Pedalumdrehung notwendig ist.

Richtlinie für die Kurbellänge

Rahmenhöhe cm	Kurbellänge mm
50–55	170
56–59	170–172,5
60–61	172,5–175

In Abhängigkeit von der Schwierigkeit der Radstrecke sowie dem Können des Triathleten wird die Größe der beiden **Kettenblätter** gewählt. Normalerweise hat das kleine Kettenblatt 42, das große 52 oder 53 Zähne (siehe auch S. 24). Speziell für den Triathlon-Bereich entwickelt wurde ein computerberechnetes Kettenblatt (Biopace von Shimano), das ein biomechanisch günstigeres Treten erlauben soll. Diese Kettenblätter haben eine einem Oval ähnliche Form: d.h., kleiner Radius, wenn die Kurbel waagrecht steht (= große Kraftübertragung), großer Radius, wenn die Kurbel senkrecht steht (= geringer Kraftaufwand). Es bleibt abzuwarten, ob

Sicherheitspedal mit dazugehöriger Pedalklammer.

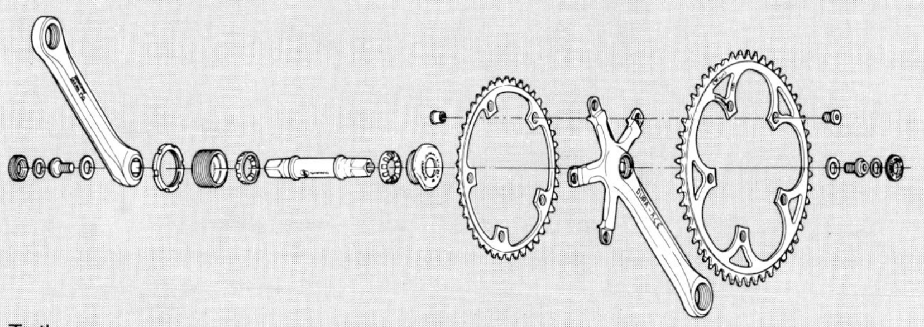

Tretlager

sich diese Neuerung in der Praxis durchsetzen wird.
Die herkömmlichen **Rennpedale** mit Rennhaken und Riemen werden heute teilweise durch ein von Look entwickeltes Sicherheitssystem ersetzt. Diese Weiterentwicklung wurde bei der Tour de France 1986 erstmals auch von Rad-Profis erfolgreich eingesetzt.
Die neuen Pedal-Systeme ermöglichen das Ein- und Ausklinken des Schuhs, der mit einer Zusatzeinrichtung ausgestattet ist ähnlich wie bei der Skibindung. Schuh und Pedal sind dadurch fest miteinander verbunden, eine optimale Kraftübertragung wird gewährleistet. Eine schnelle Ausstiegsmöglichkeit durch seitliche Drehung des Fußes bietet in allen Positionen, beim Halten und in Gefahrensituationen größtmögliche Sicherheit und ist so für den Sportler jeder Leistungsklasse interessant. In der Wechselzone können die Schuhe eingeklinkt am Rad gelassen werden, das Aufsteigen aufs Rad wird mit dem Anziehen des Schuhs verbunden (Zeitersparnis!).
Wer sich für die Pedale mit Rennhaken und Riemen entscheidet, sollte darauf achten, daß die Tiefe der Rennhaken der Schuhgröße angemessen gewählt wird: wenn der Fußballen auf der Pedalachse liegt, sollte zwischen den Schuhspitzen und dem vordersten Punkt der Rennhaken ein Abstand von etwa 2 mm bestehen bleiben. Die **Pedalklammern** (Plättchen) werden zweckmäßigerweise erst montiert, nachdem man einige Male mit dem neuen Schuh gefahren ist. Das Pedal hinterläßt in der Schuhsohle Abdrücke, die einen Anhaltspunkt dafür liefern, in welchem Winkel die Plättchen befestigt werden müssen. Fehlstellungen mindern die Tretleistung und können auf die Dauer gesehen zu Schäden im Knie- und Fußgelenk führen. Voraussetzung für die Anwendbarkeit dieser Methode ist eine technisch saubere Bewegungsausführung.

Wirkungsweise des asymmetrischen Kettenblattes: Der größere Hebel, der durch den vergrößerten Radius im »toten Punkt« der Tretkurbelstellung wirksam wird, erleichtert die Kraftübertragung. Rechts in der Grafik dann die waagrechte Kurbelstellung, in der die Unterstützung nicht mehr nötig ist.

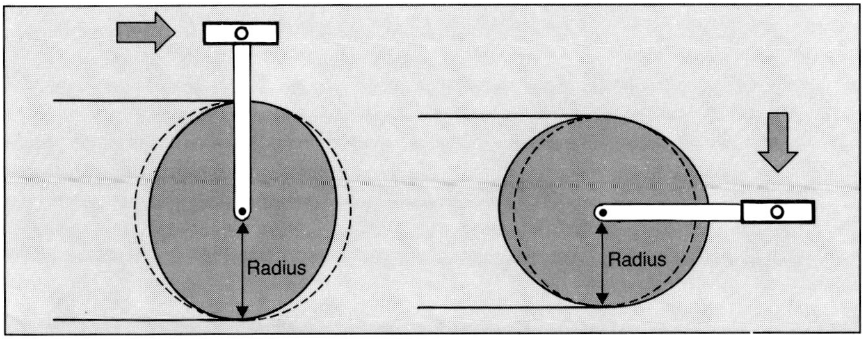

Schuhgröße und Rennhakentyp

Schuhgröße	Rennhaken-typ	Rennhaken-tiefe	Schuhgröße	Einstecktiefe des Schuhs
37	kurze Rennhaken	7,5 cm	37	10,5–10,5 cm
38		7,5 cm	38	10,5–11,0 cm
39		7,5 cm	39	11,0–11,5 cm
40	mittlere Rennhaken	8,5 cm	40	11,5–12,0 cm
41		8,5 cm	41	12,0–12,5 cm
42		8,5 cm	42	12,5–13,0 cm
43	größere Rennhaken	9,5 cm	43	13,0–13,5 cm
44		9,5 cm	44	13,5–14,0 cm
45		9,5 cm	45	14,0–14,5 cm
46		9,5 cm	46	14,5–15,0 cm

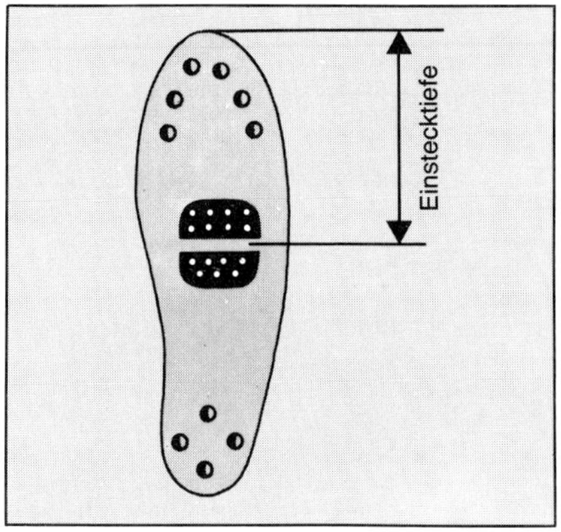

Die **Zahnkranzritzel** werden auf die Nabe des Hinterrades geschraubt (Gewindekranz) oder aufgesteckt (Kasettennabe, Steckkranz). Sie werden üblicherweise aus Stahl hergestellt. Modelle aus Dur-Aluminium oder Titan sind wesentlich leichter, aber auch teurer. Der Sechs- und Siebenfach-Kranz findet im Triathlon-Sport überwiegend Verwendung. Die einzelnen Ritzel sind austauschbar.

Die bei Rennrädern üblicherweise verwendete **Kettenschaltung** besteht aus zwei Schaltsystemen. Der vordere Umwerfer wird mit dem linken Schalthebel betätigt und ermöglicht den Kettenwechsel vom großen auf das kleine Kettenblatt und umgekehrt. Der rechte Schalthebel führt die Kette auf den Zahnkranz (hinterer Umwerfer). Eine gute Schaltung bewältigt problemlos mehr als 12 Zähne Unterschied zwischen den beiden Kettenblättern (z. B. 42/54) und kann 14–15 Zähne (z. B. 12–26) am Ritzel überbrücken. Der Schaltvorgang, der bisher noch einiges Fingerspitzengefühl erforderte, ist seit der Entwicklung der positionierenden Schaltung (SIS-System) um einiges erleichtert worden. Ein Verschalten ist nicht mehr möglich. Selbst erfahrene Radsportler schalten mit SIS häufiger und können so ihre Trittfrequenz zum ökonomischen Fahren auf dem gleichen Niveau halten.

Die **Kette** beim Straßenrennrad ist schmal (½ × ³⁄₃₂ Zoll) und besteht durchschnittlich aus 108 Kettengliedern. Die Kettenlänge wird durch das Auflegen der Kette auf den größten Zahnkranz hinten und das große Kettenblatt vorne überprüft. In dieser Position muß die Kette zwar straff aufliegen, darf jedoch nicht zu stark gespannt sein. Die ideale **Kettenlinie** verläuft parallel zur Linie der Rahmenmitte. Wenn der Verlauf der Kette von dieser Ideallinie abweicht, geht Energie durch seitliche Reibung der Kettenglieder verloren. Für den Schaltvor-

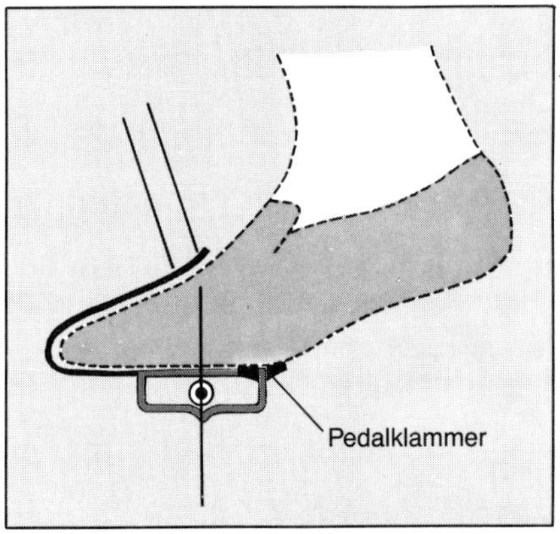

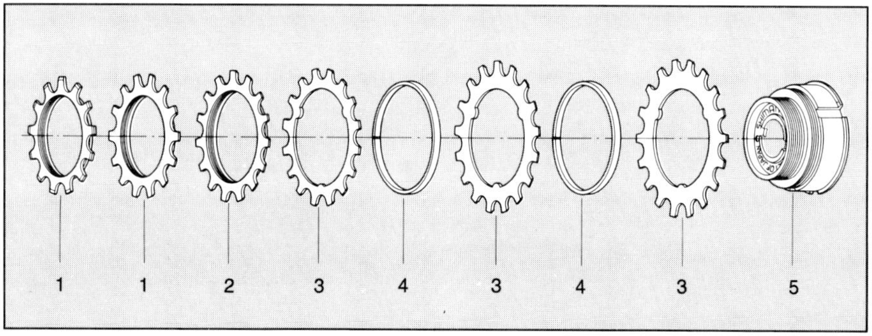

Gewindekranz: 1, 2, 3 Zahnkränze (Zahnkranzritzel), 4 Distanzringe, 5 Zahnkranzkörper.

gang ist es deshalb wichtig, niemals gleichzeitig den größten Zahnkranz und das große Kettenblatt und umgekehrt den kleinsten Zahnkranz und das kleine Kettenblatt zu benutzen.

Laufräder

Ein Laufrad besteht aus Felge, Nabe und den Speichen. Nicht unbedingt die Leichtigkeit zeichnet eine gute **Felge** aus, sondern ihre Stabilität. Normale Felgen (Schlauchreifenfelgen) sind bis 22 mm breit und wiegen 300–450 g. Drahtreifenfelgen sind etwas schwerer als Felgen für Schlauchreifen, haben aber den gleichen Durchmesser (27 Zoll). Für den Triathleten interessant ist die Entwicklung aerodynamisch günstig geformter Felgen, die zu den Speichen spitz zulaufen.

Die **Naben** sind hohen Belastungen ausgesetzt, von ihrer Qualität hängt der leichte Lauf der Räder ab. Man sollte an diesen Teilen deswegen nicht sparen und auf Markenfabrikate zurückgreifen. Die Naben sind mit einer Schnellspannvorrichtung versehen, die den schnellen Radwechsel ermöglicht.

Normale Laufräder haben 36 **Speichen**. Felgen mit 32, 28 oder 24 Speichen werden benutzt, um wegen einer geringeren Wirbelbildung den Luftwiderstand zu reduzieren. Aus dem gleichen Grund finden radial gespeichte Räder Verwendung (normalerweise sind die Speichen drei- oder vierfach gekreuzt, um eine gewisse Elastizität zu gewährleisten). Ein radial gespeichertes Vorderrad mit 36 Speichen und Aerofelge hat dieselbe Aerodynamik wie ein 28-Loch-Laufrad mit Normalfelge. Ein Laufrad mit weniger Speichen ist verständlicherweise viel empfindlicher gegen Schläge bei Straßenschäden und wegen seiner geringeren Stabilität für schwere Fahrer nicht geeignet. Für Felgen, die weniger als 32 Löcher aufweisen, sind Hochflanschnaben notwendig. Der Rand der

Laufrad mit Verkleidung.

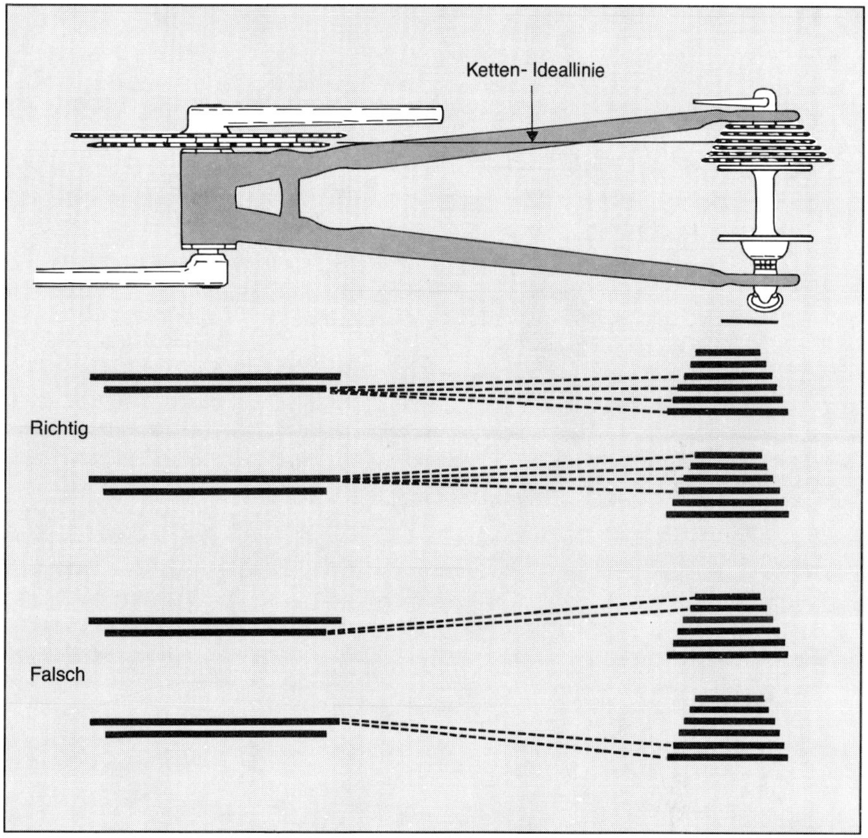

Richtiges und falsches Schalten im Verhältnis zur Ketten-Ideallinie.

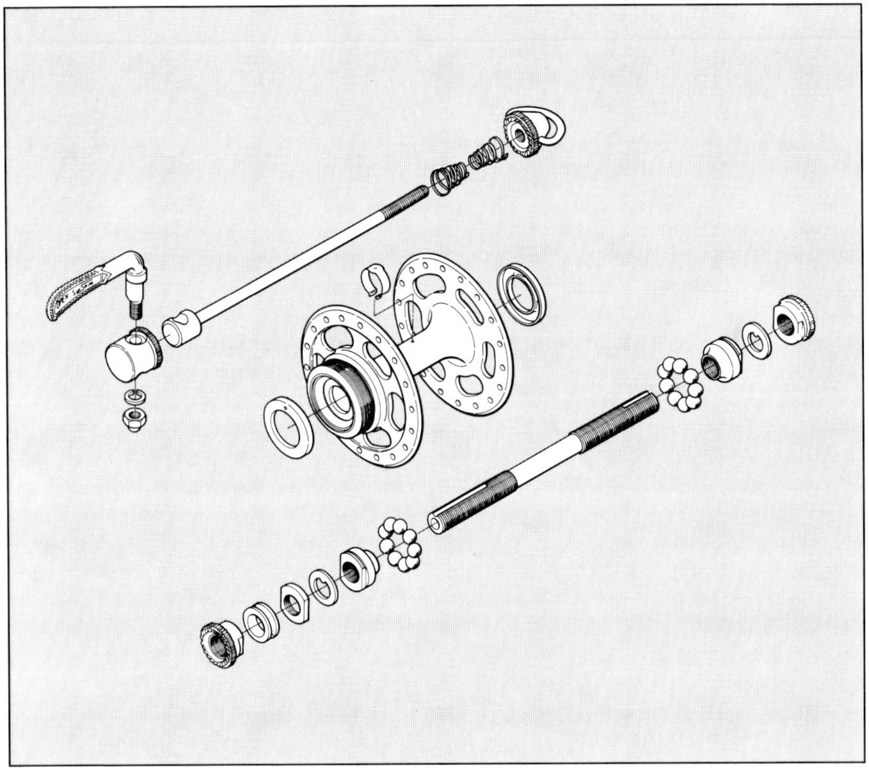

Nabe und Schnellspannvorrichtung.

Nabe ist dabei erhöht, es werden kürzere Speichen verwendet, das Laufrad erhält so die nötige Stabilität. Abgeflachte Säbelspeichen bieten aerodynamische Vorteile, sind aber sehr teuer und nur für den Spitzensport zu empfehlen.
Selbsttragende **Alu- oder Carbonscheibenräder**, bekannt geworden durch die Weltrekordversuche von Francesco Moser, kosten zwischen 1000 und 4000 DM und sind damit für den normalen Sportler unerschwinglich. Dieselben aerodynamischen Vorteile (keine Wirbelbildung an den Speichen) bieten **Verkleidungen** die auf bereits vorhandene Speichenräder montiert werden können und relativ leicht sind. Brauchbare Verkleidungen gibt es ab ca. 300 DM. Vorteile bestehen bereits für Triathleten, die über 50 km einen Schnitt von nur 33–36 km/Stunde fahren können. Bei höheren Geschwindigkeiten macht sich der Vorteil noch stärker bemerkbar.

Reifen

Bei der Wahl des günstigsten Reifens muß man sich zunächst zwischen Drahtreifen und Schlauchreifen entscheiden. Der **Drahtreifen** besteht aus Schlauch und Mantel. In den Mantel ist an der Seite ein Draht eingearbeitet, der vom Schlauch gegen die Felge gerückt wird. Im Gegensatz zum Drahtreifen ist beim **Schlauchreifen** der Schlauch in den Mantel, eine Karkasse aus Baumwoll- oder Seidengewebe, eingenäht. Schlauch und Mantel bilden hier eine Einheit. Schlauchreifen müssen mit Hilfe von Reifenkitt oder mit beidseitig klebendem Felgenband auf die Felge geklebt werden. Diese Arbeit sollte sehr sorgfältig durchgeführt werden, damit der Reifen unter extremen Belastungen (schnelles Fahren in einer scharfen Kurve) nicht plötzlich von der Felge springen kann.

Drahtreifen oder Schlauchreifen?

Kennzeichen eines guten Reifens, der den speziellen Anforderungen im Triathlon gerecht werden soll:

- Geringes Gewicht
- Geringe Defektanfälligkeit
- Gute Straßenhaftung
- Geringer Luft- und Rollwiderstand
- Lange Lebensdauer
- Schnelle Reparatur- bzw. Wechselmöglichkeit nach Defekt im Training und Wettkampf.

Zum besseren Verständnis zunächst einige physikalische Grundlagen.
Der **Rollwiderstand** ist die Reibungskraft (F_R), die durch den Kontakt der Reifen mit der Fahrbahn entsteht. Der Rollwiderstand ist nicht durch technisches Können zu beeinflussen, sondern abhängig von den Materialeigenschaften der sich berührenden Flächen (Reifen, Straße).

Er wird durch die Formel

$F_R = F_N \cdot \frac{f}{r}$ ausgedrückt.

F_N = Normalkraft. Sie entspricht dem Gewicht des Triathleten und dem seines Fahrrads, senkrecht zur Grundfläche (Fahrbahn).

f = Abstand zwischen dem theoretischen Auflagepunkt des Reifens und dem tatsächlichen Berührungspunkt auf der Fahrbahn.

r = Radius der Laufräder (27 Zoll)

Es ergeben sich daraus die folgenden praktischen Konsequenzen. Um den Rollwiderstand möglichst gering zu halten, müssen zum einen der Triathlet sowie sein Rennrad möglichst leicht sein (F_N), andererseits muß die Auflagefläche des Reifens so gering wie möglich gehalten werden (f). Diese Auflagefläche ist bei allen Reifen mit gleichem Luftdruck – ob breit oder schmal – gleich. Ein teurer und schmaler Rennreifen mit ungenügendem Luftdruck bietet also keine Vorteile, er ist im Gegenteil defektanfälliger. Zu hart aufgepumpte Reifen bringen aber auch Nachteile mit sich, wie eine mangelnde Haftung in Kurven, bei nasser Fahrbahn usw.

Bei Drahtreifen muß darauf geachtet werden, daß der vorgeschriebene Luftdruck nicht überschritten wird (bis 7 atü/bar). Der Draht könnte sich sonst zu stark dehnen und über die Felge rutschen. Will man einen Reifen nun mit hohem Druck aufpumpen, um so den Rollwiderstand zu minimieren, dann sollte man sich für einen Schlauchreifen entscheiden.

Das Rollen des Rades bewirkt ein ständiges Eindrücken und Verformen des aufliegenden Reifensegments. Dieses »Walken« des Reifens verbraucht Energie. Je leichter sich ein Reifen verformt, desto mehr Kraft hat der Triathlet zur Überwindung des Rollwiderstands zur Verfügung. In Tests wurde ermittelt, daß sich leichtere Reifen mit weniger Aufwand (Energie) verformen, also flexibler sind. Schlauchreifen haben immer noch das geringste Gewicht! Ein qualitativ guter Reifen hat eine große Bodenhaftung. Sie ist nicht von der Größe der Fläche abhängig, die die Straße berührt (die Vorstellung, daß breite Reifen eine bessere Haftung haben, ist falsch!), sondern von der Haftung der Lauffläche, dem Protektor. Eine weiche Lauffläche be-

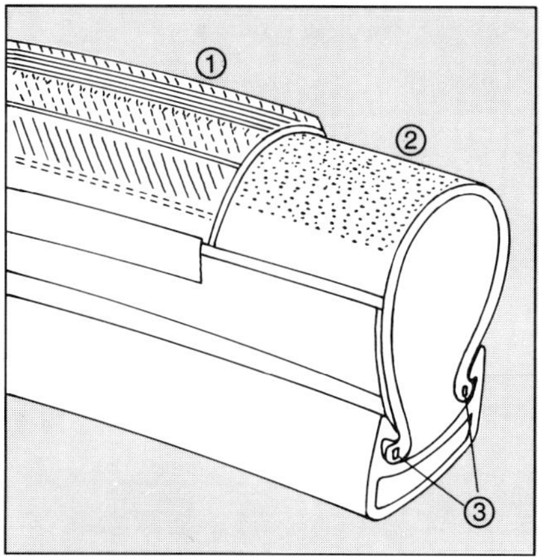

Aufbau eines Drahtreifens:
1 Decke oder Protektor aus Kautschuk
2 Karkasse aus Baumwolle
3 Wülste mit Drahteinlage.

Die Rollreibungskraft in Abhängigkeit von der Auflagefläche des Reifens:
1 Bei ausreichend großem Reifendruck und gutem Straßenbelag ist die Auflagefläche gering, der Rollwiderstand klein.
2 Bei schlechtem Straßenbelag und zu geringem Reifendruck vergrößert sich die Auflagefläche erheblich. Der Rollwiderstand ist groß.
3 Der Straßenbelag ist gut, der Reifendruck nicht ausreichend. Folge: der Rollwiderstand ist erhöht, da die Auflagefläche groß ist.

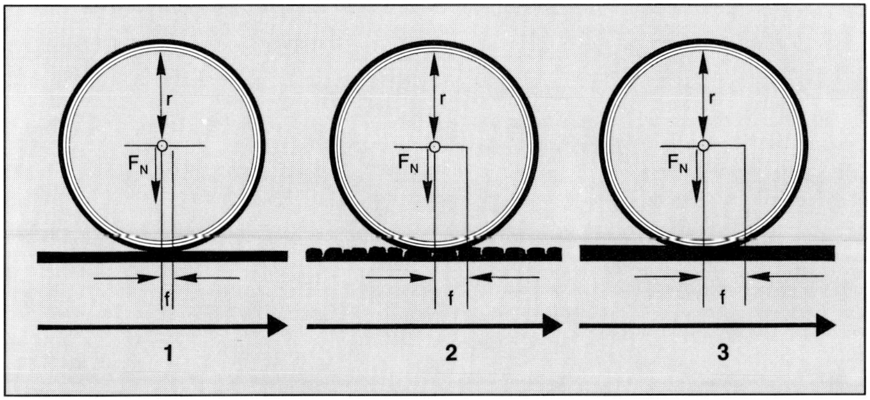

Aufbau eines Schlauchreifens:
1 Protektor aus Naturkautschuk
2 Karkasse aus Baumwolle
3 Polyurethan-Gürtel als Schutz gegen Defekte
4 Butylschlauch
5 Nahtschutz (Sicherheitsgürtel)
6 Felge.

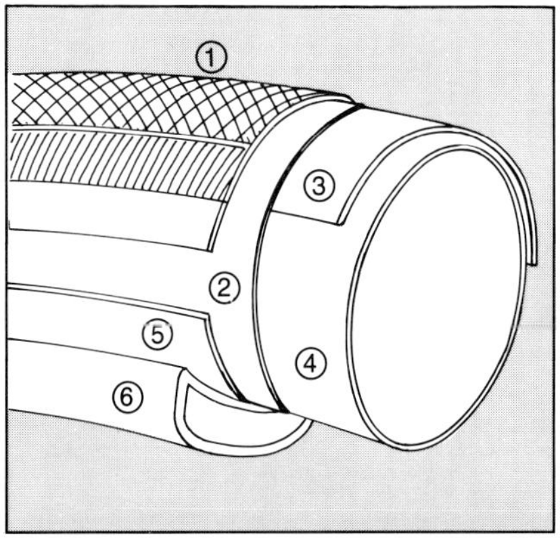

deutet hier bessere Haftung, aber schnellere Abnutzung. Harte Laufflächen haben eine höhere Lebensdauer, dafür aber eine geringere Haftung. Da die meisten Reifen ihre maximal mögliche Lebensdauer in der Regel nicht erreichen, sollte hier der Griff zum Reifen mit dem weichen Protektor getan werden, dem sogenannten »Slick«, der schon beim Kauf ein glattes Profil besitzt.
Drahtreifen sind wesentlich stabiler und weniger defektanfällig als Schlauchreifen, dabei um einiges billiger und leicht zu reparieren. Sie sind je nach Fabrikat noch schmaler als Schlauchreifen und verursachen so den geringeren Luftwiderstand. Das Wechseln eines Schlauchreifens im Training oder Wettkampf geht nur dann schneller als ein Schlauchwechsel beim Drahtreifen, wenn man auf sorgfältiges Aufkleben und Ausrichten verzichtet und damit das Risiko, daß der Reifen von der Felge springen kann, in Kauf nimmt.
Die Defektanfälligkeit eines Schlauchreifens kann durch längere Lagerung reduziert werden. Der neue, frische Reifen ist sehr empfindlich, da der Protektor noch weich ist. Spitze Steinchen, Glassplitter usw. können eindringen. Es empfiehlt sich, Reifen längere Zeit abzulagern, bevor sie gefahren werden (1–2 Jahre und mehr). Im Triathlon-Sport der letzten Jahre haben sich insgesamt etwas schwerere, dafür weniger defektanfällige Reifen durchgesetzt, die durch eine Kevlar-Einlage zusätzlich gesichert werden, wie der Panaracer Tour-Guard (als Schlauch- und Drahtreifen angeboten), Wolber-Invulnerable, Mutan-Kevlar, Michelin BIB TS (Drahtreifen).

Standpumpe mit Druckmesser.

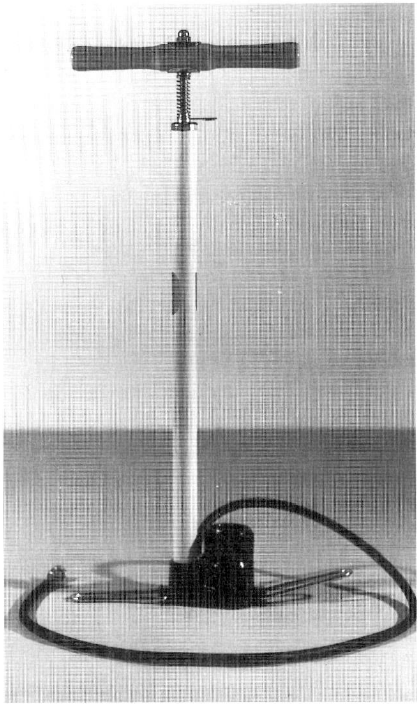

Standpumpe

Um den Luftdruck in den Reifen an die individuellen Gegebenheiten optimal anpassen zu können, ist der Besitz einer Standpumpe mit Manometer notwendig. Der Reifendruck hängt von der Art des Reifens (Schlauchreifen/Drahtreifen), vom Gewicht des Fahrers und den Straßenverhältnissen ab. Drahtreifen und Trainingsschlauchreifen werden auf 5–7 bar aufgepumpt, gute Schlauchreifen können für den Wettkampf 8 bar und mehr vertragen. Zu hart aufgepumpte Reifen greifen in Kurven wegen der geringen Auflagefläche schlechter, ebenso bei nasser Straße.

Bremsen und Bremsgriffe

Bei Rennrädern finden Seitenzug- und Mittelzugbremsen Verwendung. Bei der **Seitenzugbremse** ist der Bremszug an

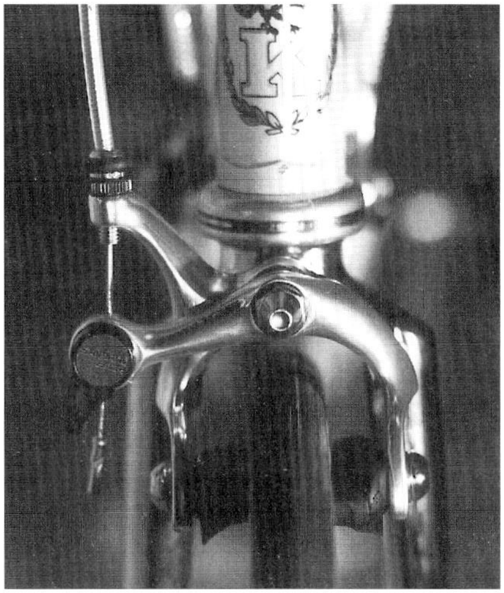

Herkömmliche Seitenzugbremse.

einer Seite der Bremse befestigt. Sie hat eine härtere Bremswirkung und muß durch den einseitigen Zug öfter nachgestellt werden. Die **Mittelzugbremse** hat eine gleichmäßige Bremswirkung, ist aber auch etwas weicher. Der Bremszug zieht hier zur Mitte der Bremszange. Die Funktionsfähigkeit der Mittelzugbremsen wurde in den letzten Jahren erheblich verbessert. Sie finden im Triathlon zunehmend Verwendung.
Zur Verbesserung der Aerodynamik können die Bremszüge ins Rahmeninnere verlegt werden.
Die **Bremsgriffe** werden so am Lenker montiert, daß man ohne Schwierigkeiten von oben (Bremsgriffhaltung) und von unten (untere Lenkergriffhaltung) bremsen kann. Gute Bremsen besitzen ein Schnellentspannsystem. Das Öffnen der Bremsbacken ermöglicht u. U. die Weiterfahrt nach einem Speichenbruch und dem daraus resultierenden »Achter«. Außerdem erleichtert es ein schnelles Auswechseln des Laufrades.

Sattel und Sattelstütze

Ledersättel, die früher ausschließlich verwendet wurden, sind fabrikneu sehr hart. Sie müssen eingefahren und regelmäßig nachgespannt werden und bedürfen einer sorgfältigen Pflege, speziell nach einer Regenfahrt, um Form und Elastizität des Leders zu erhalten. Nachteilig ist das hohe Gewicht von ca. 600 g. Moderne **Kunststoffsättel** sind leichter (ca. 200–350 g), brauchen keine besondere Pflege und können ohne längere Eingewöhnungszeit gefahren werden. Die Plastikschale ist leicht gepolstert und mit Glatt-, Wild- oder Büffelleder überzogen. Die beste Sitzhaftung hat der Sattel mit einem Wildlederüberzug, der sich allerdings auch schneller abnutzt. Die **Sattelstütze** muß genau in das Sitzrohr des Rahmens passen (Durchmesser von 25–27,4 mm möglich). Sie sollte mindestens 6 cm in das Sitzrohr hineinreichen. Zu lange Sattelstützen bedeuten dagegen überflüssiges Gewicht (Normallänge 130–180 mm).

Zubehör

- Luftpumpe
- Ersatzreifen (1–2 Schlauchreifen oder Schläuche für Drahtreifen) mit Tasche, damit der Reifen nicht naß wird oder am Sattel reibt.
  Der Ersatzreifen wird auf ein kleines Format zusammengefaltet.
- Flaschenhalter mit Trinkflasche
  Die Verwendung von aerodynamisch geformten Trinkflaschen ist für den Triathlon-Wettkampf von Vorteil. Allerdings ist der Athlet bei längeren Distanzen dann auf die Eigenverpflegung angewiesen, da die Veranstalter in der Regel nur die herkömmliche »runde« Flasche anbieten können.

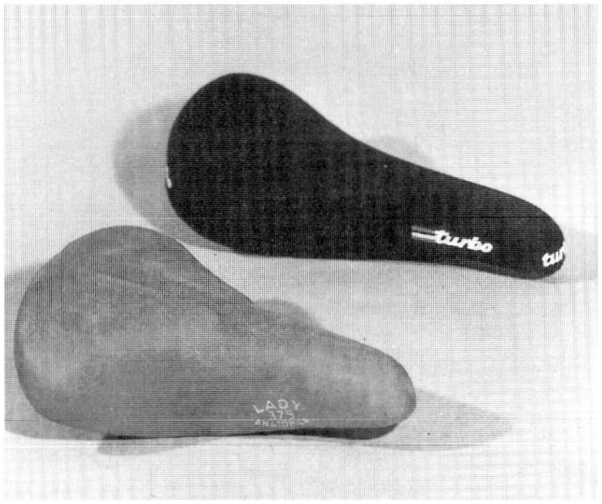

Rennsattelformen: vorne ein sog. Damensattel.

- Kilometerzähler/Radcomputer
  Die rasante Entwicklung im Bereich der Mikroelektronik hat zu einer Vielzahl von Angeboten für Kilometerzähler geführt. Diese Radcomputer sind u. a. zur Leistungsüberprüfung im Training und Wettkampf gut geeignet. Die Modelle bieten in der Regel mindestens die folgenden Funktionen:
  Durchschnittsgeschwindigkeit (km/Std.)
  Höchstgeschwindigkeit
  Gesamtstrecke
  Tagesstrecke
  Stoppuhr
  Mit speziellen Zubehörteilen können auch die Trittfrequenz und der Puls gemessen werden. Radcomputer werden am Lenker oder an der Gabel montiert.
- Schutzbleche schützen bei Regenwetter vor der Nässe, die durch die Reifen hochgespritzt wird.
- Mit Hilfe von kleinen und leichten Kohlendioxidpatronen ist während eines Wettkampfs nach Defekt ein kräftesparendes Aufpumpen in kürzester Zeit auf über 6 atü möglich.

Die richtige Sitzposition

Ziel eines jeden Athleten sollte es sein, eine exakte Sitzposition auf dem Rad zu erreichen, um so seine persönliche Leistungsfähigkeit zu optimieren. Dies gilt für den Spitzenathleten und für den Breitensportler. Warum soll man unnütz Kraft verschwenden, weil man eine schlechte Sitzposition während der Fahrt ständig mit den Armen korrigieren muß und unruhig im Sattel hin und her rutscht?
Die richtige Rahmenhöhe und -länge sowie die Länge der Tretkurbeln wurden bereits beim Kauf des Rennrads angepaßt, die Lenkerbreite und ggf. die Länge der Pedalhaken bestimmt. Nächster wichtiger Punkt ist die Einstellung der **Sattelhöhe.** In der Praxis haben sich die folgenden drei Möglichkeiten bewährt.

- Das Rennpedal befindet sich im tiefsten Punkt. Das Bein soll gestreckt sein, wenn die Ferse aufs Pedal gestellt wird (Abb. S. 30 links oben).
- Der Fuß befindet sich mit dem Ballen auf dem Rennpedal. In dieser Position soll das Bein im Kniegelenk nicht gestreckt sein, sondern einen Winkel von 130–175° aufweisen (Abb. unten).

Stellung der Beine bei richtiger Sattelhöhe.

Bei gestrecktem Bein muß man mit der Ferse auf das Pedal gelangen.

Mit der Fußspitze muß man bei gestrecktem Bein unter das Pedal gelangen.

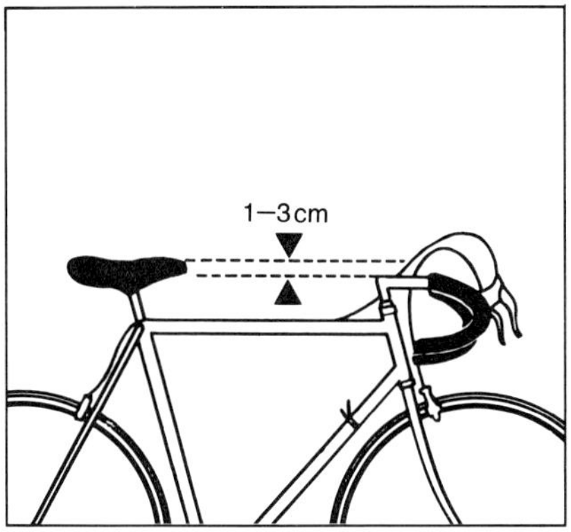

Lenkervorbau und Sattelhöhe.

- Die Fußspitze wird unter das Pedal geschoben. Wenn das Bein gestreckt ist und sich die Fußsohle dabei parallel zum Boden befindet, ist die Sattelhöhe richtig (Abb. oben Mitte).

Wenn die Sattelhöhe richtig eingestellt ist, darf die Sattelstütze höchstens 8–11 cm aus dem Sitzrohr herausragen, sonst stimmt möglicherweise die Rahmengröße nicht.

Korrekte Sattelstellung: bei waagerechter Tretkurbel trifft das Lot von der Kniescheibe nach unten genau die Pedalachse.

Am besten macht man diese Einstellarbeiten mit den Rennschuhen am Fuß, denn die Sohlendicke spielt bei der Feineinstellung auch eine Rolle.

Sattelneigung: der Sattel sollte mit Hilfe einer Wasserwaage oder eines langen Besenstiels als Parallele zum Oberrohr genau waagerecht eingestellt werden.

Nachsitz: fällt man von der Sattelspitze nach unten ein Lot, dann sollte dies ca. 2–5 cm hinter der Mitte der Tretlagerachse verlaufen. Oder: In der Rennposition auf dem Rad sollte bei waagrechter Kurbel das Lot, das vom vorderen Rand der Kniescheibe senkrecht nach unten gefällt wird, die Mitte der Pedalachse schneiden. Die Sattelstellung wird durch Vor- oder Zurückschieben korrigiert.

Die **Sitzlänge** entspricht dem Abstand zwischen Sattel und Lenker. Sie wird durch den Vorbau korrigiert. Auch hier gibt es zwei Möglichkeiten, die optimale Einstellung zu ermitteln.

- Der Ellbogen wird an die Sattelspitze gelegt, die gestreckten Finger sollen nun den Vorbau in einem Abstand von ca. 3 cm zum Lenker berühren.
- In der Rennposition mit unterer Lenkergriffhaltung und leicht angewinkelten Armen sollte der Ellbogen das Knie fast berühren, wenn die Tretkurbel parallel zum Schrägrohr des Rahmens steht (Abb. links).

Wer einen Vorbau benötigt, der länger als 14 cm ist, hat ein Rad mit einem zu kurzen Rahmen gewählt. Lenker mit Vorbau sollten 3–4 cm tiefer als der Sattel stehen.

Wenn die Vorbaulänge richtig gewählt ist, darf das Knie in der gezeichneten Position den Ellbogen leicht berühren (tiefe Lenkerhaltung, Tretkurbel parallel zum Unterrohr).

Maßkarte

Hat man die ideale Sitzposition auf dem Rennrad gefunden, dann sollte man die Maße genau notieren, um bei einem Neukauf die bewährte Sitzhaltung übernehmen zu können. Der technische Bewegungsablauf und die beanspruchten Muskelgruppen bleiben dann unbeeinflußt.

Pflege und Wartung des Rennrades

Die beste Vorbereitung auf einen Triathlon-Wettkampf nützt nur wenig, wenn man wegen eines unnötigen Materialschadens frühzeitig aufgeben muß oder sich nur schlecht plazieren kann. Zum Triathlon-Sport gehört die regelmäßige Pflege und Wartung des Materials genauso wie das systematische Training in den drei Einzeldisziplinen. Besonders wichtig ist die **Reinigung** des Rennrades nach Regenfahrten oder im Winter, wenn Salz gestreut worden ist. Man benötigt dazu:

- Eimer Wasser mit etwas Spülmittel
- Flasche Dieselöl
- Schwamm
- weiche Bürste
- großer Pinsel/alte Zahnbürste
- Chromputzmittel

Die Laufräder werden mit dem Schwamm, die Reifen mit der weichen Bürste gesäubert. Wenn die Kette stark verschmutzt ist, putzt man sie mit Pinsel und Dieselöl vor der eigentlichen Radwäsche. Die Schaltung (vorderer/hinterer Umwerfer, Zahnkranz) und die Bremsen werden ebenfalls auf diese Weise gereinigt, gleichzeitig wird verhindert, daß beim anschließenden Waschen hier Wasser eindringt. Ist das Rad wieder trocken, werden Zahnkranz, Kette und alle beweglichen Teile an Schaltung und Bremsen noch zusätzlich geölt. Von Zeit zu Zeit sollten Vorbau, Sattelstütze, Bremsen, Naben, Speichen und Felgen sowie Tretkurbeln, Kettenblätter und eventuell die Pedale mit Chromputzmittel gepflegt werden.

Zu den wichtigsten **Wartungsarbeiten** gehört es, die Kette zu erneuern. Das ist dann notwendig, wenn sie sich vom Kettenblatt über eine Länge von drei bis vier Kettengliedern abziehen läßt (siehe Abb. S. 32). Abgenutzte Bremsgummis müssen unbedingt ersetzt, die Bremszüge regelmäßig überprüft und gegebenenfalls erneuert werden. Einmal im Jahr werden die Naben auseinandergenommen, gereinigt und ebenso wie Lenkervorbau und Sattelstütze mit einer neuen Fettschicht versehen. Ab und zu sollten die Tretkurbeln mit einem Spezialschlüssel nachgezogen und der Steuersatz auf mögliches Spiel hin überprüft werden. Der Steuersatz muß ausgewechselt werden, wenn er ausgeschlagen ist.

Nach Trainingsfahrten auf schlechten Straßen, vor Wettkämpfen oder nach der ersten Ausfahrt mit frisch eingespeichten

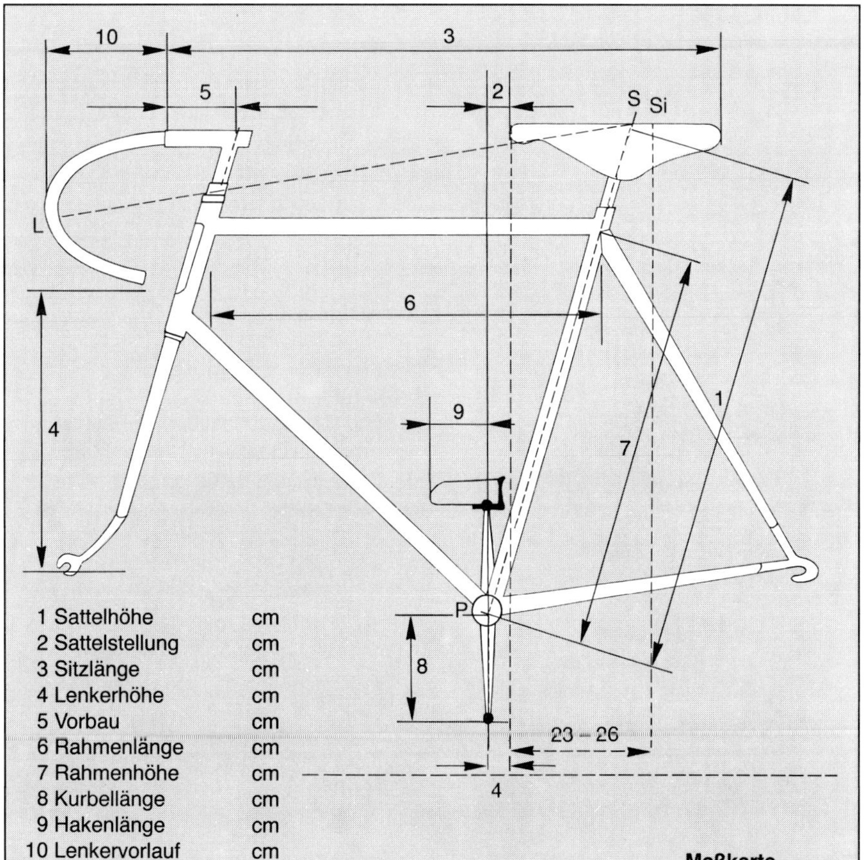

Maßkarte

Prüfen der Kettenspannung.

Zentrieren des Laufrades.

Laufrädern sollten diese fachgemäß zentriert werden. Eine »Acht« oder ein Höhenschlag können so beseitigt werden (siehe Abb.). Schlägt das Laufrad nach rechts, so müssen in diesem Bereich die rechten Speichen gelockert, die linken festgezogen werden. Zum Anziehen wird der Speichenschlüssel nach links, zum Nachlassen nach rechts gedreht. Beim Höhenschlag werden die Speichen der betroffenen Seite angezogen (rechts und links in gleichem Maße), beim Tiefenschlag werden sie gelöst.

Einer regelmäßigen Kontrolle sollten die Laufflächen der Reifen unterzogen werden. Sie werden auf kleine Schnitte hin untersucht, in die sich Fremdkörper festsetzen können, die bei luftleerem Reifen mit einem spitzen Gegenstand vorsichtig entfernt werden müssen. Nach Streckenabschnitten mit Rollsplitt o. ä. wird, um Reifendefekten vorzubeugen, während der Fahrt mit dem Radhandschuh die Lauffläche abgestreift, um so die haftengebliebenen Steinchen oder Glassplitter zu beseitigen.

Montage eines Schlauchreifens

Kleben mit Kitt

Bei einer neuen Felge müssen zuerst Öl, Fett und Metallstaub sorgfältig mit Benzin entfernt werden. Klebt man mit Reifenkitt, dann muß zunächst ein Kittbett aus drei bis vier Schichten angelegt werden. Der Kitt wird dünn aufgetragen, gut verteilt und sollte bei der ersten Lage 24, bei den weiteren Lagen je 10 Stunden trocknen. Ein neuer Reifen läßt sich meist nur mit Mühe auf die Felge ziehen. Er muß erst vorgedehnt werden. Man steigt dazu mit einem Fuß auf den Reifen und zieht ihn mit den Händen nach oben. Diese Prozedur wird ringsum durchgeführt. Eine letzte Schicht Kitt wird nun aufgetragen. Nach fünf bis zehn Minuten Trockenzeit kann der neue Reifen aufgezogen werden. Beginnend beim Ventilloch wird der leicht aufgepumpte Reifen mit beiden Händen nach unten gezogen. Um das letzte Stück auf die Felge zu bringen, wird das Laufrad in eine waagrechte Position gebracht (z. B. auf die Oberschenkel gelegt) und der noch überstehende Rest mit dem Daumen kräftig auf die Felge gehoben. Nach der Montage ist ein Ausrichten notwendig, wenn seitliche Abweichungen oder Höhenabweichungen beim Drehen des Laufrades zu erkennen sind. An den »Schlagstellen« wird der Reifen mit Daumen und Handballen in die richtige Position gerückt oder gezogen. Der Reifen wird nun auf 5–6 bar aufgepumpt und sollte bis zur nächsten Fahrt ca. einen halben Tag trocknen.

Bei einer gebrauchten Felge entfällt das Anlegen eines Kittbettes. Oft ist das Kittbett sogar haftfähig genug, einen Reifen ohne zusätzliches Kitten zu halten. So kann nach einem Defekt in Training oder Wettkampf der Reifenwechsel schnell erfolgen (gebrauchten, vorgedehnten Schlauchreifen mit anhaftendem Restkitt als Ersatz mitführen!).

Kleben mit Band

Verwendet man zur Montage des Schlauchreifens Klebeband, so wird dieses auf die gesäuberte Felge geklebt (beginnend beim Ventilloch) und mit einem stumpfen Gegenstand (z. B. Griff vom Schraubenzieher) festgedrückt. Das gesamte Klebeband wird nun mit Wasser angefeuchtet, um ein vorzeitiges Ankleben des Reifens vor dem Ausrichten zu vermeiden. Aufziehen und Ausrichten des Reifens erfolgen wie beim Kleben mit Kitt. Schlauchreifen, die mit Klebeband aufgeklebt worden sind, können sofort gefahren werden.

Trainingsrolle und Home-Trainer

Aufgrund der schlechten Witterungsbedingungen ist das Radtraining zuhause in unseren Breiten fester Bestandteil des Triathlon-Trainings. Prinzipiell gibt es dazu zwei Möglichkeiten: auf der Rolle und mit dem sog. Home-Trainer. Beides hat Vor- und Nachteile.

Die **Trainingsrolle** hat den Vorteil, daß man seine gewohnte Maschine benutzen kann. Ausreichenden Widerstand und damit Trainingseffekt gewährleisten allerdings nur solche Geräte, bei denen zumindest das Vorderrad des Rennrads auf einer, das Hinterrad auf zwei Rollen laufen. Vorder- und Hinterrolle sollten dabei über einen Keilriemen miteinander verbunden sein.

Einige Trainingsrollen haben eine Zusatzeinrichtung, die den Windwiderstand nachahmt und eine zusätzliche Belastungsdosierung beim Radtraining auf der Rolle zuläßt.
Die **Home-Trainer** sind inzwischen soweit entwickelt, daß mit vielen dieser Geräte ein zweckmäßiges realitätsnahes Training möglich ist. Verschiedene Geräte können durch spezielle Bremsvorrichtung o. ä. sogar Steigungen simulieren.

Bekleidung beim Radtraining

Der einteilige Triathlonanzug wird im Wettkampf in allen drei Disziplinen getragen (siehe Abschnitt Ausrüstung Schwimmen). Die radspezifische Bekleidung sollte so gewählt werden,

- daß eine optimale Kraftübertragung (Radrennschuhe),
- daß ein beschwerdefreies Sitzen und Fahren (Radhose, Rennhandschuhe),
- daß ausreichender Schutz vor Witterungseinflüssen (Radtrikot, Wind-/Regenjacke) und bei Stürzen (Sturzhelm) gewährleistet ist.

Zur Bekleidung beim Radtraining gehören im wesentlichen folgende Gegenstände.

Radrennschuhe: Schuhe mit Klettverschluß bedeuten Zeitgewinn im Triathlon-Wettkampf.

Radhose: Das Innenleder muß weich und geschmeidig gehalten werden (einfetten mit Vaseline vor dem Training) und darf keine Falten werfen.

Radtrikot: Das Trikot sollte nicht zu kurz sein, damit die Lenden-/Nierengegend gut vor Kälte geschützt ist. Helle, auffallende Farben sind aus Gründen der Verkehrssicherheit vorzuziehen.

Hometrainer, bei dem das Wettkampfrad verwendet werden kann.

Wind-/Regenjacke: Allwetterschutz mit zugleich garantierter Atmungsaktivität wird durch die Entwicklung spezieller Materialien, die Körperfeuchtigkeit nach außen ableiten und Wind und Nässe nicht nach innen eindringen lassen, gewährleistet.

Sturzhelm: Ausreichende Stabilität und damit Schutz vor schweren Kopfverletzungen trotz geringen Gewichts sollte ein guter Helm bieten. Die strömungsgünstige Form aerodynamischer Zeitfahrhelme ist für den Leistungstriathleten interessant.

Rennschuhe mit Klettverschluß.

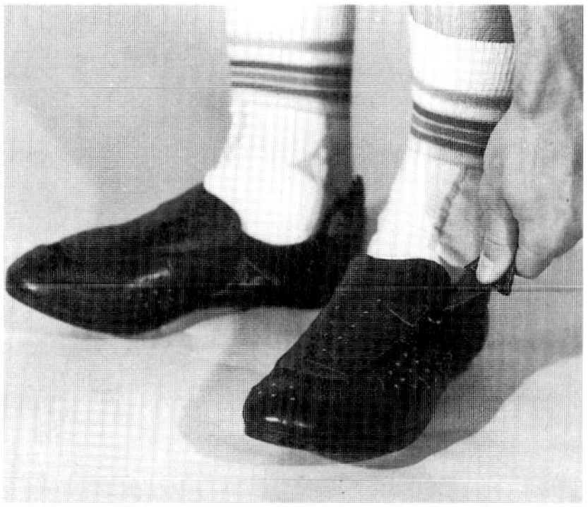

Geeigneter Sturzhelm.

Rennhandschuhe: Sie bieten Schutz vor Schürfungen bei Stürzen und verhindern die Blasenbildung bei längeren Radausfahrten. Fremdkörper können während der Fahrt vom Reifen entfernt werden.

Laufen

Die **Laufschuhe** sind der wichtigste Ausrüstungsgegenstand, an dem auf keinen Fall gespart werden darf. Unser Bewegungsapparat (Knochen, Gelenke, Bänder) ist beim Laufen hohen Belastungen ausgesetzt. Durchschnittlich 6500 Schritte werden bei einem 10-km-Lauf absolviert, pro Schritt müssen Kräfte abgefangen werden, die das 2- bis 3fache des Körpergewichts betragen (150–220 kg bei einem 75 kg schweren Läufer!). Die Wucht des Aufpralls wird über den Fuß auf das Sprung-, Knie- und Hüftgelenk übertragen. Ein guter und den individuellen Bedürfnissen angepaßer Laufschuh hilft trainingsbedingten Verletzungen vorzubeugen oder diese auszuschalten.

Auf der Grundlage von biomechanischen Bewegungsanalysen und durch die Entwicklung neuer Materialien werden auf dem Laufschuhmarkt immer bessere Modelle angeboten. Doch nicht jeder Triathlon-Sportler weiß auf Anhieb, welcher Schuh für ihn der Richtige ist: der mit dem gebogenen oder geraden Leisten, mit oder ohne Pronationskeil, schwer oder leicht, mit grobem Profil oder vollkommen glatter Lauffläche?

Allgemeine Anforderungen an einen guten Laufschuh

- 3facher Sohlenaufbau aus Laufsohle (Profilsohle für sicheren Tritt bei allen Bodenverhältnissen), Zwischensohle (weicher, poröser Gummi/Luftkammern zur Dämpfung des Aufpralls) und Fersenkeil.
- Stabiler Fersenteil, damit der Fuß genügend Halt findet.
- Weicher Fersenrand, damit keine Achillessehnenreizungen auftreten.
- Leichtes Obermaterial (meist mehrfach beschichtete Kunststoffe, seltener Leder), das gut anliegt, ohne jedoch zu beengen.
- Genügend Platz im Zehenbereich.
- Höheres Gewicht und größere Stabilität fürs Training, geringeres Gewicht im Wettkampf.

Besondere Anforderungen an einen Laufschuh

Zwei der häufigsten Fußanomalien sind der Senkfuß und der Hohlfuß. Der Senkfuß ist gekennzeichnet durch ein plattes Laufen über den ganzen Fuß mit der Neigung, den Fuß einwärts zu drehen bzw. nach innen umzuknicken (Pronation). Ein Großteil der Bevölkerung hat Senkfüße. Ohne entsprechende Stabilität der Schuhe im Fersenbereich sind auf die Dauer Beschwerden (oft unterhalb des äußeren Kniegelenkspaltes) geradezu vorprogrammiert.

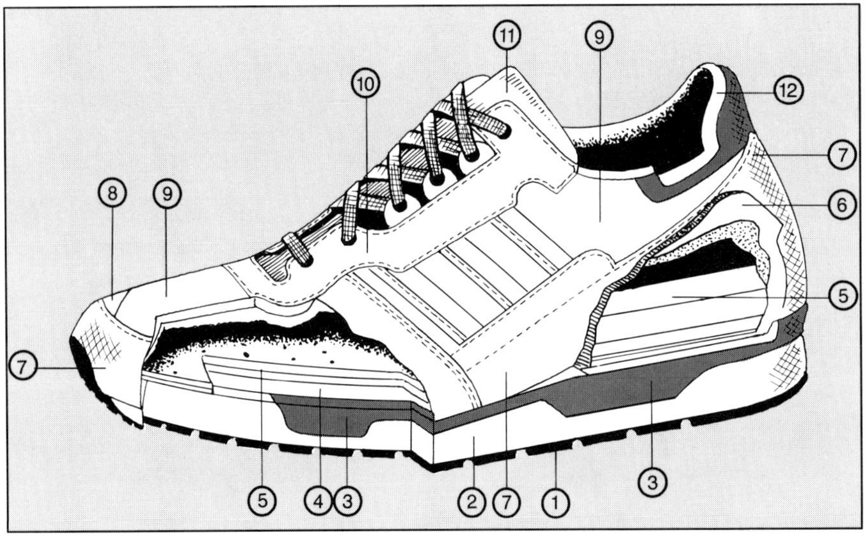

Konstruktionsmerkmale eines typischen Laufschuhes:

1 Flexibel-elastische Gummilaufsohle
2 Die weiche Basis der PU-Zwischensohle dient der Dämpfung
3 Die härtere PU-Oberschicht der Zwischensohle mit ihrer hochgezogenen Fersenschale stützt und führt den Fuß
4 Flexible Vollmokassinkonstruktion
5 Die Einlegesohle dient als Fußbett und leitet Fußfeuchtigkeit rasch ab
6 Verlängerte Hinterkappe, die den Fuß gleichzeitig stützt und führt
7 Umlaufende Velourbesätze
8 Aufgenähter Großzehenschutz
9 Schaft aus leichtem, atmungsaktivem Nylongewirke
10 Leichtgängige Varioschnürung
11 Gepolsterte Zunge
12 Gepolsterter, weicher Schaftrand.

Spezielle Anforderungen an einen guten Laufschuh

Fußhaltung beim Laufen	Ursache	Spezielle Eigenschaften des Laufschuhs
Pronation (Abknicken nach innen/Belastung auf dem inneren Fußrand)	Senkfuß	Anti-Pronationskeil (Zwischensohle im hinteren Anteil innen härter, außen weicher) feste Fersenkappe, innen weit nach vorne gezogen Fersenstabilisator (Kunststoffspange zwischen Sohle und Fersenkappe)
	X-Bein	s. o., zusätzlich fester Schuh mit geradem Leisten
Supination (Abknicken nach außen, Belastung auf dem äußeren Fußrand)	Hohlfuß	gute Dämpfung im Bereich des Fußballens ausreichende Bewegungsfreiheit im Zehenbereich
	O-Bein	Zwischensohle im vorderen Anteil außen härter, innen weicher stabiles Obermaterial im Vorfußbereich
gerade Fußhaltung		symmetrisch aufgebauter Schuh ohne besondere Einsätze in der Zwischensohle

Wer einen Hohlfuß hat sollte darauf achten, daß eine dicke Polsterung unter dem Fußballen zum Abfangen des Aufpralls vorhanden ist. Im Zehenbereich muß ausreichende Bewegungsfreiheit gewährleistet sein (die Zehenspitze hat einen Abstand von 3–4 mm zur Schuhspitze). Hohlfüßler neigen zur Supination, zum Umknicken nach außen.
Nicht nur der Leistungssportler sollte auf eine physiologisch optimale Fußstellung beim Laufen achten, die meist nur mit Hilfe von orthopädischen Einlagen nach Maß aus einem Spezialmaterial erreicht werden kann. Orthopädische Schuhmacher oder Orthopädietechniker bieten inzwischen die Möglichkeit, mit Laufband und Videogerät an Ort und Stelle die individuelle Lauftechnik zu analysieren und Schwachstellen am Laufschuh zu korrigieren. Kleinere Beschwerden verschwinden oft durch simplen Schuhwechsel. Ein Grund, warum man über mindestens zwei Paar Laufschuhe verfügen sollte, die unterschiedliche Eigenschaften aufweisen (z. B. Schuh für Straße und Gelände bzw. mit weicher/harter Sohle).

Bekleidung beim Lauftraining

Die optimale Laufbekleidung besteht aus einem Material, das die Fähigkeit hat, von der Haut Feuchtigkeit aufzunehmen, diese nach außen weiterzuleiten und zu verdunsten. Bei kaltem Wetter soll sie die Haut trocken und warm halten, bei Hitze einen Wärmestau verhindern. Um die volle Entfaltung der Laufleistung zu ermöglichen, darf Laufbekleidung nicht zu schwer sein und sollte möglichst gut sitzen, ohne jedoch die Bewegungen einzuschränken.

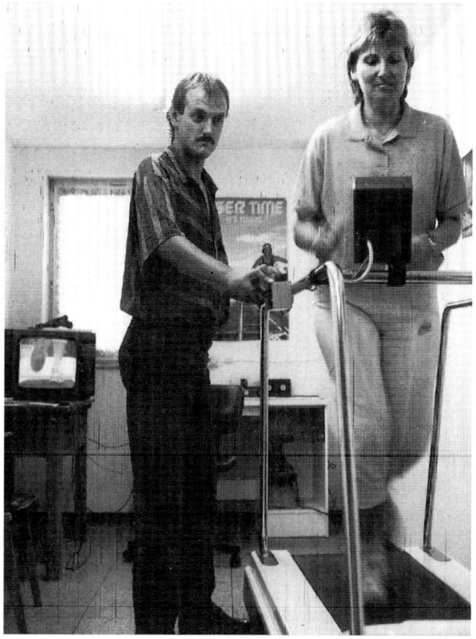

Laufhosen für warme und kalte Tage (die lange Unterhose unter der Trainingshose bietet zusätzlichen Schutz vor Kälte).

Hemd: T-Shirt, langärmeliges Skilanglauf-Unterhemd aus schnelltrocknendem Material, Sweat-Shirt, ärmelloses Netzhemd.

Socken sollen genau passen und aus schweiß-saugendem Material sein (am besten ist Baumwolle).

Analyse des Fußabrollverhaltens mit Hilfe des Laufbandes und einer Videokamera.

Technik

Sportliche Leistung und Leistungsfähigkeit sind sehr komplexe Begriffe, sie stehen unter dem Einfluß unterschiedlichster Faktoren. Neben den taktischen Fähigkeiten, den äußeren Rahmen- und Umweltbedingungen und psychischen Komponenten sind es 5 Grundeigenschaften, die eine körperliche Bewegungsleistung charakterisieren: Technik, Beweglichkeit, Kraft, Schnelligkeit und Ausdauer.
Technik oder Koordination wird definiert als das Zusammenwirken von Zentralnervensystem und Muskulatur innerhalb eines gezielten Bewegungsablaufes. Die Technik dient dazu, eine Bewegung möglichst optimal zu gestalten. Gute Technik ist die Idealform, die durch eine hohe Bewegungsökonomie gekennzeichnet wird: einem Minimum an Energieaufwand steht ein Maximum an Wirksamkeit gegenüber. Aufgrund der Häufigkeit der Bewegungswiederholungen beeinflußt die Technik gerade in den Ausdauerdisziplinen entscheidend die Leistungsfähigkeit. Je besser die Technik ist, desto geringer wird der Energieverbrauch für die gleiche Leistung oder desto länger kann eine Leistung bei gleichem Energieverbrauch durchgeführt werden. Die Technik hat deshalb eine ermüdungsreduzierende Funktion.

Techniktraining

Spezielle technikverbessernde Übungsformen in den drei Einzeldisziplinen dienen dazu, die Idealbewegung unter Berücksichtigung der individuellen Eigenschaften (Körperbau) annäherungsweise zu erreichen. Sie erhalten die Lernfähigkeit des Sportlers für neue Bewegungsformen (z. B. weitere Technikverbesserungen) und ermöglichen eine leichtere Anpassung an veränderte äußere Bedingungen (z. B. Schwimmen bei Wellengang, Radfahren bei Wind, Laufen in unebenem Gelände). Techniktraining dient nicht zuletzt dazu, den Trainingsalltag abwechslungsreich zu gestalten.
Das vielmalige konzentrierte Wiederholen der Technikübungen belastet äußerst stark das Zentralnervensystem, das nach bisherigen wissenschaftlichen Erkenntnissen unter Belastung zeitlich vor anderen Systemen des menschlichen Organismus ermüdet (z. B. Herz-Kreislauf- und Stoffwechselsystem). Innerhalb der geplanten Trainingseinheit sollte deshalb die Technikschulung stets der Konditionsschulung (allgemeine aerobe und anaerobe Ausdauer, Kraftausdauer) vorangestellt und möglichst in ausgeruhtem Zustand durchgeführt werden.
Für den Hochleistungsbereich, in dem zwei- bis dreimal täglich trainiert wird, gilt es, das Techniktraining in Abhängigkeit von den Regenerationszeiten nach verschiedenen Trainingsbelastungen in die Trainingsplanung zu integrieren (vgl. auch Trainingskapitel bzw. GROSSER/NEUMAIER, S. 19).
In der Praxis könnte das wie folgt aussehen:

- Die erste Trainingseinheit wird im ausgeruhten Zustand durchgeführt. Koordinations- und Technikübungen können hier am effektivsten durchgeführt werden.

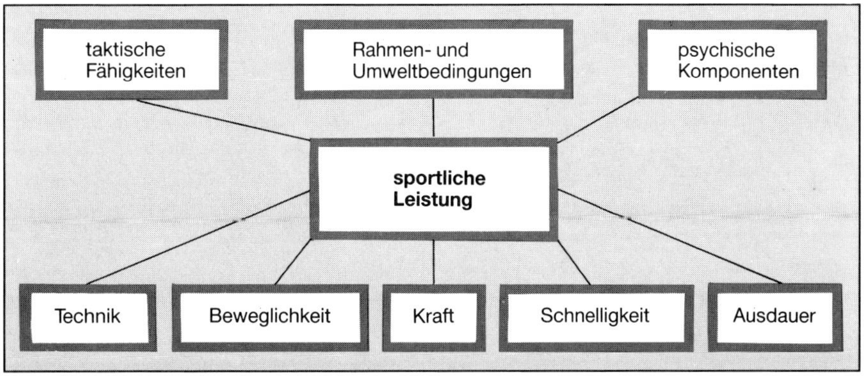

Komponenten sportlicher Leistung.

Die motorischen Grundeigenschaften und ihre Bedeutung im Triathlon-Sport

Komponenten	Definition	Training	Wirkung	Vorkommen im Triathlon
Technik (Koordination)	Zusammenwirken von Zentralnervensystem und Muskulatur innerhalb eines gezielten Bewegungsablaufes	durch Üben des Bewegungsablaufes und spezielle Technikübungen	Ökonomisierung der Bewegungen geringerer Energieaufwand und geringere Ermüdbarkeit für gleiche Leistung	Technik des Schwimmens, Radfahrens, Laufens Kleider-/Bewegungs-/Rhythmuswechsel
Beweglichkeit (Flexibilität)	willkürlich möglicher Bewegungsbereich in den Gelenken	durch Dehnungsübungen und Lockerungsübungen	Längenänderung der Muskulatur	besonders beim Schwimmen saubere Bewegungsausführung nur bei ausreichender Beweglichkeit möglich höhere Kraftentwicklung eines vorgedehnten Muskels
Kraft	Fähigkeit eines Muskels, eine bestimmte Spannung zu erzeugen, um – den eigenen Körper oder ein Sportgerät zu bewegen (= dynamische Kraft); – einem Widerstand entgegenzuwirken (= statische Kraft); – einen Widerstand in kürzester Zeit zu überwinden (= Schnellkraft)	in Abhängigkeit von der sportartspezifischen Anwendung durch verschiedene Trainingsmethoden: Maximal-, Schnellkraft-, Kraftausdauer- und isokinetisches Krafttraining	auf den Bewegungsapparat (Muskeln, Knochen, Sehnen, Bänder); Kraftgewinn durch Vergrößerung des Muskelquerschnitts	Kraftausdauer ist leistungsbestimmende Komponente beim Schwimmen und Radfahren
Schnelligkeit	Fähigkeit, auf einen Reiz schnell zu reagieren und Bewegungen mit hoher Geschwindigkeit auszuführen	durch Verkürzung der Reaktionszeit Erhöhung der Geschwindigkeit einer Einzelbewegung, der Bewegungsfrequenz und damit der Fortbewegung	auf technische Abläufe und Muskulatur	Schwimmstart Wechsel bei taktischem Vorgehen (z. B. Überholmanöver)
Ausdauer (= Ermüdungswiderstandsfähigkeit)	Fähigkeit, eine gegebene Leistung möglichst lange durchzuhalten			wichtigster leistungsbestimmender Faktor bei allen drei Einzeldisziplinen und beim Triathlon
	allgemeine aerobe Ausdauer	regelmäßige dynamische Belastung großer Muskelgruppen mit geringer bis mittlerer Intensität über einen festgelegten Zeitraum	auf die Muskulatur auf das kardio-pulmonale System (= Ökonomie der Herzarbeit)	
	allgemeine anerobe Ausdauer (= Schnelligkeitsausdauer, Stehvermögen)	Belastung großer Muskelgruppen mit hoher Intensität über eine kürzeren Zeitraum	auf den Muskelstoffwechsel: trotz großer O_2-Schuld und hoher Milchsäurewerte eine Leistung aufrechterhalten können	

- In der zweiten Trainingseinheit kann ein Techniktraining wiederholt werden. Voraussetzung ist jedoch, daß die Pause zwischen den beiden Trainingseinheiten mindestens 2–3 Stunden beträgt und daß der Konditionsteil nicht in einem zu hohen Intensitätsbereich angesetzt war.
- Eine dritte Trainingseinheit sollte auf spezielle Technikschulung verzichten, da durch die vorangegangenen beiden Übungsprogramme bereits Ermüdungsprozesse speziell des Zentralnervensystems zu verzeichnen sind.

Schwimmen

Grundlage für die Entwicklung eines hohen Niveaus der sportlichen Technik ist, daß der Triathlet eine detaillierte Bewegungsvorstellung herausbildet. Dies ist nur möglich bei Kenntnis und Beachtung der wichtigsten physikalischen Gesetzmäßigkeiten.

Physikalische Grundlagen

Der **Auftrieb** ist die Kraft, die von unten gegen einen ins Wasser getauchten Körper wirkt. Dabei gilt das »Archimedische Prinzip«: Ein Körper in Flüssigkeit verliert soviel an Gewicht, wie die Wassermenge wiegt, die der Körper verdrängt. Entspricht also das Gewicht des verdrängten Wassers dem Körpergewicht, dann schwebt der Mensch im Wasser. Die Auftriebswirkung greift am Volumenmittelpunkt (VMP) des menschlichen Körpers an und wirkt der Erdanziehung entgegen (Angriffspunkt Körperschwerpunkt-KSP). Je geringer der Abstand zwischen den beiden Punkten ist (individuell verschieden), desto besser ist die Wasserlage.

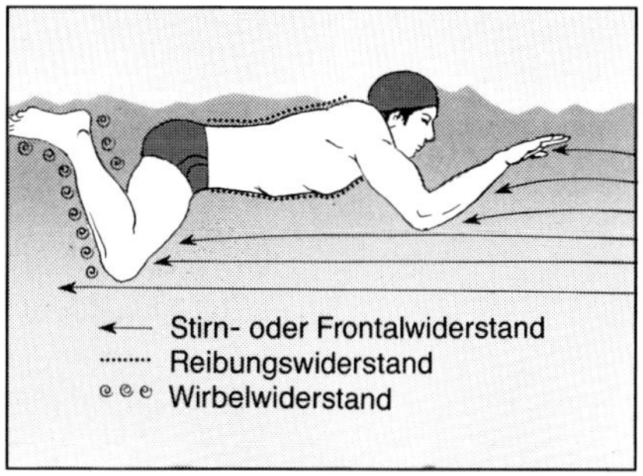

Verschiedene Formen des Wasserwiderstands.

Der **Wasserwiderstand** ist die Kraft, die dem Schwimmer bei der Vorwärtsbewegung entgegenwirkt. Man unterscheidet zwischen Stirn- oder Frontalwiderstand, Reibungswiderstand und Wirbelwiderstand. Mit zunehmender Schwimmgeschwindigkeit steigt der Wasserwiderstand im Quadrat zur Geschwindigkeit. Durch eine flache Wasserlage kann der Widerstand gering gehalten werden. Alle Bewegungen von Armen und Beinen gegen die Schwimmrichtung, die den Wasserwiderstand vergrößern, sollten möglichst langsam durchgeführt werden.

Der **Antrieb** ist die Kraft, die den Schwimmer nach vorne bewegt. Voraussetzung für jede Vorwärtsbewegung ist eine Krafteinwirkung in die entgegengesetzte Richtung. Beim Laufen z.B. drücken die Füße den Boden nach rückwärts und unten, der Läufer bewegt sich nach vorne und aufwärts. Dasselbe Prinzip (drittes Bewegungsgesetz von Newton) findet beim Schwimmen Anwendung. Um eine Vorwärtsbewegung zu erzeugen, müssen Hände und Arme unter Wasser so lange wie möglich gegen die Schwimmrichtung nach hinten ziehen.

Einschränkung: Wasser ist kein starrer Körper, an dem man sich abdrücken kann, sondern wird bei Druckeinwirkung in Bewegung gesetzt. Hand und Arm müssen deshalb ständig nach »ruhigem« Wasser suchen, das noch den erwünschten Abdruck gewährleisten kann. Ähnlich einer Schiffsschraube bewegen sie sich in einem Zick-Zack-Muster (Doppel-S-Zug).

Um die Antriebsfläche möglichst groß zu halten, werden die Finger leicht gespreizt.

Der Vollständigkeit halber sei hier erwähnt, daß auch einige Gesetzmäßigkeiten aus der Flüssigkeitsmechanik, u.a. das Bernoullische Prinzip für den Antrieb im Wasser von Bedeutung sind. Detaillierte Ausführungen sind den Fachbüchern zum Schwimmen zu entnehmen.

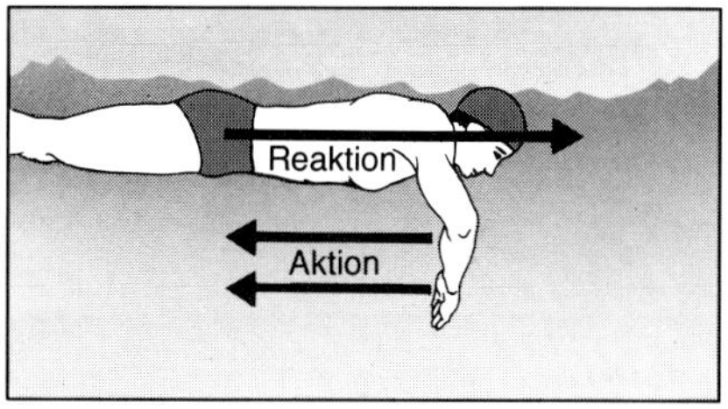

Das Gesetz von Aktion und Reaktion.

Am ökonomischsten und wirkungsvollsten ist ein gleichmäßiger Antrieb, d.h., die Vorwärtsbewegung ohne Beschleunigungen und Verzögern der Schwimmbewegungen.

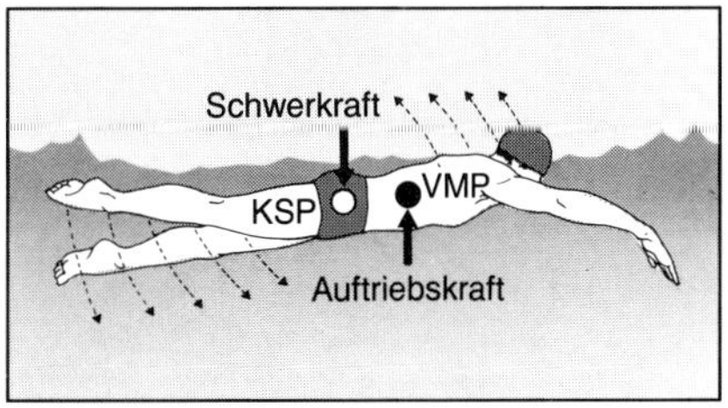

Angriffspunkt der Auftriebskraft am Volumenmittelpunkt.

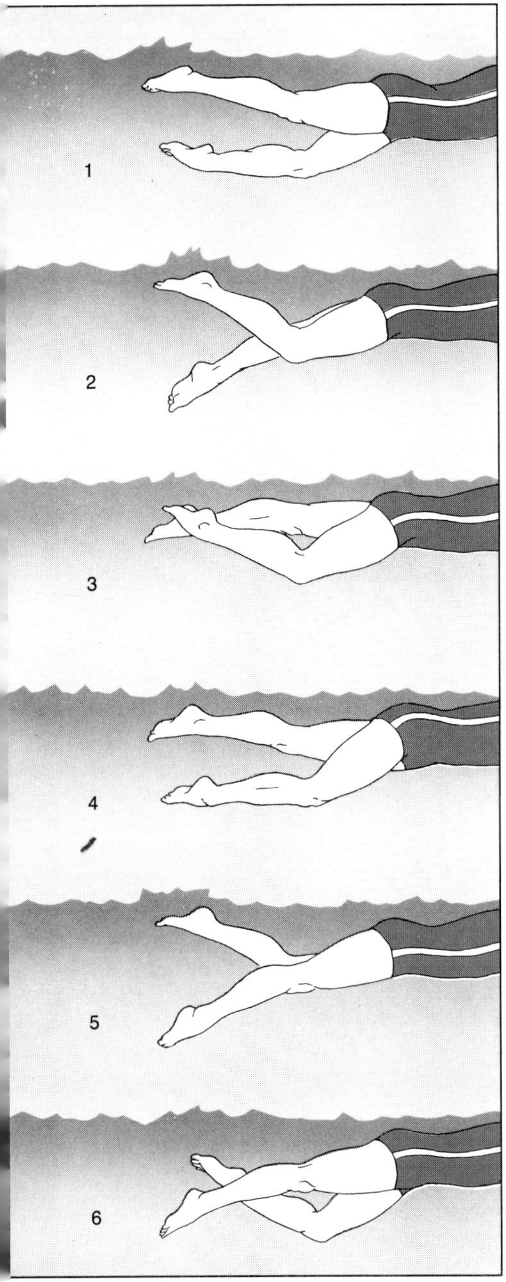

Der Kraulbeinschlag.

Bewegungsbeschreibung Kraulschwimmen

Kraulbeinschlag

Die Kraulbeinbewegung dient nur sekundär dem Vortrieb. Sie hat in erster Linie die Aufgabe, die Lage des Körpers im Wasser zu stabilisieren. Unerwünschte Seitbewegungen, die durch die alternierende Armbewegung entstehen und dem Vortrieb entgegenwirken können, werden ausgeglichen, der Schwimmer erhält durch den Beinschlag die gewünschte strömungsgünstige Wasserlage.
Der Bewegungsansatz erfolgt aus der Hüfte (1). Der Oberschenkel wird abwärts gedrückt, passiv wird durch den Wasserwiderstand das Kniegelenk gebeugt (2). Die aktive Streckung des Beins, der sogenannte »Kick« ist der vortreibende Teil des Beinschlags (3, 4). Die Aufwärtsbewegung, die in die Ausgangslage zurückführt, verläuft beinahe passiv und ist die Ausgleichsbewegung zum Beinschlag des anderen Beins (5, 6).

Kraularmzug

Der Kraularmzug besteht aus Zug-, Druck- und Schwungphase. Die Zugphase beginnt mit dem Wasserfassen, der Arm ist zunächst leicht einwärts gedreht (1, 2). Mit zunehmender Beugung im Ellbogengelenk wird die Hand auswärtsgedreht, Oberarm, Unterarm und Hand bewegen sich gegen die Schwimmrichtung nach hinten bzw. ziehen den Körper nach vorne (3). Ist die Schulterebene erreicht (maximale Beugung im Ellbogengelenk ca. 90°), beginnt die Druckphase (4, 5). Sie endet, wenn die Hand den Oberschenkel mit dem Daumen fast berührt, der Ellbogen ist fast wieder vollständig gestreckt. Zur Schwungphase verläßt der Ellbogen des Schwimmers zuerst das Wasser (6). Ohne größere Muskelanspannung schwingt der Arm nach vorne. Die alternierende Bewegung der Arme bildet den Hauptantrieb beim Kraulschwimmen.
Eine Rollbewegung des Körpers um seine Längsachse unterstützt die Armbewegung. Sie schafft günstige Winkel beim Zusammenwirken der Hauptantriebsmuskeln und erleichtert vor allem bei geringer Beweglichkeit im Schultergelenk das Einleiten der Schwungphase und das gradlinige Vorbringen der Arme.

Koordination

Die richtige Koordination des Kraularmzugs mit dem Beinschlag erfolgt fast immer unbewußt. In Abhängigkeit von der individuell unterschiedlichen Wasserlage des Triathleten sowie der zu schwimmenden Streckenlänge sind zwischen 2 und 6 Beinschlägen pro Armzyklus (= 2 Armzüge, rechts und links) zu erkennen. Es gilt: je länger die Schwimmstrecke, desto geringer die Anzahl der Beinschläge. Triathleten benützen überwiegend den energiesparenden Zweier-Beinschlag: das Eintauchen des rechten Arms wird durch die Kickbewegung des linken Beins unterstützt und umgekehrt.

Atmung

Die Atmung soll so in den Bewegungsablauf eingefügt werden, daß weder die Körperlage im Wasser ungünstig beeinflußt wird (z. B. durch Anheben des Kopfes zum Atmen) noch die Armbewegung in ihrem alternierenden Rhythmus unterbrochen wird. Die Ausatmung erfolgt unter Wasser durch Mund und Nase. Wenn der Atemarm das Wasser verläßt, wird – durch die Rollbewegung unterstützt – der Mund frei vom Wasser, in der Bugwelle kann eingeatmet werden.
Verschiedene Atemrhythmen kommen beim Triathlon zur Anwendung. Die Zweierzug-Atmung (alle zwei Armzüge wird ge-

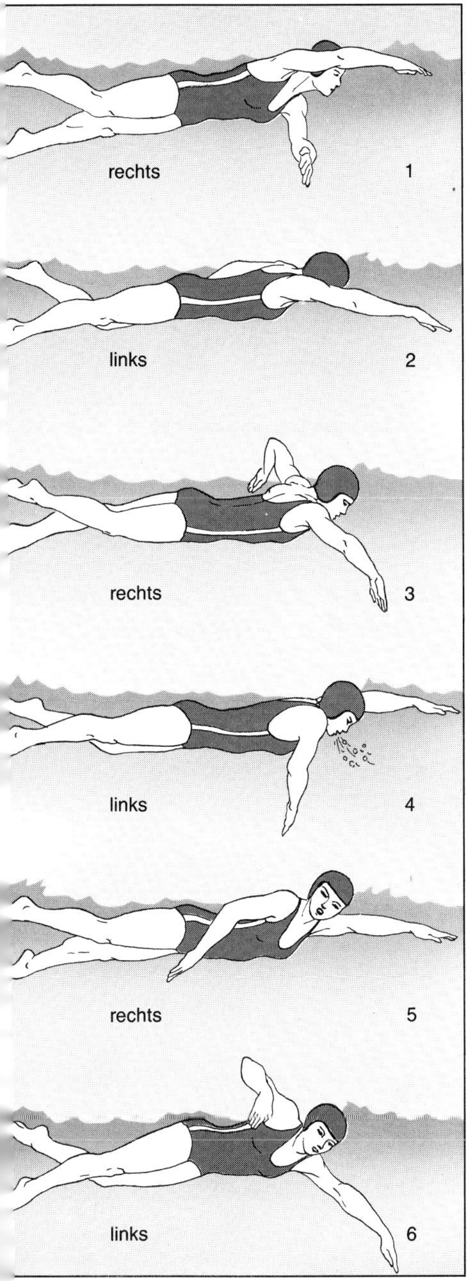

Die Kraulgesamtbewegung.

Der Kraularmzug.

atmet) ist oft mit einer gewissen Einseitigkeit verbunden, die Arme ziehen unterschiedlich stark und die Blickrichtung nur zu einer Seite macht eine gute Orientierung schwer. Das Geradeausschwimmen in offenem Gewässer ist bei Anwendung der Dreierzug-Atmung eher gewährleistet, die allerdings höhere Ansprüche an die Atmungskapazität des Sportlers stellt. Die Ausatmung erfolgt hier während des zweiten und dritten Armzugs. Eine Art Kompromiß stellt der Wechsel zwischen Zweier- und Dreierzug-Atmung dar.

Übungsformen zum Erlernen des Kraulschwimmens

Die folgenden Übungen dienen dazu, die Grobform der Kraulbewegung herauszuarbeiten. Sie sollten im ausgeruhten Zustand (direkt nach dem Einschwimmen) zunächst im Lehrschwimmbecken durchgeführt werden. Kraulschwimmen läßt sich erfahrungsgemäß nicht sofort als Gesamtbewegung erfolgreich erlernen. Deshalb werden zunächst die Teilbewegungen Beinschlag und Armzug geübt und schließlich zur Gesamtbewegung eingeschlossen die Atmung zusammengefügt.

Übungsziel Kraulbeinschlag

- Sitz am Beckenrand, Beine hängen im Wasser und werden abwechselnd auf- und abbewegt. Auf eine betonte »Kick«-Bewegung wird geachtet.
- Kraulbeinschlag in Bauchlage, mit gestreckten Armen am Beckenrand festhalten.
- Kraulbeinschlag in Rückenlage mit Schwimmbrett unter dem Kopf.
- Kraulbeinschlag in Bauchlage mit Flossen und Schwimmbrett. Kopf bleibt im Wasser.
- Kraulbeinschlag in Bauchlage mit Schwimmbrett, das mit gestreckten Armen gehalten wird.
- Kraulbeinschlag in Bauchlage ohne Schwimmbrett.

Fehler	Korrektur- und Übungshinweise
■ »Radfahren«, die Knie werden unter den Bauch gezogen, der Bewegungsansatz erfolgt nicht aus der Hüfte.	▶ »Beine lang lassen.« ▶ Kraulbeinschlag in Rückenlage, Brett auf dem Bauch halten, Hüfte am Brett halten.
■ Fußspitzen werden angezogen. Damit fehlt die Abdruckfläche für den Vortrieb.	▶ »Füße strecken, Fußspitzen nach innen drehen.« ▶ Kraulbeinschlag in Bauchlage mit Flossen.
■ Geringe Schlagweite der Beine, die Bewegung wird hektisch und unkoordiniert durchgeführt.	▶ »Bewegung ruhig durchführen, Bewegungsamplitude bewußt verändern, um die günstigste Form zu erspüren.«

Weitere technikverbessernde Übungsformen zum Kraulbeinschlag

- Kraulbeinschlag in Bauchlage, Hände auf dem Rücken verschränken.
- Kraulbeinschlag in Seitlage, der untere Arm ist in Hochhalte, der obere am Körper (siehe Graphik).
- Kraulbeinschlag unter Wasser.
- Kontrastübung: 10 m Kraulbeinschlag mit völlig gestreckten Beinen, danach richtiger Beinschlag.
- Kontrastübung: 10 m Kraulbeinschlag, die Knie werden extrem unter den Bauch gezogen (»Radfahren«), danach richtiger Beinschlag.
- Kontrastübung: 10 m Kraulbeinschlag mit angezogenen Fußspitzen, danach Beinschlag mit gestreckten Füßen.

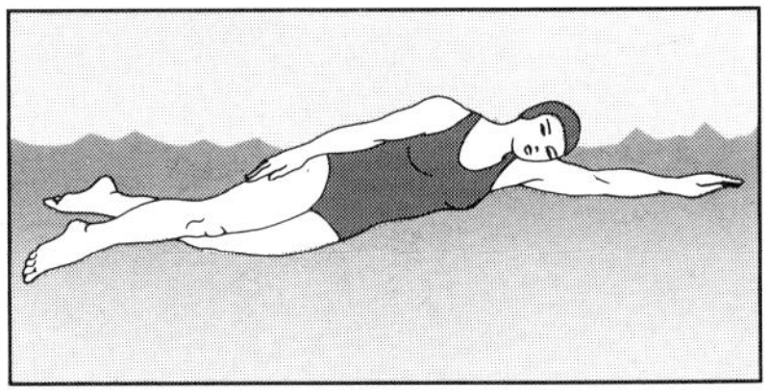

Übungsziel Kraularmzug

- Im hüfttiefen Wasser Kraularmzug im Gehen, zunächst ohne, dann mit dem Kopf im Wasser.
- Partnerübung: Partner 1 schiebt Partner 2 an den Füßen durchs Wasser. Dieser führt dabei den Kraularmzug durch. Gesicht ist im Wasser.
- Kraularmzug mit Schwimmbrett oder Pullbuoy ohne Atmung.

Weitere technikverbessernde Übungsformen zum Kraularmzug

- Einarmiger Kraularmzug, ein Arm liegt gestreckt auf einem Schwimmbrett.
- Einarmiger Kraularmzug wie oben ohne Schwimmbrett.
- »Hühnchenflügel«-Schwimmen: Die Daumen sind in den Achselhöhlen, der Wechselarmzug wird mit den verkürzten Armen durchgeführt. Kräftiger Beinschlag mit oder ohne Flossen.
- Kraularmzug mit Paddles, mit oder ohne Pullbuoy.
- Kontrastübung: 10 m Kraularmzug mit gestreckten Armen über und unter Wasser, danach richtige Armbewegung mit gebeugtem Ellbogen.
- Kontrastübung: 10 m Kraularmzug mit geballter Faust oder gespreizten Fingern, danach normale Handhaltung.

Fehler	Korrektur- und Übungshinweise
■ In der Überwasserphase schwingen die Arme seitlich gestreckt über Wasser. Der Körper reagiert mit einer Ausgleichsbewegung quer zur Schwimmrichtung (»Schlängelbewegung«).	▶ »Ellbogen hoch, Handflächen nach außen drehen, dabei betontes Rollen um die Körperlängsachse.« ▶ Reißverschlußschwimmen: Der Ellbogen wird betont hochgezogen, der Daumen wird bis zur Achselhöhle an der Seite des Körpers entlanggezogen. 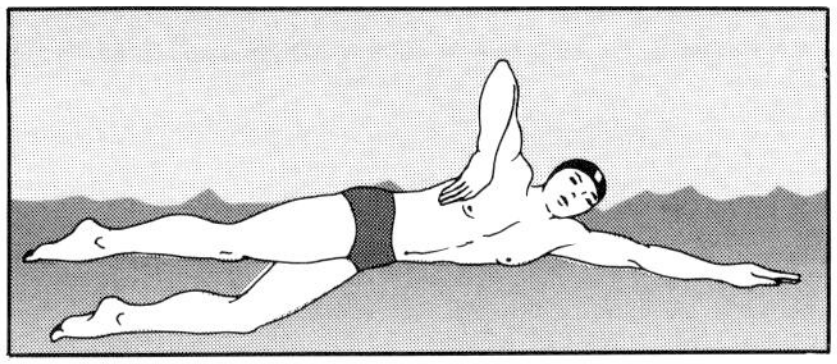 ▶ Kraularmzug dicht am Beckenrand entlang, auf den hohen Ellbogen in der Überwasserphase achten.
■ Die Arme werden zu weit über die Körpermitte geschwungen: 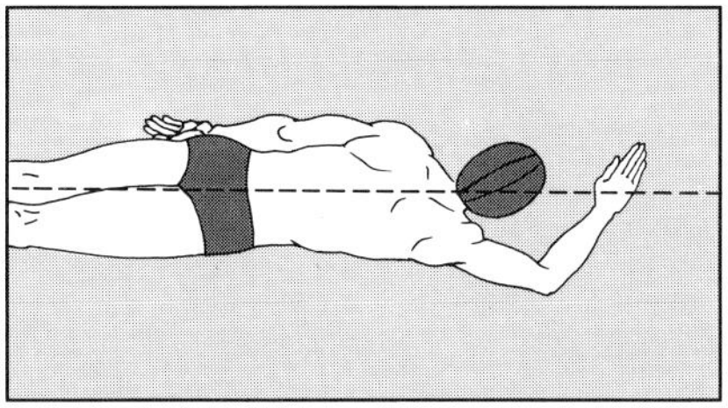	▶ »Hand weit außen vor der Schulter eintauchen.« 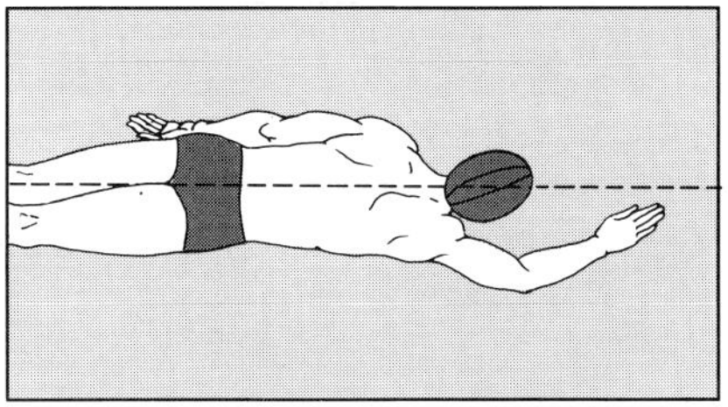
■ In der Unterwasserphase ziehen die Arme gestreckt durchs Wasser oder zu weit neben der Körpermitte.	▶ »Versuchen, mit dem Daumen den Bauch zu berühren.« ▶ Trockenübungen an Land vor dem Spiegel oder mit dem Zugseil.
■ Hand und Arme ziehen nach unten, nicht nach hinten, der Oberkörper bewegt sich nach oben.	▶ »Hohe Ellbogenhaltung auch in der Unterwasserphase. Die Druckphase endet erst, wenn der Daumen den Oberschenkel fast berührt.«
■ Absinkender Ellbogen in der Zugphase.	▶ Trockenübungen s. o. ▶ Wie Anweisung oben.

Übungsziel Gesamtbewegung ohne Atmung

- Aus dem Abstoß vom Beckenrand ohne Atmung Kraulgesamtbewegung, zum Einatmen hinstellen.
- Einarmiges Kraulschwimmen mit Schwimmbrett. Zum Einatmen zunächst hinstellen, dann ohne Unterbrechung der Bewegung den Kopf anheben und später zur Seite drehen.
- Einarmiges Kraulschwimmen ohne Schwimmbrett. Der Körper rollt betont zur Seite.

Fehler

- Die Beine werden nur wenig oder gar nicht bewegt.

Korrektur- und Übungshinweise

- ▶ Mit Kraulbeinschlag in Bauchlage beginnen, dann erst die Arme hinzunehmen.

- Weitere Fehler und Korrekturhinweise vgl. »Teilbewegungen Kraularmzug und Kraulbeinschlag«.

Übungsziel Atmung

- Einseitiger Kraularmzug in hüfttiefem Wasser, eine Hand an der Überlaufrinne. Ausatmen während der gesamten Unterwasserphase des Arms (Zug- und Druckphase), Einatmen, wenn der Ellbogen das Wasser verläßt.
- Gehen in hüfttiefem Wasser mit vorgebeugtem Oberkörper. Kraularmzug mit Atmung.
- Kraulbeinschlag mit Atmung. Bewußtes Ausatmen ins Wasser, Einatmen durch Drehen des Kopfes zur Seite.
- Partnerübung wie oben: Kraularmzug mit Atmung.

Fehler

- Der Kopf wird zum Atmen angehoben.

Korrektur- und Übungshinweise

- ▶ Auf eine gute Rollbewegung achten, beim Einatmen den seitlichen Beckenrand ansehen und dabei den Kopf auf dem Wasser liegen lassen.

Übungsziel Gesamtbewegung mit Atmung

- Kraulschwimmen mit Atmung aus dem Abstoß vom Beckenrand zunächst über 10–15 m, dann Neubeginn.
- Kraulgesamtbewegung mit betontem Hochziehen des Ellbogens (»Reißverschlußschwimmen« s.o.).
- Einarmiger Kraularmzug mit Beinschlag.
- Kraulschwimmen mit Atmen zur ungewohnten Seite.

Fehler

- Ungleichmäßiger Armzug oder Atemnot bereits nach wenigen Kraulbewegungen. Der Schwimmer hält die Luft zunächst an, die Ausatmung ist mit dem Ende der Druckphase noch nicht abgeschlossen, die Zeit über Wasser ist für Ein- und Ausatmung zu kurz.

Korrektur und Übungshinweis

- ▶ »Bewußt ins Wasser ausatmen.«
- ▶ »Mit der Ausatmung anfangen, wenn der Atemarm die Zugphase beginnt.«
- ▶ Ausatmen gegen den Wasserwiderstand üben.

- Weitere Fehler und Korrekturhinweise vgl. »Teilbewegungen Kraularmzug, Kraulbeinschlag, Atmung und Gesamtbewegung ohne Atmung«.

- »Abschlagschwimmen«: Der jeweils vorne liegende Arm verharrt dort so lange, bis ihn der andere Arm eingeholt hat. Erst dann wird die Unterwasserphase durchgeführt. Dazu kräftiger Beinschlag.
- Kraulschwimmen mit »Zweier-Beinschlag«.

Weitere technikverbessernde Übungsformen zur Gesamtbewegung mit Atmung

- Koordinationsübung: Wechsel des Beinschlagrhythmus: je eine Bahn Zweier-Beinschlag, eine Bahn Sechser-Beinschlag.
- »Atmungspyramide« schwimmen, mit Zweierzug-Atmung beginnen, dann Dreier-, Vierer-, Fünferzug-Atmung usw., bis zum Ende der Bahn steigern.
- Kontrastübung: 10 m Kraulschwimmen mit kurzen, schnellen und unvollständigen Armzügen, danach langer Armzug bis zum Oberschenkel.
- Verschiedene Technikübungen innerhalb einer Bahn aneinanderreihen, z.B. Beinschlag in Bauchlage, in Seitlage, in Rückenlage; Armzug zweimal links, zweimal rechts, viermal rechts/links.

Radfahren

Physikalische Grundlagen

Beim Radfahren müssen drei Widerstände überwunden werden: die Rollreibungskraft, der Luftwiderstand und die Hangabtriebskraft. Die Bedeutung der Rollreibungskraft wurde bereits im Kapitel Ausrüstung/Reifen ausführlich erläutert.

Der **Luftwiderstand (F_L)** ist eine Kraft, die die Fortbewegung hemmt. Es gilt:

$$F_L = A \cdot c_W \cdot \frac{\varrho}{2} \cdot v^2$$

A = Stirnfläche oder Windangriffsfläche des Körpers einschließlich Rennrad

c_W = Widerstandsbeiwert. Er wird beeinflußt von der Form des Rennrades (Aerodynamik), von der Oberflächenbeschaffenheit der Bekleidung und der Stromlinienform der Sitzposition.

ϱ = Luftdichte, im Flachland 1,23 kg/m^2, in Höhe geringer

v^2 = Quadrat der Strömungsgeschwindigkeit, die sich aus Fahrgeschwindigkeit und Windgeschwindigkeit zusammensetzt.

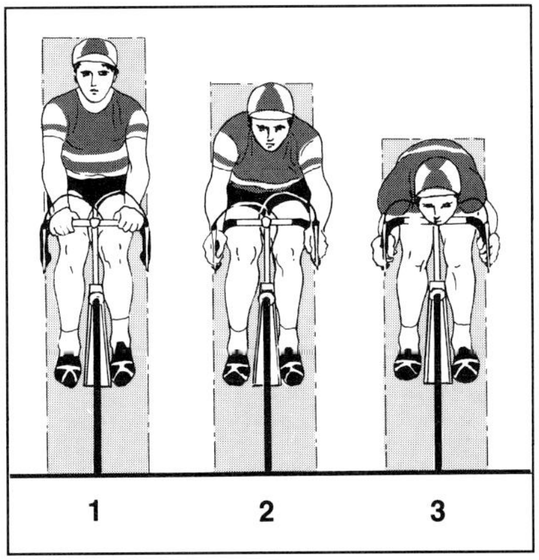

Windangriffsfläche in Abhängigkeit von der Körperhaltung auf dem Rennrad.

Mit zunehmender Geschwindigkeit steigt der Luftwiderstand quadratisch an. Je höher das Leistungsvermögen des Triathleten, desto mehr finden Maßnahmen Beachtung, die den Luftwiderstand möglichst gering halten sollen. Aus der Formel ergeben sich daher die folgenden praktischen Konsequenzen:

- Die Angriffsfläche für den Wind sollte stets so gering wie möglich gehalten werden. In der unteren Lenkergriffhaltung ist die Windangriffsfläche gegenüber der oberen Lenkergriffhaltung deutlich vermindert.

Stirnfläche oder Windangriffsfläche.

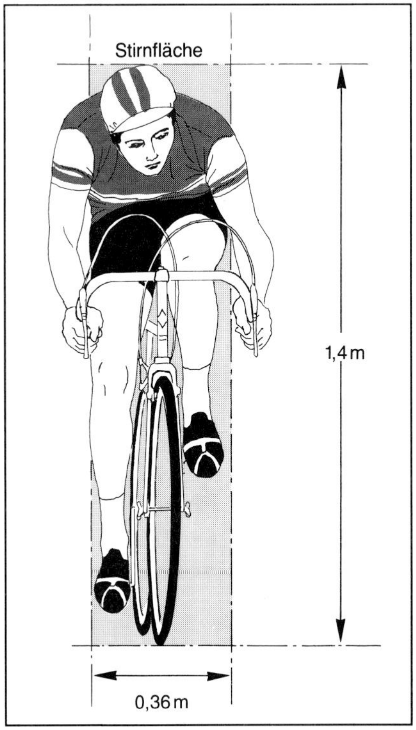

Körperhaltung und Lenkergriffhaltung.

■ Um den Widerstandsbeiwert nicht unnötig zu erhöhen, sollte auf enganliegende Kleidung geachtet werden. Aerodynamische Komponenten bei der Zusammenstellung des Materials bringen im hohen Leistungsbereich sicher Vorteile. Sie wurden bereits im Kapitel Ausrüstung ausführlich vorgestellt. Die richtige Sitzposition mit tiefer stromlinienförmiger Oberkörperhaltung spielt ebenfalls eine wichtige Rolle.

Die **Hangabtriebskraft (F_H)** muß vom Triathleten beim Bergauffahren überwunden werden und sorgt für zusätzlichen Schub beim Bergabfahren.

$$F_H = F_N \cdot \frac{h}{L}$$

F_N = Normalkraft. Sie entspricht dem Gewicht des Triathleten und dem seines Fahrrads.
h = Höhenunterschied
L = Länge der Bergstrecke

Ein leichter Triathlet ist im Vorteil beim Bergauffahren, beim Bergabfahren allerdings langsamer als ein schwerer Sportler. Da die Fahrgeschwindigkeit beim Bergauffahren sinkt, verliert der Luftwiderstand und damit die aerodynamische Position auf dem Rennrad an Bedeutung.

Die Körperhaltung

In Abhängigkeit von der Griffposition der Hände am Lenker ergeben sich verschiedene Körperhaltungen auf dem Rennrad (vgl. Abb. oben): Man unterscheidet folgende Haltungen!

Oberere Lenkergriffhaltung

Die Hände fassen den Lenker in gleichmäßigem Abstand neben dem Vorbau. Die Haltung des Oberkörpers ist relativ aufrecht und bietet so die Möglichkeit, den Rücken, der sonst stark gebeugt wird, zu entlasten. Ein Nachteil dieser Haltung ist, daß die Kontrolle über das Fahrrad nicht in gleichem Maße wie bei den beiden nachfolgend aufgeführten Handhaltungen gewährleistet ist. Geeignet ist die obere Lenkergriffhaltung in erster Linie für Trainingsfahrten, für lange, aber nicht zu steile Bergauffahrten sowie zur bereits erwähnten Entlastung der Rückenmuskulatur.

Bremsgriffhaltung

Bei Steigungen, die einen kräftigen Einsatz von Arm- und Rumpfmuskulatur erfordern, und beim Fahren im Wiegetritt wenden viele Triathleten eine Haltung an, bei der die Bremsgriffe zwischen Daumen und Zeigefinger gefaßt werden. Die Bremshebel sind aus dieser Position schnell erreichbar. Auch bei längeren Trainingsfahrten sorgt die Bremsgriffhaltung für eine recht bequeme Sitzposition bei geringerer Windangriffsfläche.

Untere Lenkergriffhaltung

In Situationen, in denen eine aerodynamische Sitzposition mit möglichst geringer Windangriffsfläche gefordert wird (Bergabfahrten, Gegenwind, flache Wettkampfstrecke), sollte der Lenker im Bogen unterhalb der Bremsgriffe gefaßt werden. Der Oberkörper ist nun stark gebeugt. Diese Handhaltung ermöglicht eine gute Kontrolle über das Rennrad und ständige Bremsbereitschaft.

Der runde Tritt

Beim Radfahren wird die Hauptleistung von den Beinen erbracht. Um eine optimale Kraftübertragung zu erreichen, muß

- man versuchen, in jeder Phase des Trittes aktiv Vortrieb zu erzeugen,
- ein ununterbrochener Einsatz der betroffenen Muskelgruppen gewährleistet sein,
- die Beinkraft beim Tretvorgang stets senkrecht zur Tretkurbel drücken (Abb. 48),
- der Bewegungsablauf so dosiert werden, daß in jedem Punkt einer Kurbelumdrehung die gleiche Kraft einwirkt.

Ein unrunder oder ungleichmäßiger Tritt bedeutet unnötigen Kraft- und Energieverlust. Nur wenn Radschuh und Pedal fest miteinander verbunden sind (Rennhaken und Riemen oder Look-System), ist der runde Tritt zu verwirklichen.

Zur Beschreibung des Bewegungsablaufes unterteilt man gewöhnlich eine Kurbelumdrehung in 4 Sektoren (siehe Abb. S. 48). Im oberen Sektor erfolgt der Übergang von der Zugbewegung zur Druckbewegung. Der obere tote Punkt muß überwunden werden, der Fuß drückt nach vorne (1). Es folgt der Sektor mit der besten Kraftübertragung und Druck nach unten (2). Im unteren Sektor vollzieht sich der Wechsel von der Streckbewegung des Beins in der Druckphase zum Beugen in der Zugphase. Der Fuß wird nach unten gekippt (3). Durch die geringste Kraftübertragung gekennzeichnet ist der letzte Sektor. Der Fuß wird nach oben gezogen (4). Spezielle Übungsformen zur Verbesserung der Trittechnik gibt es kaum. Den runden Tritt erfühlt man durch das Zurücklegen von vielen Radkilometern mit kleinen Übersetzungen und hohen Trittfrequenzen. Das Fahren mit einer starren Nabe ohne Freilauf zwingt den Triathleten ständig zu treten und hilft so, den runden Tritt zu verbessern. Dazu wird auf das Hinterrad ein geeigneter Zahnkranz montiert (z. B. mit 17 oder 18 Zähnen) und die Kette ensprechend angepaßt. Das Fahren mit einer starren Nabe sollte zunächst auf einer verkehrsarmen Strecke geübt werden, da das Reduzieren von Geschwindigkeit und Abbremsen erst erlernt werden müssen. Das einbeinige Radfahren (eine flache Strecke wird bei mittlerer Übersetzung über eine Distanz bis 1000 m zurückgelegt) erlaubt das konzentrierte Üben der Zugphase. Entscheidend bleibt aber die gute Koordination der Bewegungen beider Beine, die stets parallel zum Rahmen bewegt werden.

Die optimale Trittfrequenz

Entgegen den Ergebnissen, die bei Laboruntersuchungen ermittelt wurden, liegt die ökonomischste Trittfrequenz nicht zwischen 40 und 60 Kurbelumdrehungen pro Minute, sondern weitaus höher, bei etwa 100 bis 110 Umdrehungen pro Minute, was eine Analyse der Stundenweltrekorde der letzten 40 Jahre ergab. Im Training werden sogar noch höhere Werte erreicht. Nur wer hohe Frequenzen über einen längeren Zeitraum treten kann, erreicht irgendwann das Ziel, den runden Tritt zu beherrschen. Insbesondere im Triathlon sollten niedrige Umdrehungszahlen nur bei Bergauffahrten vorkommen.

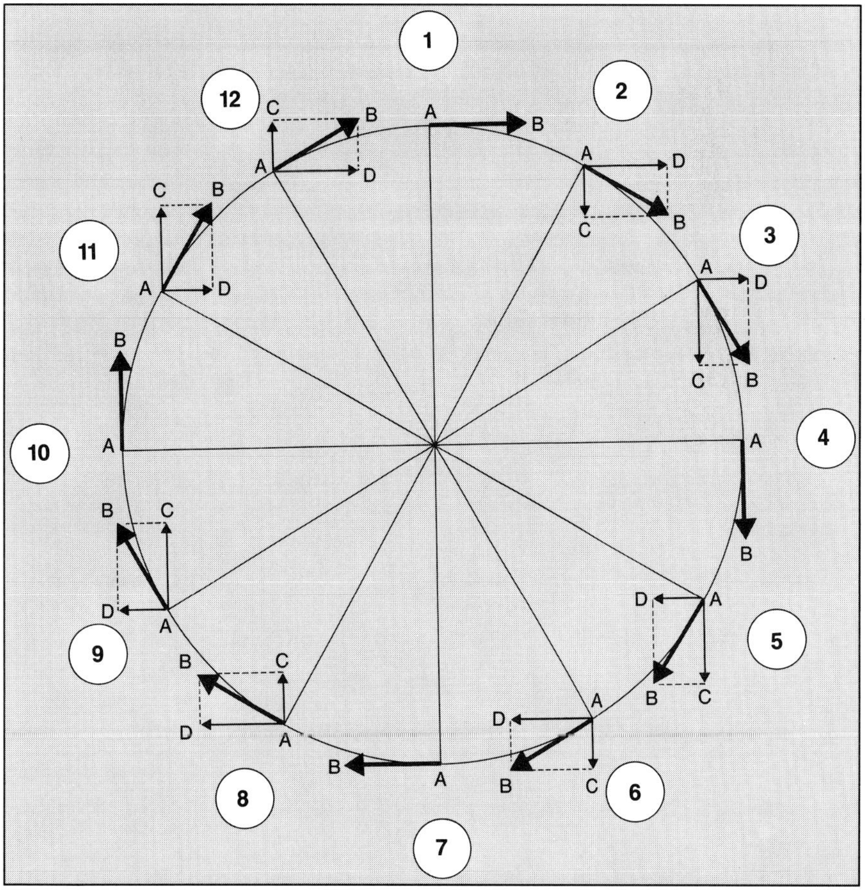

Die optimale Verteilung der Kräfte beim Tretvorgang. In jeder Phase des Tretvorganges müssen Horizontal-(A-D) und Vertikalkräfte (A-C) in einem bestimmten Verhältnis zueinander stehen, damit die resultierende Kraft (A-B), die jeweils senkrecht zur Tretkurbelachse wirkt, einen möglichst großen Wert erreicht. Die Länge der Pfeile gibt die Größe der Kräfte an. Der günstigste Hebelarm steht immer senkrecht zur Tretkurbel.

Die Übersetzung

Um die optimale Trittfrequenz zu erreichen, müssen dem Triathleten verschiedene Übersetzungen zur Verfügung stehen, die

- die individuelle Leistungsfähigkeit (Trainingszustand),
- das Streckenprofil (Steigungen, Gefällstrecken),
- die Windverhältnisse (Gegen- und Rückenwind),
- die Straßenverhältnisse berücksichtigen.

Die Übersetzung berechnet sich aus dem Verhältnis der Zähnezahl des Kettenblattes zur Zähnezahl des Zahnritzels. Der so ermittelte Wert gibt zunächst an, wieviel mal sich der Zahnkranz und damit das Hinterrad bei einer Kurbelumdrehung dreht. Multipliziert man diesen Quotienten mit dem Raddurchmesser (27 Zoll bei Rennrädern) dann erhält man das Übersetzungsverhältnis in Zoll.

$$\text{Übersetzung (Zoll)} = \frac{Z_1}{Z_2} \times 27$$

z_1 = Zähnezahl des Kettenblattes
z_2 = Zähnezahl des Ritzels

Um nun auszudrücken, wieviel Meter pro Kurbelumdrehung zurückgelegt werden, rechnet man die Zollangabe in Zentimeter um (1 Zoll = 2,54 cm) und multipliziert das berechnete Übersetzungsverhältnis mit der Kreiszahl π (3,14).

Übersetzung (Meter) = Übersetzung (Zoll) $\times$ 2,54 $\times$ π

Bei der im Triathlon-Sport üblichen Verwendung von Sechs- oder Siebenfach-Kränzen bei 2 Kettenblättern vorne ergeben sich theoretisch 12 bzw. 14 verschiedene Übersetzungsverhältnisse. Wie bereits beschrieben werden wegen der zu großen Reibung niemals gleichzeitig das größte Ritzel und das größte Kettenblatt und umgekehrt das kleinste Ritzel und das kleinste Kettenblatt benutzt.

Übersetzungstabellen erleichtern die Auswahl bei der Zuammenstellung der geeigneten Übersetzung und das Vermeiden von zwei fast gleichen Übersetzungsverhältnissen. Von gleichen Übersetzungen ist die zu bevorzugen, die

- vorne und hinten die größere Zähnezahl aufweist. Der Gang läßt sich »weicher« treten.
- der Ketten-Ideallinie (siehe auch Ausrüstungskapitel) am nächsten kommt und damit die geringste Reibung erzeugt.

Die Übersetzung wird beim Schaltvorgang so gewählt, daß trotz geänderter Geländeform oder anderen äußeren Bedingungen ein rhythmisches Treten mit mittleren bis hohen Frequenzen möglich ist. Große Übersetzungen (90 Zoll und mehr) verlangen einen enormen Krafteinsatz bei nur geringer Trittgeschwindigkeit. Sie kommen im Triathlon nur im hohen Leistungsbereich oder beim Bergabfahren zur Anwendung. Übersetzungen um 90 Zoll (52:15

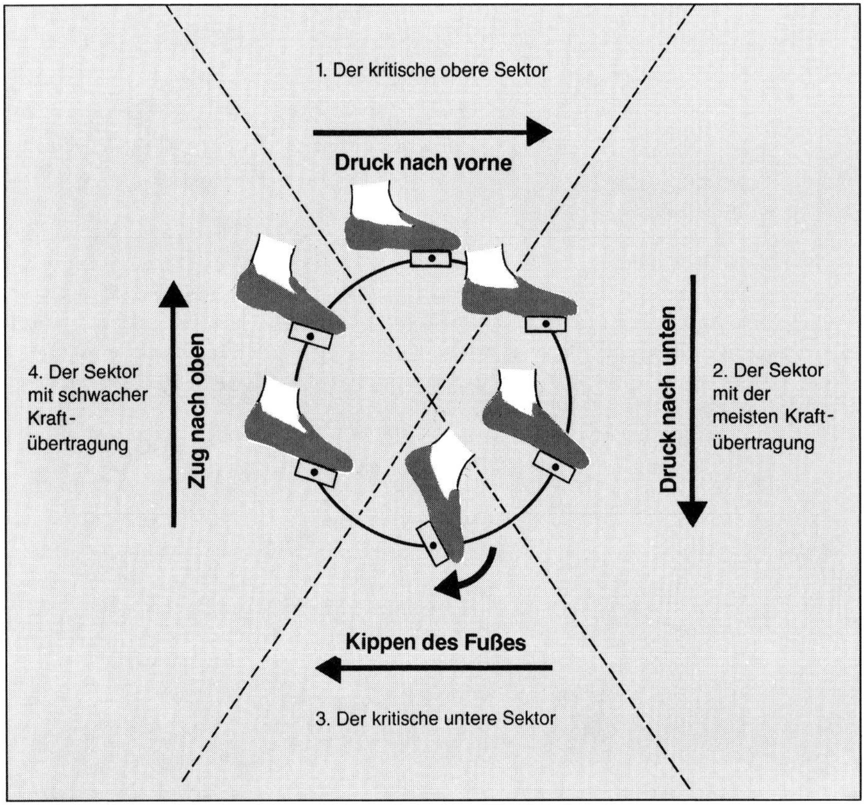

Der runde Tritt.

oder 52:16) können dagegen auch über längere Zeitdauer im Wettkampf mit ökonomischer Trittfrequenz gefahren werden. Mittlere Übersetzungen (70–90 Zoll) eignen sich eher fürs Training oder finden Verwendung im Wettkampf bei Mittel- oder Langtriathlons.
Kleine Übersetzungen (weniger als 70 Zoll) werden mit hoher Trittfrequenz und geringem Krafteinsatz gefahren. Sie dienen im Grundlagentraining dem Erwerb einer hohen Trittgeschwindigkeit und der Verbesserung der Technik des runden Tritts, in der Wettkampfzeit in regenerativen Trainingseinheiten der aktiven Erholung.

Der Wiegetritt

Der Wiegetritt wird vornehmlich bei kurzen, steilen Bergen und schnellen Antritten nach scharfen Kurven oder zum Anfahren angewandt. Das Körpergewicht soll hier optimal ausgenutzt werden und wird jeweils auf das gestreckte Bein verlagert, während das Rennrad zur entgegengesetzten Seite gekippt wird. Der Lenker wird in Bremsgriffhaltung gefaßt und steht unter dem kraftvollen Zug von Arm-, Rumpf- und Rückenmuskulatur. Der Körperschwerpunkt darf allerdings nicht zu weit nach vorne verlagert werden, da sonst das Hinterrad durchrutschen kann. Umgekehrt behindert die Haltung mit dem Körperschwerpunkt zu weit hinten einen effektiven Einsatz der Muskeln von Oberkörper und Armen. Gekonntes Bergauffahren bedeutet einen sinnvollen Wechsel zwischen sitzender Position und Fahren »aus dem Sattel« oder »im Stehen«.
Die Technik des Wiegetritts kann und sollte auch im Flachland trainiert werden. Man benutzt dafür die Gänge, die nur mit Anstrengung im Sitzen getreten werden können.

Übersetzungstabelle in Zoll

Zahnkranz	Kettenblatt														
Zähne	42	43	44	45	46	47	48	49	50	51	52	53	54	55	56
12	94,5	96,5	99,0	101,3	103,5	105,8	108,0	110,3	112,5	114,8	117,0	119,3	121,5	123,8	126,0
13	87,2	89,3	91,4	93,4	95,4	97,5	98,8	101,8	103,8	105,8	108,1	110,0	112,1	114,2	116,3
14	81,0	82,9	84,9	86,8	88,7	90,6	92,5	94,5	96,4	98,4	100,3	102,2	104,2	106,0	107,3
15	75,6	77,4	79,2	81,0	82,8	84,6	86,4	88,2	90,0	91,8	93,6	95,4	97,2	99,0	100,8
16	70,9	72,5	74,3	76,0	77,6	79,3	81,0	82,7	84,4	86,1	87,8	89,5	91,2	92,8	94,5
17	66,7	68,3	69,9	71,5	73,0	74,6	76,2	77,8	79,4	81,0	82,6	84,2	85,6	87,3	88,9
18	63,0	64,5	66,0	67,5	69,0	70,5	72,0	73,5	75,0	76,5	78,0	79,5	81,0	82,5	84,0
19	59,7	61,1	62,5	64,0	65,4	66,8	68,2	69,6	71,1	72,5	73,9	75,4	76,7	78,0	79,4
20	56,7	58,1	59,4	60,8	62,1	63,5	64,8	66,2	67,5	68,9	70,2	71,6	72,8	74,2	75,6
21	54,0	55,3	56,6	57,9	59,1	60,4	61,7	63,0	64,3	65,6	66,9	68,1	69,4	70,5	72,0
22	51,5	52,8	54,0	55,2	56,5	57,7	58,9	60,1	61,4	62,6	63,8	65,0	66,3	67,5	68,7
23	49,3	50,5	51,7	52,8	54,0	55,2	56,3	57,5	58,7	59,9	61,0	62,2	63,3	64,5	65,7
24	47,3	48,4	49,5	50,6	51,8	52,9	54,0	55,1	56,3	57,4	58,5	59,2	60,0	61,8	63,0
25	45,4	46,4	47,5	48,6	49,7	50,8	51,8	52,9	54,0	55,1	56,2	57,4	58,3	59,4	60,4
26	43,6	44,6	45,7	46,7	47,8	48,8	49,8	50,9	51,9	52,9	54,0	55,0	56,1	57,1	58,1

Übersetzungstabelle in Meter

Zahnkranz	Kettenblatt														
Zähne	42	43	44	45	46	47	48	49	50	51	52	53	54	55	56
12	7,47	7,65	7,83	8,01	8,18	8,36	8,54	8,72	8,90	9,07	9,25	9,43	9,61	9,79	9,97
13	6,90	7,06	7,23	7,39	7,55	7,72	7,88	8,05	8,21	8,38	8,54	8,70	8,87	9,03	9,20
14	6,40	6,56	6,71	6,86	7,01	7,17	7,32	7,47	7,63	7,78	7,93	8,08	8,23	8,39	8,54
15	5,98	6,12	6,26	6,40	6,55	6,69	6,83	6,97	7,12	7,26	7,40	7,54	7,69	7,83	7,97
16	5,60	5,74	5,87	6,00	6,14	6,27	6,40	6,54	6,67	6,81	6,94	7,07	7,20	7,34	7,47
17	5,27	5,40	5,52	5,65	5,78	5,90	6,03	6,15	6,28	6,40	6,53	6,66	6,78	6,91	7,03
18	4,98	5,10	5,22	5,34	5,45	5,57	5,69	5,81	5,93	6,05	6,17	6,29	6,40	6,52	6,64
19	4,72	4,83	4,94	5,05	5,17	5,28	5,39	5,50	5,62	5,73	5,84	5,95	6,07	6,18	6,29
20	4,48	4,59	4,70	4,80	4,91	5,02	5,12	5,23	5,34	5,44	5,55	5,66	5,76	5,87	5,98
21	4,27	4,37	4,47	4,57	4,67	4,78	4,88	4,98	5,08	5,18	5,29	5,39	5,49	5,59	5,69
22	4,07	4,17	4,27	4,37	4,46	4,56	4,66	4,75	4,85	4,95	5,04	5,14	5,24	5,34	5,43
23	3,90	3,99	4,08	4,18	4,27	4,36	4,45	4,55	4,64	4,73	4,83	4,92	5,01	5,10	5,20
24	3,73	3,82	3,91	4,00	4,09	4,18	4,27	4,36	4,45	4,54	4,62	4,71	4,80	4,89	4,98
25	3,58	3,67	3,76	3,84	3,93	4,01	4,10	4,18	4,27	4,35	4,44	4,52	4,61	4,69	4,78
26	3,45	3,53	3,61	3,69	3,78	3,86	3,94	4,02	4,10	4,19	4,27	4,35	4,43	4,51	4,60

Kurvenfahren

Eine gute Kurventechnik bedeutet Sicherheit im Training und Zeitgewinn im Triathlon-Wettkampf. Es gilt, der Zentrifugalkraft (F_Z) entgegenzuwirken, um nicht aus der Kurve herausgetragen zu werden.

$$F_Z = \frac{m \cdot w^2}{r}$$

m = Masse des Fahrrads und des Fahrers
w = Winkelgeschwindigkeit
r = Kurvenradius

Je größer der Kurvenradius (je mehr man sich der Gerade nähern kann), desto ge-

Wiegetritt: das Rad wird »gekippt«, der Körper bleibt aufrecht.

ringer wird die Zentrifugalkraft, desto schneller kann die Kurve durchfahren werden. Diese Ideallinie (Kurvenschneiden) darf nur im Wettkampf auf abgesperrten Strecken gefahren werden!
Je größer die Geschwindigkeit in der Kurve ist, desto stärker wird die Zentrifugalkraft. Die Fahrgeschwindigkeit ist durch leichtes Bremsen bereits vor der Kurve zu reduzieren. Bremsen in der Kurve kann durch die mangelnde Haftung der Reifen zum Sturz führen. Vorsicht bei nasser Fahrbahn!
Je schwerer der Triathlet ist, desto größer ist die einwirkende Zentrifugalkraft. Der Radfahrer kann dem durch Gewichtsverlagerung zur Kurveninnenseite entgegenwirken (Abb. rechts). Das Hinterrad sollte dabei stärker belastet werden. Das kurveninnere Pedal steht immer oben!

Überwinden von Hindernissen

Im Triathlon-Wettkampf werden meist »makellose« Radstrecken angeboten. Im Training jedoch können bei hohen Fahrgeschwindigkeiten plötzlich auftauchende Hindernisse wie Steine, Schlaglöcher u. ä. oft erst spät erkannt werden. Um diese Situationen zu beherrschen, ohne die Kontrolle über das Rennrad zu verlieren, sollte das Springen mit dem Rad ab und zu geübt werden. Das Vorderrad wird bei waagrecht stehenden Pedalen ruckartig hochgerissen. Das Hinterrad wird angehoben, indem man das Körpergewicht nach vorne über den Lenker verlagert und die mit den Pedalen verankerten Füße hochzieht. Geeignet zum Üben ist die Bordsteinkante.

Position des Fahrers in der Kurve:
Prinzipiell gibt es drei Möglichkeiten, um der Zentrifugalkraft entgegenzuwirken:
1 Der Rumpf ist nach der Innenseite der Kurve geneigt, das Rennrad ist weniger stark geneigt.
2 Rumpf und Rennmaschine sind beide in der Kurve geneigt, der Rumpf hat die gleiche Schräglage wie die Rennmaschine.
3 Die Rennmaschine ist stärker schräg gestellt, der Oberkörper ist aufrecht oder neigt sich zur Gegenseite.

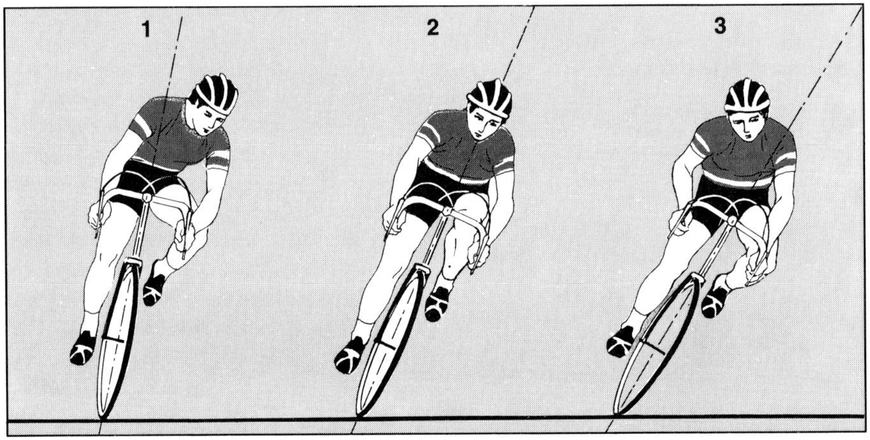

Laufen

Bei keiner der drei Triathlondisziplinen sind so viele stilistische Varianten erkennbar wie bei der Lauftechnik. Individuell unterschiedliche Körperbaumerkmale (Hebelverhältnisse, Anteil an aktiver Muskelmasse) spielen dabei eine genauso entscheidende Rolle wie das persönliche Temperament des Sportlers, Länge der Laufstrecke und Laufgeschwindigkeit.
Allen guten Läufern gemeinsam ist ein größtmögliches Maß an Bewegungsökonomie mit einem optimalen Wechsel zwischen Anspannung und Entspannung der Muskulatur.

Bewegungsbeschreibung

Der Bewegungsablauf kann in drei Abschnitte unterteilt werden. In der hinteren Stützphase erfolgt (Abdruckphase) die Abstoßstreckung im Fuß-, Knie- und Hüftgelenk. Von der Größe und der Richtung der Abdruckkraft hängt im wesentlichen die Geschwindigkeit bzw. der Vortrieb des Laufs ab.
Nach dem Lösen der Fußspitze des Abdruckbeines schließt sich die stützlose Flugphase an.
Die Flugphase geht in die vordere Stützphase über.
Die Füße werden aufgesetzt, in Abhängigkeit vom Lauftempo zuerst mit dem Ballen oder Mittelfuß (bei hohen Laufgeschwindigkeiten) oder mit der Ferse (bei geringem Lauftempo). Zum Abdruck wird der Fuß nach innen abgerollt. Vom physiologischen Standpunkt gesehen trägt das Aufsetzen im Mittelfußbereich zu einer Schonung von Knie- und Fußgelenken bei, da

Laufen als abschließende Teildisziplin fordert die letzten Kraft- und Ausdauerreserven.

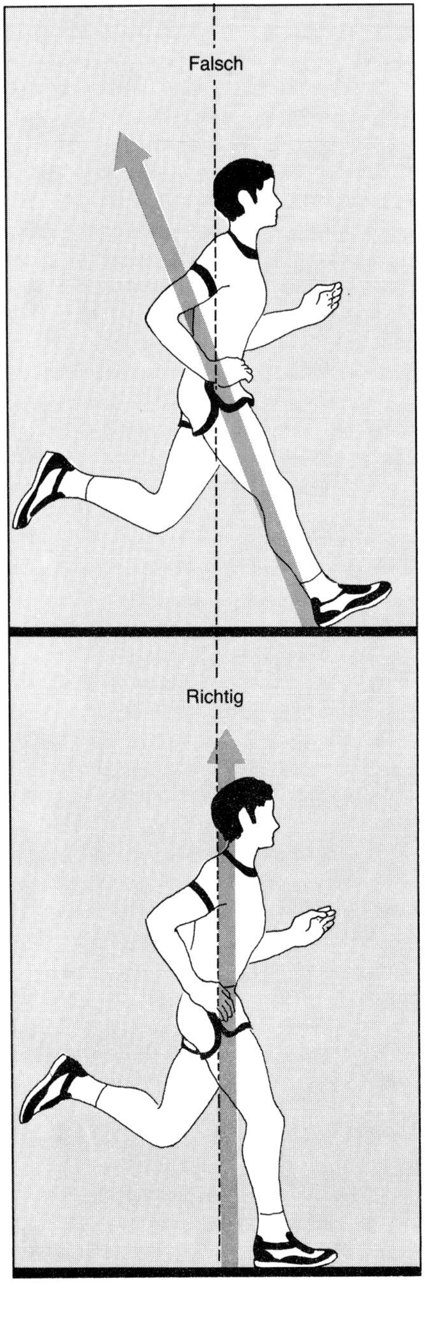

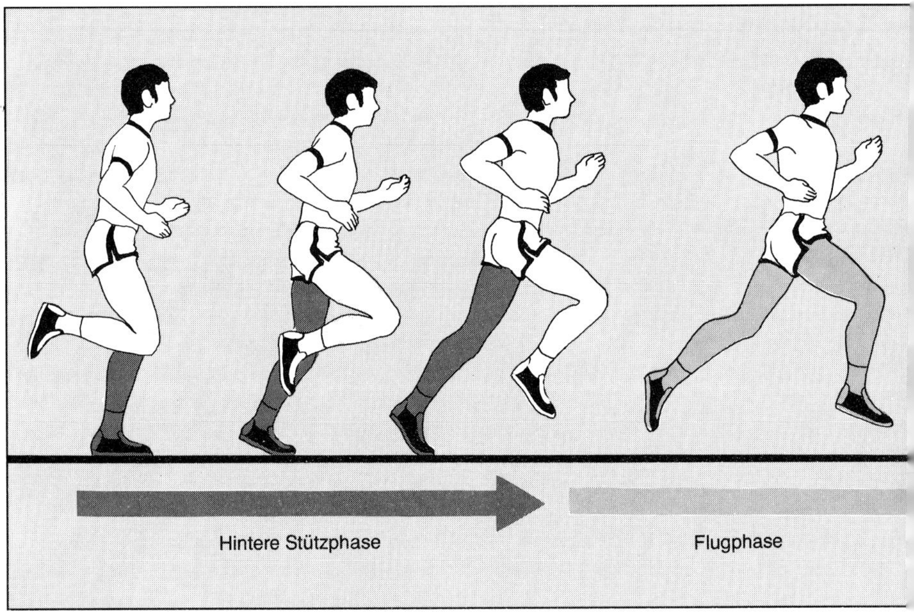

so die Wucht des Aufpralls (2 bis 3fache des Körpergewichts) elastisch aufgefangen werden kann. Bei langsamen Laufgeschwindigkeiten läßt sich der Fersenlauf meist nicht vermeiden, da der Körperschwerpunkt wegen der aufrechteren Haltung weiter hinten liegt. Durch das geringere Lauftempo wird jedoch auch die Gelenkbelastung kleiner. Solange keine orthopädischen Beschwerden bestehen, kann diese Technik beibehalten werden. Der Schritt soll flüssig und nicht zu groß sein. Die Knie werden soweit angehoben, daß der Fuß in oder wenig vor der senkrechten Projektion des Körperschwerpunktes auf den Boden trifft (Abb. links).

Richtiges und falsches Aufsetzen des Fußes auf Körperschwerpunkt und Körpermittellinie bezogen.

Eine große Ökonomie der Laufbewegung zeichnet sich dadurch aus, daß die Bewegungen der Arme die der Beine harmonisch ergänzen und unterstützen. Bei aufrechtem Oberkörper, nach vorne gerichtetem Blick und locker hängenden Schultern werden die Arme etwa parallel zur Laufrichtung bewegt. Ober- und Unterarm bilden im Idealfall einen Winkel von 90 Grad. Die Hände werden locker und leicht geöffnet gehalten, der Daumen zeigt dabei nach oben. Geatmet wird durch Mund und Nase.

Technikverbessernde Übungsformen

Da die Laufbewegung stark durch die individuellen Möglichkeiten jedes einzelnen Sportlers geprägt wird, ist es sinnvoll, ein spezielles Techniktraining auf deutliche Abweichungen vom idealen Bewegungs-

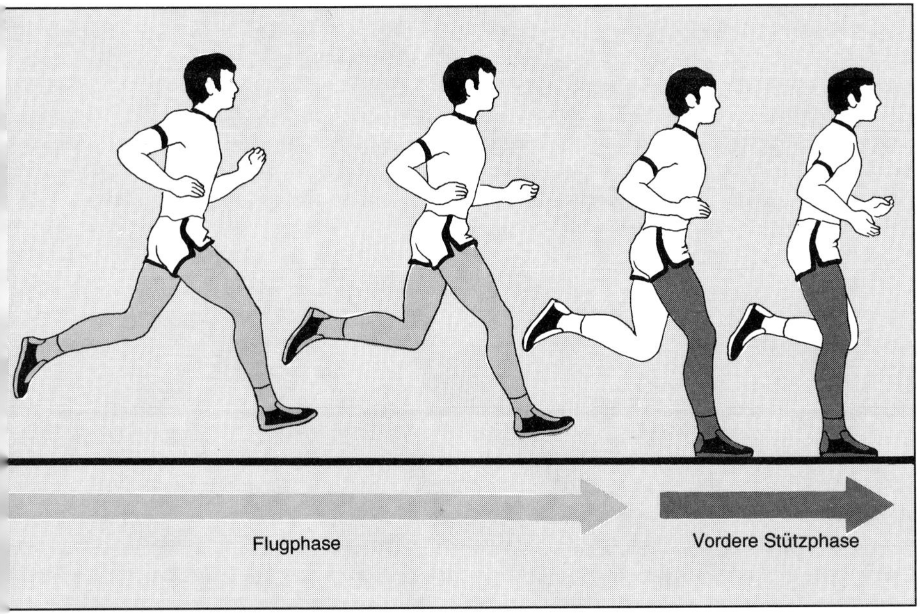

Die Lauftechnik mit den verschiedenen Phasen.

- Sprunglauf mit betontem Anheben des Knies (Schwungbein), um eine große Schrittlänge zu erzielen. Abdruck und Landung erfolgen auf dem Fußballen.
- Lauf mit betontem Anfersen. Es ist nur eine geringe Vorwärtsbewegung möglich.
- Lauf mit betontem Hochziehen der Knie (Skippings).

▼ Eine richtige Armführung unterstützt die Bewegung der Beine.

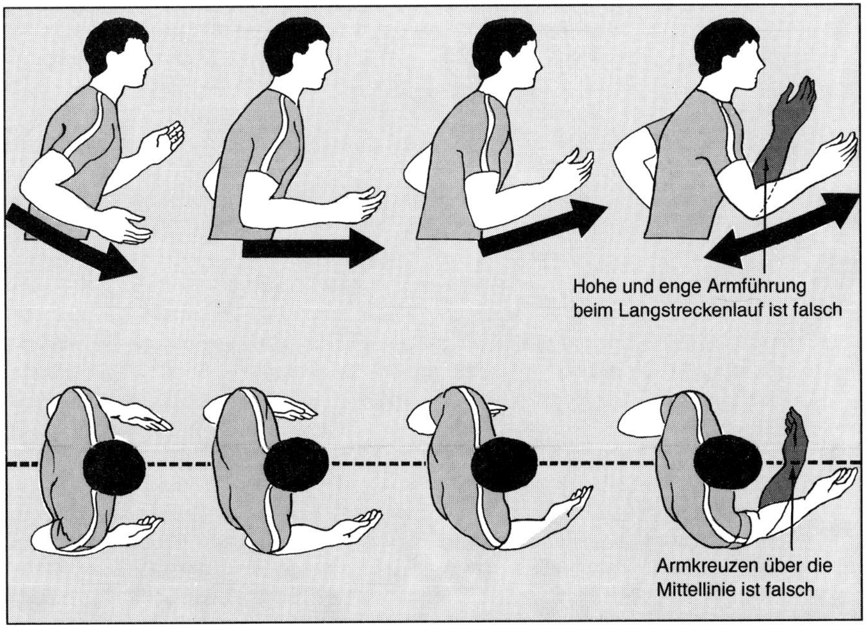

ablauf zu beschränken. Mit der Anzahl der zurückgelegten Trainingskilometer entwickelt der Triathlet seinen optimalen Stil meist von alleine. Bergauf-, Bergab- und Crossläufe vergrößern das Bewegungsrepertoire und die Anpassungsfähigkeit an veränderte äußere Bedingungen. Die folgenden Technikübungen kommen alle aus dem Bereich des Kurzstreckenlaufs, sind aber durchaus auf den Langstreckenbereich übertragbar, da die Grundstruktur der Bewegung identisch ist. Sie werden wie die »Kontrastübungen« beim Schwimmen angewendet: die unökonomische Technikübung wird über eine kurze Distanz (50–100 m) durchgeführt, danach wird normal weitergelaufen.

- Hopserlauf mit kräftiger Abstoßstreckung im Fuß-, Knie- und Hüftgelenk und Landung auf dem Fußballen. Der Körper ist leicht vorgebeugt, die Arme unterstützen die Sprungbewegung.

Training

Das sportliche Training umfaßt alle die Maßnahmen, die zu einer Steigerung der körperlichen Leistungsfähigkeit führen. Trainiert wird aber auch, um die Leistung zu erhalten (z. B. im Breitensport) oder die Leistung planmäßig zu reduzieren (bei ehemaligen Leistungssportlern, die nicht ständig auf hohem Niveau trainieren wollen). Zur Leistungssteigerung kommt es durch Anpassungsreaktionen des Körpers auf gezielt gesetzte Trainingsreize, die den im folgenden beschriebenen biologischen Gesetzmäßigkeiten unterliegen.

Superkompensation

Der menschliche Körper ist ständig bemüht, ein inneres physiologisches Gleichgewicht aufrecht zu erhalten, um gesund und leistungsfähig zu bleiben. Während des Trainings kommt es zu einer Störung dieses Gleichgewichts durch den Abbau von Energiereserven, der Sportler ermüdet. In der nun folgenden Erholungsphase reagiert der Körper mit Wiederherstellungsprozessen, die verbrauchten Energiereserven werden wieder aufgebaut. Dieser Ausgleich erfolgt jedoch über das Ausgangsniveau hinaus. Es kommt zur Superkompensation. Eine Vergrößerung der Energiereserven bedeutet Leistungszuwachs. Superkompensation ist also das grundlegende Prinzip, auf dem leistungssteigerndes Training beruht. Durch erneute Trainingsreize in der Superkompensationsphase kann die Leistungsfähigkeit kontinuierlich verbessert werden.

Leistungssteigerungen treten erst dann auf, wenn eine bestimmte, vom jeweiligen Trainingszustand abhängige Belastung gewährleistet ist. Es gilt:

Zu hoher Trainingsreiz	→	Übertraining
Richtiger Trainingsreiz	→	Anpassung und Leistungssteigerung
Zu niedriger Trainingsreiz	→	keine Leistungssteigerung oder Leistungsrückgang

Superkompensation kann stattfinden:
- im konditionellen Bereich (Herz-Kreislauf-System, Stoffwechsel, Muskulatur)
- im koordinativ-technischen Bereich (Zentralnervensystem mit Gehirn und Nervenbahnen) und
- im psychischen Bereich.

Das Prinzip der Superkompensation (nach GROSSER u. a. 1985, 11).

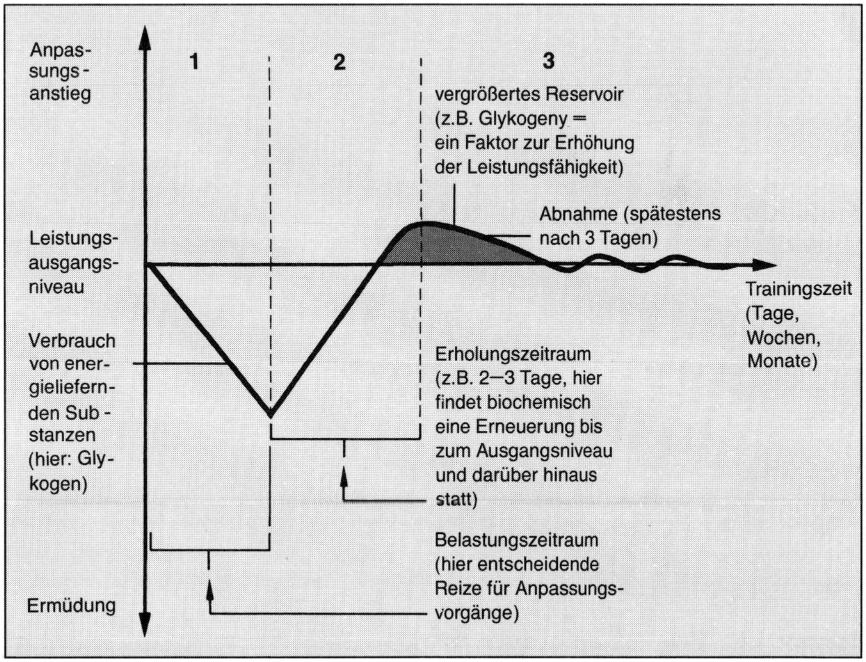

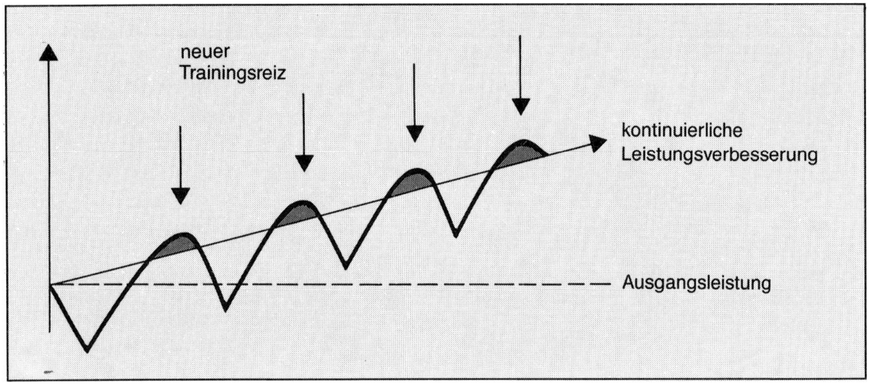

Leistungsentwicklung bei optimalem Wechsel zwischen Belastung und Erholung.

Belastungskomponenten

Für die optimale Gestaltung der Trainingsbelastung ist die Kenntnis der einzelnen Belastungskomponenten wichtig.

Reizintensität

Die Reizintensität bezeichnet die Stärke der Belastung oder den Einsatz, den ein Sportler bei einer Belastung aufbringt. Trainingsintensitäten, die kleiner sind als 30% der Maximalleistung, sind unwirksam und führen auf Dauer zu einem Leistungsrückgang. Reizstärken zwischen 40 und 70% gelten als mittlere Belastungen und führen zu einem langsamen, aber stabilen Leistungszuwachs. Im mittleren Intensitätsbereich wird vorwiegend zu Beginn einer Trainingssaison oder zu Regenerationszwecken gearbeitet. Belastungen im maximalen Leistungsbereich (80–100%) bewirken einen großen, relativ schnellen Leistungszuwachs, der jedoch wenig stabil ist und sich bereits nach kurzen Trainingspausen zurückbildet. Mit dieser Intensität trainiert der Leistungstriathlet die kürzeren Distanzen in der Wettkampfzeit. Die absolute Belastungsintensität ist in Abhängigkeit von der persönlichen Bestleistung individuell unterschiedlich und verändert sich von Monat zu Monat bzw. von Jahr zu Jahr. Je größer die Leistungsfähigkeit (und die Belastungsverträglichkeit), desto höher liegt die absolute Intensität, desto schwieriger wird ein weiterer Leistungszuwachs.
Anpassungsvorgänge im Herz-Kreislauf-System erfordern einen Anstieg der Herzfrequenz im Training auf mindestens 140 Schläge/min.

Reizdauer

Die Reizdauer bezeichnet die Länge des jeweiligen Trainingsreizes. Sie ist bei hoher Trainingsintensität kurz und nimmt mit sinkender Intensität zu. Die Dauer einer Belastung ist davon abhängig, welche Eigenschaft (Ausdauer, Kraft, Schnelligkeit) verbessert werden soll und welche Trainingsmethode angewendet wird. So ist die Reizdauer beim Schnelligkeitstraining kurz, beim Ausdauertraining lang, bei der Intervallmethode kürzer als bei der Dauertrainingsmethode.

Reizumfang

Der Reizumfang setzt sich zusammen aus der Summe der Belastungswiederholungen und der Dauer der Trainingsreize in einer Trainingseinheit. Der Belastungsumfang soll so groß sein, daß Ermüdungszeichen auftreten und nach dem Training noch für eine bestimmte Zeitdauer anhalten. Intensität und Trainingsmethode bestimmen den Trainingsumfang entscheidend. Beim Triathlon-Training wird vorrangig mit relativ großem Umfang bei mittlerer Intensität trainiert.

Reizdichte

Die Reizdichte kennzeichnet den zeitlichen Abstand zwischen Belastung und Erholung innerhalb einer Trainingseinheit. Je besser der Trainingszustand ist, desto dichter folgen die einzelnen Trainingsreize aufeinander, desto länger kann die Belastung pro Trainingseinheit durchgeführt werden. Wie Reizdauer und Reizumfang ist auch die Reizdichte vom Trainingsziel und der Trainingsmethode abhängig.

Trainingshäufigkeit

Die Anzahl der Trainingseinheiten pro Woche wird als Trainingshäufigkeit definiert. Sie ist abhängig von folgenden Einflußgrößen:

- Anzahl der Trainingsjahre: Mit zunehmendem Trainingsalter erfolgt eine Anpassung an hohe Belastungen, die Erholungszeit verkürzt sich. Während der Anfänger z.B. 3mal pro Woche trainiert, kann der Fortgeschrittene 6–8, der Hochleistungssportler 8–12 und mehr Trainingseinheiten pro Woche bewältigen.
- Qualität und Quantität des Trainings: Je größer Intensität und Umfang der einzelnen Trainingseinheiten, desto länger ist die Regenerationszeit, die der Körper benötigt, um die nächste Trainingseinheit ausgeruht durchführen zu können.

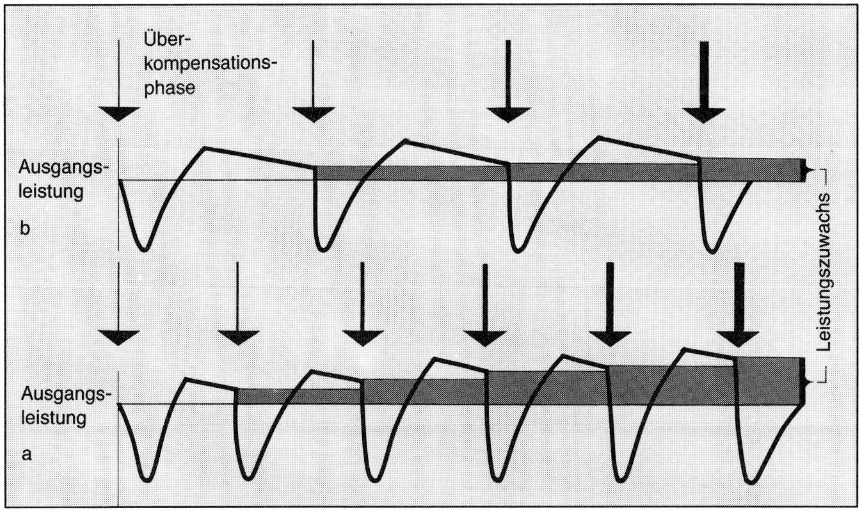

Leistungszuwachs in Abhängigkeit von der Anzahl der Trainingsreize.
Oben: geringe Häufigkeit, geringer Leistungszuwachs.
Unten: große Häufigkeit, großer Leistungszuwachs (nach HARRE, 1977, 69).

- Individuelle Belastungsfähigkeit: Um gleiche Leistung zu erzielen, müssen nicht alle Sportler im Training gleich belastet werden. Die notwendige Anzahl an Trainingseinheiten pro Woche ist individuell unterschiedlich.

Die Wirksamkeit von Training hängt von einem sinnvollen Wechsel zwischen Belastung und Erholung ab. In Abhängigkeit von Trainingszustand und Trainingsbelastung betragen die Regenerationszeiten (Zeitraum bis zur vollständigen Erholung) 1–3 Tage.
Ein Nichtbeachten der Regenerationszeiten sowie ein zu hohes Trainingpensum führen auf Dauer zu Übertraining und Leistungsrückgang! Techniktraining erfordert, wie bereits beschrieben, eine vollständige Regeneration. Für ein allgemeines Ausdauertraining sowie Kraftausdauertraining ist die unvollständige Erholung ausreichend, um Überbelastung zu vermeiden.

Prinzipien der Belastungssteigerung

Um eine kontinuierliche Leistungsentwicklung zu erreichen, muß ein Training regelmäßig und über einen längeren Zeitraum durchgeführt werden. Nur dann ist gewährleistet, daß sich neben dem Stoffwechsel (Energiebereitstellung) auch die übrigen Systeme des Organismus an das erhöhte Leistungsniveau anpassen. Mit der Vergrößerung des Leistungspotentials Hand in Hand geht eine Steigerung der Trainingsbelastung.

Regenerationszeiten und Regenerationsprozesse bei verschiedenen Trainingsbelastungen
(nach KEUL 1978, KINDERMANN 1978, MARTIN 1980; aus GROSSER u. a. 1985, 26)

Regenerationsprozesse	Aerobe Energiebereitstellung (Laufen, Schwimmen, Rad)	Gemischt aerob-anaerobe Energiebereitstellung (Laufen u. a.)	Anaerob-alaktazite und -laktazite Energiebereitstellung (Schnelligkeits-, Kraftübungen)	Anabole Wirkung (Maximalkraft)	mit Wirkung auf das neuromuskuläre System (Schnelligkeit, Technik)
Laufende Regeneration	bei einer Intensität von 60–70% findet laufende Regeneration statt				bei kurzen Belastungen nach der Wiederholungsmethode mit großen Pausen
Schnell-Regeneration (sehr unvollständig)		nach ca. 1½–2 Stunden	nach ca. 2–3 Stunden		
90–95%ige Regeneration (unvollständig mit guter Leistungsfähigkeit)	bei einer Intensität von 75–90% nach ca. 12 Stunden	nach ca. 12 Stunden	nach ca. 12–18 Stunden	nach ca. 18 Stunden	nach ca. 18 Stunden
Vollständige Regeneration des Gleichgewichts der Stoffwechselprozesse (erhöhte Leistungsfähigkeit)	bei einer Intensität von 75–90% nach ca. 24–36 Stunden	nach 24–28 Stunden	nach 48–72 Stunden	nach 72–84 Stunden	nach 72 Stunden

* Die Regenerationszeiten beziehen sich auf sportliche Anfänger und mittelmäßig Trainierte. Bei Spitzenathleten verkürzen sich die Erholungszeiten um ca. 50%.

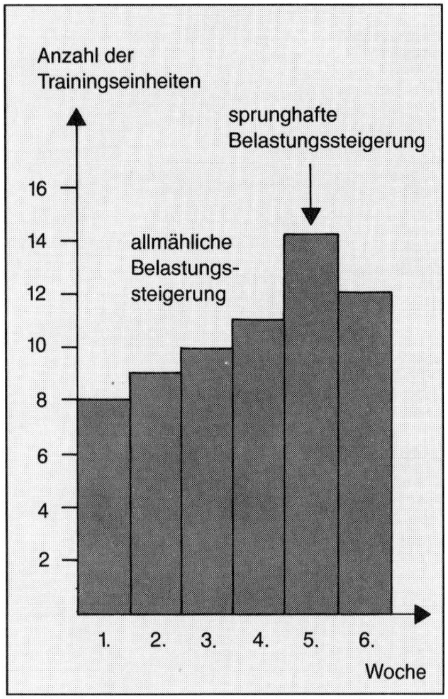

Variierende Belastung mit allmählicher und sprunghafter Belastungssteigerung.

▶ Eine Belastungserhöhung von 20–40% pro Jahr stellt eine allmähliche Belastungssteigerung dar, die in der Regel den Sportler nicht überfordert. Gesteigert wird durch

1. Erhöhung der Trainingshäufigkeit
2. Erhöhung des Reizumfanges
3. Erhöhung der Reizdichte und -dauer
4. Erhöhung der Reizintensität

▶ Nach dem Erreichen eines gewissen Trainingszustandes kann eine Leistungsstagnation vermieden werden, wenn eine plötzliche Umfangs- oder Intensitätserhöhung den Organismus aus dem Gleichgewicht bringt. Diese sprunghafte Belastungssteigerung bewirkt eine Neuanpassung und die Möglichkeit zur effektiven Leistungserhöhung. Nach einer sprunghaften Belastungssteigerung muß für ausreichende Regeneration gesorgt werden.

▶ Monotone Trainingssituationen wirken sich negativ auf die Motivation und die sportliche Leistungsentwicklung aus. Eine Variation der Belastung kann dem entgegenwirken (allmähliche, sprunghafte Belastungssteigerung). Verschiedene Trainingsmethoden und -mittel auf wechselnden Trainingsstrecken bedeuten neue Reize für den Organismus und tragen zur Leistungssteigerung bei.

Langfristiger Trainingsaufbau

Höchstleistungen im Sport können heute nur noch erreicht werden, wenn die erforderlichen Grundlagen bereits im Kindes- und Jugendalter geschaffen werden. Der langfristige Trainingsaufbau umfaßt einen Zeitraum von bis zu 15 Jahren, der der systematischen und zielstrebigen Vorbereitung dient. Er beginnt mit einer vielseitigen Grundausbildung und endet mit einem spezialisierten Training in der angestrebten Sportart bzw. Disziplin.

Grundlagentraining

Die Erfahrungen aus anderen Sportarten haben gezeigt, daß eine frühzeitige Spezialisierung das Entstehen von späteren Höchstleistungen mehr behindert als fördert. Deshalb erfolgt im Grundlagentraining eine vielseitige sportliche Ausbildung mit der Schaffung umfassender Leistungsvoraussetzungen, die Grobform der technischen Fertigkeiten wird erlernt.
Auch intellektuelle Fähigkeiten wie selbständiges Denken und Handeln bestimmen heute mehr und mehr die sportliche Leistung mit. Sie sollten wie auch bestimmte Charaktereigenschaften (Zielstrebigkeit, Entschlußkraft, Initiative, Disziplin, Selbstbeherrschung u. a.) bereits im Anfängertraining gefördert werden.

Aufbautraining

Auch in dieser Phase nimmt das vielseitige allgemeine Training noch einen breiten Raum ein. Die Spezialisierung wird langsam vorbereitet, indem die Fähigkeiten gefördert werden, die in der angestrebten Sportart leistungsbestimmend sind.

Leistungs- und Hochleistungstraining

In diesem letzten Abschnitt des langfristigen Trainingsaufbaus wird die sportliche Höchstleistung erreicht. Die konditionellen, technischen, taktischen und intellektuellen Fähigkeiten werden auf einem hohen Niveau intensiver und spezifischer ausgebildet. In Abhängigkeit von den körperlichen Grundeigenschaften, die für die jeweilige Sportart leistungsbestimmend sind, beginnt das Grundlagentraining im Alter zwischen 5 (wenn Gelenkigkeit leistungsbestimmend) und 14 Jahren (wenn Maximalkraft leistungsbestimmend).
Triathlon zählt zu den Sportarten im extremen Ausdauerbereich, bei denen das Höchstleistungsalter erst sehr spät beginnt. Es ist nicht notwendig, bereits im Kindesalter mit einem triathlonspezifischen Training zu beginnen. Hier gilt, daß eine breite Grundlagenausbildung, die sportartübergreifend angelegt ist und konditionelle und koordinative Aspekte betont, die beste Basis für spätere Höchstleistung darstellt. Alle drei Triathlon-Sportarten

kommen ja bereits im natürlichen Verhalten von Kindern vor.

Langfristiger Trainingsaufbau im Triathlon – ein Modell
(nach Bremer)

Die Entwicklung des Leistungstriathleten findet in vier Phasen statt:

1. Phase (10–14 Jahre)	Triathlon als Abenteuer
2. Phase (15–18 Jahre):	Grundlagentraining Triathlon
3. Phase (19–22 Jahre):	Aufbautraining Triathlon
4. Phase (23–28/30 Jahre):	Hochleistungstraining Triathlon I
(ab 30 Jahre):	Hochleistungstraining Triathlon II

1. Phase (10–14 Jahre)

Ziel: Schaffung der konditionellen, koordinativen und motivationellen Basisvoraussetzungen für ein späteres, systematisches Triathlontraining.

- Allgemeine konditionelle und koordinative Entwicklung durch den Schulsport (Vielseitigkeitsprinzip).
- Sportliches Training (einschließlich Wettkämpfe) in unterschiedlichen Sportarten nach Interesse und Neigung.
- Erfahrung von Schwimmen, Radfahren und Laufen als Alltagskulturtechniken/Erlernen der Kraulschwimmtechnik im Schulsport/Verein.
- Kennenlernen der Sportart Triathlon durch wenige »Wettkämpfe«, die Erlebnischarakter haben (Abenteuertriathlon) und die über sehr kurze Distanzen gehen.
- **Keine** Meisterschaften, Altersklassenwettbewerbe usw.
- **Kein** systematisches Ausdauertraining.

2. Phase (15–18 Jahre)

Ziel: Entwicklung der aeroben Ausdauerleistungsfähigkeit, Einführung in das Rennradfahren.

- Entwicklung der aeroben Ausdauerleistungsfähigkeit durch Schwimmen, Radfahren und Laufen im Bereich der aeroben Schwelle.
- Langsame Umfangssteigerung des Trainings bei Vermeidung intensiver Belastung.

Trainingsstufen in Abhängigkeit von den körperlichen Grundeigenschaften und dem Alter (nach Grosser u. a. 1985, 17)

Trainingsstufen	Zeitraum in Jahren	Trainingshäufigkeit pro Woche	Konditionselemente und Alter								
			Maximalkraft	Schnellkraft	Kraftausdauer	aerobe Ausdauer	anaerobe Ausdauer i.4r	Reaktionsschnelligkeit	azykl. max. Schnelligkeit	zykl. max. Schnelligkeit	Gelenkigkeit
Grundlagentraining (Anfängerstufe)	2–4 Jahre	3–4 mal	14–15	10–13/14	12–14	8–12	12–14/15	8–12	10–13	10–13	5–8
Aufbautraining (Fortgeschrittenenstufe)	2–4 Jahre	4–8 mal	16–18	14–16	16–18	13–16	15–17	13–16	13/14–16	13/14–16	9–12
Leistungstraining (Könnensstufe)	2–3 Jahre	6–10 mal	18–20	17–18	18–19	16/17–18	17/18–19	16/17–18	17–18	17–18	13–15
Hochleistungstraining (Spitzenathleten)	nach ca. 6–9 Jahren	8–22 mal	ab 20	ab 18/19	ab 19/20	ab 18	ab 20	ab 18/19	ab 18/19	ab 18	ab 16

- Optimierung der Kraulschwimmtechnik.
- Einführung in das Rennradfahren mit hohen Trittfrequenzen.
- Erste Wettkämpfe im kürzeren Streckenbereich.
- Allgemeines Ausdauertraining durch Sportspiele (Basketball, Fußball, Handball).
- Sportliche Betätigung (einschließlich Wettkämpfe) in einer zweiten, koordinativ anspruchsvollen und Schnelligkeit/Schnelligkeitsausdauer fordernden Sportart (z. B. Sportspiele oder Badminton, Tennis o. ä.).
- Häufige Übergangsperioden (Ferien), keine Wettkampfperiode.
- Anteil des speziellen, triathlonspezifischen Trainings (= Kombitraining und Training mit wettkampfspezifischen Intensitäten) gering und danach langsam zunehmend (10–25%).

3. Phase (19–22 Jahre)

Ziel: Weitere Entwicklung der aeroben Ausdauerleistungsfähigkeit, triathlonspezifisches Stoffwechseltraining, Optimierung der triathlonspezifischen Techniken.

- Entwicklung der aeroben Ausdauerleistungsfähigkeit durch Schwimmen, Radfahren und Laufen im Bereich der aeroben Schwelle.
- Entwicklung der aerob-anaeroben Ausdauerleistungsfähigkeit durch Laufen im Bereich der aerob-anaeroben Schwelle.
- Spezifisches Stoffwechseltraining durch »Over-distance-Training« im Radfahren und Laufen, dabei durch geringe bis mittlere Intensitäten Gewöhnung des Organismus an erhöhte Fettverbrennung.
- Optimierung der Rennradtechnik.
- Optimierung der triathlonspezifischen Kraultechnik (Zweier-Beinschlag, Dreierzug-Atmung, Schwimmen in Wellengang und unter Behinderung).
- Wettkämpfe im Kurzstreckenbereich.
- Geringe Wettkampfhäufigkeit (2–3 Hauptwettkämpfe pro Saison, 4–6 Aufbauwettkämpfe, von denen höchstens 2 Triathlonwettkämpfe sind).
- Allgemeines Ausdauertraining durch Sportspiele.
- Weitere sportliche Betätigung in einer zweiten Sportart (z. B. Badminton, Tennis).
- Periodisierung wird beherrscht von Vorbereitungsperioden, keine eigentliche Wettkampfperiode.
- Der Anteil des speziellen, triathlonspezifischen Trainings (Kombitraining) und Training mit wettkampfspezifischen Intensitäten nimmt mit 25–45% deutlich zu.

4. Phase (23–28/30 Jahre)

Ziel: Erhaltung des Niveaus der aeroben Ausdauerleistungsfähigkeit während der Wettkampfsaison, weitere Entwicklung der aeroben Ausdauerleistungsfähigkeit im Wintertraining, triathlonspezifisches Stoffwechseltraining unter dem Aspekt der individuellen Superkompensation, Optimierung der triathlonspezifischen Techniken unter wechselnden Bedingungen (Witterung mit Kälte, Hitze, Wind usw.), Entwicklung von Stehvermögen und Wettkampfhärte.

- Entwicklung der aeroben Ausdauerleistungsfähigkeit durch Schwimmen, Radfahren und Laufen oberhalb der aeroben Schwelle (Winter).
- Erhaltung des Niveaus der aeroben Ausdauerleistungsfähigkeit durch Schwimmen, Radfahren und Laufen im Bereich der aeroben Schwelle (Regenerationstrainingseinheiten im Sommer).
- Spezifisches Stoffwechseltraining durch wettkampfspezifische Intensitäten im ersten Teil der Wettkampfsaison.
- Optimierung der triathlonspezifischen Techniken unter variierenden Bedingungen.
- Wettkämpfe vorwiegend im Kurztriathlonbereich, Mitteltriathlon als Stehvermögentraining.
- Hohe Wettkampfhäufigkeit, eigentliche Wettkampfsaison von ca. 2–3 Monaten (Mitte Juni bis Mitte September) mit Wettkämpfen an fast jedem Wochenende.
- Differenzierung dieser Wettkämpfe in Haupt-, Aufbau- und Trainingswettkämpfe.
- Allgemeines Ausdauertraining durch Sportspiele (Winter).
- Weitere sportliche Betätigung in einer zweiten Sportart als Ausgleich.
- Periodisierung wird beherrscht von der Wettkampfsaison und der individuellen Hauptwettkampfplanung.
- Hoher Anteil des speziellen, triathlonspezifischen Trainings im Frühjahr und bis zum Beginn der Wettkampfsaison (70–75%), 25–30% Regenerationstraining.
- Zunehmende Spezialisierung auf Kurz- und Mittelkategorie im Triathlon, Spezialisierung auf Mitteltriathlonkategorie im allgemeinen ab Mitte der 1. Hochleistungstrainingsphase empfehlenswert.
- In der Wettkampfsaison Wettkämpfe und Regeneration vorherrschend.

Ab 30 Jahre

Für Triathleten, deren Stärke im Mitteltriathlonbereich liegt: Fortsetzung des Hochleistungstrainings I unter Schwerpunktsetzung auf Mitteltriathlonkategorie, d. h., Abbau der Intensitäten zugunsten des Umfangs, Herabsetzung der Wettkampfhäufigkeit.

Für Triathleten, deren Stärke im Kurztriathlonbereich liegt: Fortsetzung des Hochleistungstrainings I unter Reduzierung von Umfängen und Intensitäten, Teilnahme an Altersklassenwettkämpfen im Kurztriathlonbereich.
Anmerkung: Altersklassen sind im Kurztriathlon erst ab 30, im Mitteltriathlon ab 35 Jahre einzurichten.

Nach diesem Trainingsmodell erreicht der Aktive nach 10–12 Jahren sein Hochleistungstraining. Oft ist dann das sportliche Niveau so hoch, daß es nur noch durch extreme Trainings- und Wettkampfbelastungen stabilisiert bzw. gesteigert werden kann. Unter diesen Höchstbelastungen kommt es nach einer gewissen Zeit (zwischen 2 und 6 Jahren) wahrscheinlich aufgrund der Überforderung physiologischer und psychischer Systeme des Organismus zu einem Leistungsabfall, der eine längere Regenerationszeit erfordert. Weltklasseathleten in anderen Sportarten legen längere Wettkampfpausen ein und trainieren in dieser Zeit mit nur geringer Intensität, ehe sie dann wieder nach Höchstleistungen streben.

Periodisierung und Trainingsplanung

Aus der Erkenntnis heraus, daß hohe sportliche Leistungen nicht gleichmäßig über das ganze Jahr verteilt erzielt werden können, entwickelte Matwejew 1958 erstmals eine komplette Struktur des ganzjährigen Trainings. Diese Planung berücksichtigt, daß die Leistungsfähigkeit aufgrund biologischer und psycho-physischer Faktoren periodischen Schwankungen unterliegt. Die Gliederung des Trainingsjahres in Vorbereitungs-, Wettkampf- und Übergangszeit wird unter dem Begriff Periodisierung zusammengefaßt. Die zeitliche Zuordnung zu den verschiedenen Perioden erfolgt in Abhängigkeit vom angestrebten Wettkampfhöhepunkt und unter der Zielsetzung, zu diesem Zeitpunkt die dem momentanen Leistungsstand entsprechende Höchstform zu erreichen.

Vorbereitungsperiode	= Phase der Aneignung sportlicher Leistungsfähigkeit
Wettkampfperiode	= Phase der relativen Stabilisierung der sportlichen Leistung
Übergangsperiode	= Phase des zeitweiligen Verlustes der sportlichen Form

Trainingsplanung im Triathlon ist die Synthese aus einer Anwendung der allgemeinen Trainingsprinzipien, der speziellen Trainingspraktiken der Schwimmer, Radfahrer und Läufer sowie den ganz persönlichen Voraussetzungen eines jeden Sportlers. Das gilt für die jeweils angestrebten Ziele (Plazierung/Kurz-, Mittel-, Langtriathlon), die zur Verfügung stehende Trainingszeit, die Stärken und Schwächen in den einzelnen Disziplinen oder andere Faktoren. Trainingsplanung muß individuell erfolgen!

Vorbereitungsperiode

Die Vorbereitungsperiode umfaßt eine Zeitdauer von 5–7 Monaten und unterteilt sich in eine 3–4monatige erste sowie in eine 1–2monatige zweite Etappe. Spitzenathleten beginnen bereits im Spätherbst mit dem systematischen Training für das kommende Wettkampfjahr.

In der **ersten Etappe der Vorbereitungsperiode** (November/Dezember bis März) wird die Grundlagenausdauer trainiert und damit die Leistungsvoraussetzung für das harte Training der nächsten Monate und für die Wettkampfzeit geschaffen. Bei geringer bis mittlerer Belastungsintensität wird der Trainingsumfang systematisch gesteigert. Neben dem täglichen Ausdauertraining in den Triathlonsportarten und einer allgemeinen Konditionsschulung in Form von Kraftausdauer- und Circuittraining steht die Entwicklung technischer Fertigkeiten wie z. B. die Verbesserung der Kraultechnik im Vordergrund.
Witterungsbedingt wird in Mitteleuropa schwerpunktmäßig Laufen und Schwimmen trainiert, Skilanglauf ist eine ideale Ergänzung. Das gelegentliche Radtraining auf der Rolle oder dem Fahrradergometer sorgt dafür, die radspezifische Muskulatur über Winter zu erhalten.
Spezielles, wettkampforientiertes Training kennzeichnet die **zweite Etappe der Vorbereitungsperiode**. Das Training erhält nun einen anderen Charakter, indem härtere Trainingsmethoden zum Einsatz kommen (z. B. Fahrtspiel/Wechselmethode, Intervalltraining), die die Belastungsintensität in einzelnen Trainingseinheiten bis zum geplanten Wettkampftempo und darüber hinaus erhöhen. Neben diesen Abschnitten höchster Belastung (Regenerationszeiten beachten) wird einmal pro Woche ein Training mit überlanger Dauer, aber mit geringer Intensität durchgeführt. Dazu eignet sich ein langer Lauf oder eine Radausfahrt am Wochenende, die in ihrer Länge fast der geplanten Wettkampfzeit entspricht (Ausnahme: Langtriathlon). Neben Kleiderwechseltraining und Schlauchwechseltraining (unter Belastung und an trainingsfreien Tagen) wird als wettkampfspezifische Übungsform das Wechsel- oder Kombinationstraining zusätzlich ins Trainingsprogramm aufgenommen. Vereinzelte Trainingsblocks am Wochenende

können gemäß dem Prinzip der sprunghaften Belastungssteigerung zu einem verstärkten Leistungszuwachs führen.

Wechsel- oder Kombinationstraining
Höchste Anforderungen stellt der Triathlon-Wettkampf nicht nur an die Systeme Herz, Kreislauf, Atmung und Stoffwechsel. Auch das Nerv-Muskel-Zusammenspiel, die Koordination, unterliegt maximalen Belastungen. Jede der drei Triathlon-Disziplinen hat ihren spezifischen Bewegungsablauf, unterschiedliche Muskelgruppen kommen zum Einsatz. Der Bewegungsrhythmus streut zwischen ca. 50 Armzügen/min beim Schwimmen, 100 Kurbelumdrehungen pro Minute beim Radfahren und ca. 120 Schritten/min beim Laufen. Jede Einzelbewegung wird im Training und Wettkampf immer wieder viele tausendmal wiederholt. Eine Bewegungsmonotonie, der dynamische Stereotyp, schleift sich ein. Beim Wechsel von einer auf die andere Disziplin wird sie abrupt unterbrochen und soll in der nächsten Sportart, nun aber in anderer Form, wieder aufgebaut werden. Um Nervensystem und Muskulatur an diese Übergänge zu gewöhnen, wird das Wechseltraining durchgeführt. Es ist in der Regel ausreichend, zwei Sportarten zu kombinieren. Der schwierigere Übergang Radfahren/Laufen sollte dabei bevorzugt geübt werden.
Die am häufigsten angewendeten Varianten sind:

- lange, lockere Radausfahrt – kurzer, intensiver Lauf.
- kurze, intensive Radausfahrt – langer, lockerer Lauf
- kurze, intensive Radausfahrt – kurzer intensiver Lauf.

Einige Triathleten beenden keine Radtrainingseinheit in der zweiten Etappe der Vorbereitungsperiode ohne einen abschließenden Lauf, und seien es nur 2–3 Kilometer. Beim Wechseltraining muß nicht immer die Original-Reihenfolge Schwimmen-Radfahren-Laufen berücksichtigt werden. Allein die Kombination von zwei verschiedenen Sportarten schult das Nerv-Muskel-System und macht es flexibel für den zweimaligen Wechsel im Wettkampf.

Kleiderwechsel
Ein Triathlon kann unter Umständen in der Wechselzone gewonnen werden. Jeder, der schon eine Weile trainiert, weiß, welcher Unterschied es ist, ob man die 1000 m Kraul in 16 oder 15 min schwimmt, die 10 km in 35 oder 34 min läuft. Eine Minute in der Wechselzone zu gewinnen dagegen ist relativ einfach. Die sogenannte »vierte Disziplin« wird im Trainingsalltag oft vernachlässigt, obwohl gerade sie das Hintereinander der drei Sportarten zuläßt und so den Triathlon charakterisiert. Es geht darum, beim Umkleiden – soweit es stattfindet – eine bestimmte Reihenfolge festzulegen, wiederholt zu üben, um die Bewegungsabläufe zu automatisieren, was bedeutet, daß das Umkleiden schließlich ohne Nachdenken problemlos vor sich geht (wichtig bei der hohen körperlichen Belastung im Wettkampf).

Wettkampfperiode

Die Wettkampfperiode dient der Entwicklung und Stabilisierung der sportlichen Höchstform. Sie beginnt Mitte/Ende Mai mit den ersten Freibad-Triathlon-Veranstaltungen und erstreckt sich zeitlich bis in den Oktober hinein mit den Saisonhöhepunkten Nizza und Hawaii. In einem ersten Abschnitt werden Trainings- und Aufbauwettkämpfe bestritten (auch in Form von Volksläufen und wettkampfähnlichen Radtourenfahrten). Die sportliche Form wird überprüft, das Material erprobt und verschiedene Taktiken ausprobiert (mit welcher Intensität werden die Einzeldisziplinen am besten bewältigt).
Dieser Etappe folgt eine 3–4wöchige Wettkampfpause, sie dient der physischen und psychischen Regeneration und der mentalen Vorbereitung auf die folgenden Hauptwettkämpfe. Schwerpunkt ist wieder ein regelmäßiges Training mit etwas geringerer Intensität, aber hohem Umfang.
6 bis 12 Wochen nach Beginn der Wettkampfperiode wird in der nun folgenden Hauptwettkampfphase die maximale Leistungsfähigkeit erreicht.
Die Anzahl der zu bestreitenden Wettkämpfe richtet sich nach der Länge der ausgesuchten Distanzen und nach der individuellen Leistungsfähigkeit, die neben dem Umfang der Trainingsvorbereitungen auch vom Trainingsalter, der Anzahl von Jahren, die bereits dem Triathlontraining gewidmet wurden, abhängen. Im Kurztriathlonbereich sollten jährlich maximal 10–15 Wettkämpfe absolviert werden. Bei der Planung der Wettkampfperiode bleibt zu berücksichtigen, daß erfahrungsgemäß die Höchstleistung erst erbracht wird, nachdem oft mehr als die Hälfte der vorgesehenen Wettkämpfe bestritten wurden. Der Schwierigkeitsgrad der Wettkämpfe erreicht seinen Höhepunkt zum Saisonhöhepunkt.
Aus anderen Sportarten weiß man, daß häufig ca. 10 Tage vor Erreichen der Bestleistung ein Leistungsabfall auftritt. Nach dem Erreichen der Höchstleistung können weiterhin Spitzenleistungen in einem Zeitintervall von 1–2 Wochen erbracht werden. Bei kürzeren Erholungsphasen ist es nicht möglich, die sportliche Form lange zu halten.
Spezielle Trainingsinhalte dieser Periode wie Tapering und Regenerationstraining

werden im folgenden Wettkampfkapitel ausführlich beschrieben.

Übergangsperiode

Die Übergangsperiode schließt sich direkt an den letzten Wettkampf an. Sie dient als aktive Erholung zur vollständigen physischen und psychischen Regeneration. Nur wenn ein Sportler aus Verletzungsgründen o. ä. in der Wettkampfsaison nicht voll gefordert wurde, darf er weitertrainieren. Alle Sportarten, die motorische Grundeigenschaften schulen, die beim Triathlon vernachlässigt werden (so z. B. Schnelligkeit, Reaktionsvermögen, Koordination), sollen bevorzugt in dieser Phase betrieben werden. Die Wettkampfsaison wird rückblickend analysiert, die Trainingsinhalte des vergangenen Jahres bezüglich ihrer Effektivität überprüft und aufgearbeitet, um möglicherweise Verbesserungsvorschläge für die nächste Wettkampfperiode zu entwickeln.

In der Wechselzone nach dem Schwimmen: die Handgriffe müssen sitzen, um nicht unnötig Zeit zu verlieren.

Trainingsjahr von Spitzenathleten

Vorbereitungsperiode

(Zeitdauer ca. 5–7 Monate, November/Dezember bis Mai)

1. Etappe
(November/Dezember bis einschließlich März)
Grundlagentraining mit geringer Belastungsintensität, aber systematisch steigendem Trainingsumfang. Es erhöhen sich Anzahl und Umfang der einzelnen Trainingseinheiten, bis das 3–4fache der geplanten Triathlonstrecken erreicht ist, zwei Trainingseinheiten pro Tag.

Trainingsinhalte
Schwimmen:
Dauermethode, extensives Intervalltraining, Techniktraining, Kraftausdauertraining mit Paddles, T-Shirts/Gymnastikhose, Beweglichkeitstraining.
Radfahren:
Radtraining auf der Rolle (mehrmals pro Woche 30–45 min) schult den »runden Tritt« und erhält die spezifische Muskulatur; vereinzelte Radausfahrten am Wochenende bei schönem Wetter von max. 2 Stunden erhalten das Fahrgefühl und lockern den Trainingsalltag auf.
Laufen:
Gleichmäßiger Dauerlauf von 1–3 Stunden Dauer, gelegentlich Teilnahme an Wettkämpfen zwischen 10 und 25 km (z. B. Winterlaufserie).
Sonstiges:
Skilanglauf, Kraftausdauertraining, Circuittraining.

2. Etappe
(April/Mai)
Spezielles, wettkampforientiertes Training, Steigerung der Belastungsintensität in einzelnen Trainingseinheiten bis zum geplanten Wettkampftempo und darüber hinaus bei nur noch geringer Zunahme des Trainingsumfangs, 2–3 Trainingseinheiten pro Tag.

Trainingsinhalte
Schwimmen:
Kein Kraftausdauertraining mehr, dafür zusätzlich intensives Intervalltraining, Zeitschwimmen 1mal pro Woche im Training über die geplante Wettkampfdistanz, Beweglichkeitstraining, kaum noch Techniktraining.
Radfahren:
Regelmäßige Radausfahrten, zunächst mit geringer Intensität (kleine Gänge und hohe Frequenzen treten) und ansteigendem Belastungsumfang; um den winterlichen Trainingsrückstand auszugleichen, Trainingslager im Süden (2–3 Wochen), wo fast nur radgefahren wird; später Tempotraining nach Wechselmethode oder Fahrtspiel.
Laufen:
Intensitätssteigerung durch Fahrtspiel/Wechselmethode, Hügelläufe, Minutenläufe, Tempodauerlauf, Intervalltraining auf der Bahn; 1mal pro Woche Überdistanzlauf (ca. 3 Stunden mit geringer Intensität; vor allem für Mittel- und Langtriathleten).
Regenerationstraining:
Nach harten Trainingseinheiten zur aktiven Erholung (z. B. 30 min locker schwimmen/»baden«, traben oder auf der Rolle fahren).
Wechseltraining:
Kombinationstraining wird als spezielle wettkampfnahe Übungsform ab Mai ca. 2mal pro Woche durchgeführt, z. B.: flotte Radausfahrt 40–60 km/lockerer Lauf 15–20 km, lockere Radausfahrt 100–150 km/flotter 10-km-Lauf, Radausfahrt mit hoher Intensität auf den letzten 20 km/Intervalle auf der Bahn mit hoher Intensität (vor allem für Kurztriathleten).
Sonstiges:
Gewöhnung an kaltes Wasser, Kleiderwechseltraining (vor allem Kurztriathleten), Schlauchwechseltraining (vor allem Mittel- und Langtriathleten).

Wettkampfperiode

(Zeitdauer ca. 5 Monate, Mitte/Ende Mai bis Mitte Oktober)
Entwicklung und Stabilisierung der sportlichen Höchstform

Trainingsinhalte

- Trainingswettkämpfe: Kurztriathlons oder Volksläufe, Radtourenfahrten mit Wettkampfcharakter, Belastungsintensität 85%.
- Aufbauwettkämpfe, Belastungsintensität max. 95%.
- Formerhaltendes Training mit hohem Umfang, mittlerer Intensität.
- Tapering vor den Hauptwettkämpfen, die Trainingsbelastung wird in den 2 Wochen vor dem Wettkampf verkleinert, individuelle Durchführung.
- Hauptwettkämpfe, Belastung 100%.
- Regenerationstraining zwischen den Hauptwettkämpfen.

Übergangsperiode

(Zeitdauer 4–6 Wochen, Mitte Oktober bis Mitte/Ende November)
Aktive Erholung zur vollständigen physischen und psychischen Regeneration, Training nach Lust und Laune.

Trainingsinhalte

- Ausgleichssportarten, bevorzugt solche, die Schnelligkeit und Reaktionsvermögen schulen.
- Allgemeines Konditionstraining (Circuit-Training), Gymnastik.
- Geringe Trainingsumfänge in den drei Triathlon-Disziplinen, eventuell Technikschulung im Schwimmen.

Trainingsjahr eines leistungsorientierten »Hobby-Triathleten«

Saisonziele: Teilnahme an einer Serienverstanstaltung über die Kurzdistanz mit drei bis fünf Wettkämpfen und an einem Mitteltriathlon.

Vorbereitungsperiode

(Zeitdauer ca. 3 Monate, März bis Mai)

1. Etappe
(6–8 Wochen)
Grundlagentraining, bei geringer Belastungsintensität erhöht sich langsam der Trainingsumfang etwa auf das doppelte der geplanten Triathlonstrecken (ca. 3000–4500 m Schwimmen, 120–180 km Radfahren und 30–45 km Laufen), dabei wöchentlich Schwerpunkte setzen.

2. Etappe
(4–6 Wochen)
Wettkampforientiertes Training mit einzelnen (!) Trainingseinheiten im Wettkampftempo; Teilnahme an Volksläufen, Überdistanzentraining einmal in 2 Wochen; Wechseltraining mit verkürzten Teilstrekken; Schwimmen in offenem Gewässer bzw. Gewöhnung an kaltes Wasser; Regenerationstraining nach einem Trainingsblock am Wochenende.

Wettkampfperiode

(Zeitdauer 3–4 Monate, Juni bis September)
Wettkampfhöhepunkt im August (Bewältigung eines Mitteltriathlons oder Kurztriathlons in persönlicher Bestzeit); Unterteilung in Trainings-, Aufbau- und Hauptwettkämpfe entfällt; alle Wettkämpfe können subjektiv voll bestritten werden; die Pause zwischen den Wettkämpfen sollte jeweils 2–3 Wochen betragen, die einer aktiven Regeneration dienen.

Übergangsperiode

Die Übergangsperiode entfällt beim Hobby-Sportler in der Regel, da die Belastung in der Wettkampfzeit nicht zu groß war und meist eine Triathlon-Trainingspause bis zum Frühjahr stattfindet, in der andere Sportarten bevorzugt werden.

Locker und gelöst kann derjenige sein, der sicher ist, gut trainiert zu haben.

Triathlon-Training für Breitensportler

Breitensportler und Spitzenathleten unterliegen den gleichen biologischen Gesetzmäßigkeiten, geht es darum, ein Training sinnvoll und effektiv zu gestalten. Der Spitzenathlet hat das Ziel, den Triathlon-Wettkampf mit einer bestmöglichen Plazierung zu beenden oder sogar zu gewinnen; der breitensportlich orientierte Triathlet versucht die Wettkampfstrecke gut zu bewältigen; am besten so, daß er sich noch während des Triathlons auf die nächste Veranstaltung freuen kann. Beiden gemeinsam ist die ausreichende Vorbereitung (wenn auch in nicht vergleichbarem Rahmen), um ihren Wunsch zu erfüllen. Empfehlungen für ein Minimalpensum des Breitensportlers orientieren sich an einer Regel, die Dr. van Aaken für den Marathonlauf aufstellte. Er sagte: »Wer in einer Woche soviel wie einen Marathon (42 km) läuft, ist auch in der Lage, diese Strecke an einem Stück zu laufen.« Auf den Triathlonsport übertragen bedeutet das: Wird jede Einzeldisziplin einmal pro Woche trainiert und dabei die Streckenlänge des geplanten Wettkampfs zurückgelegt, dann kann der Triathlon erfolgreich bewältigt werden.

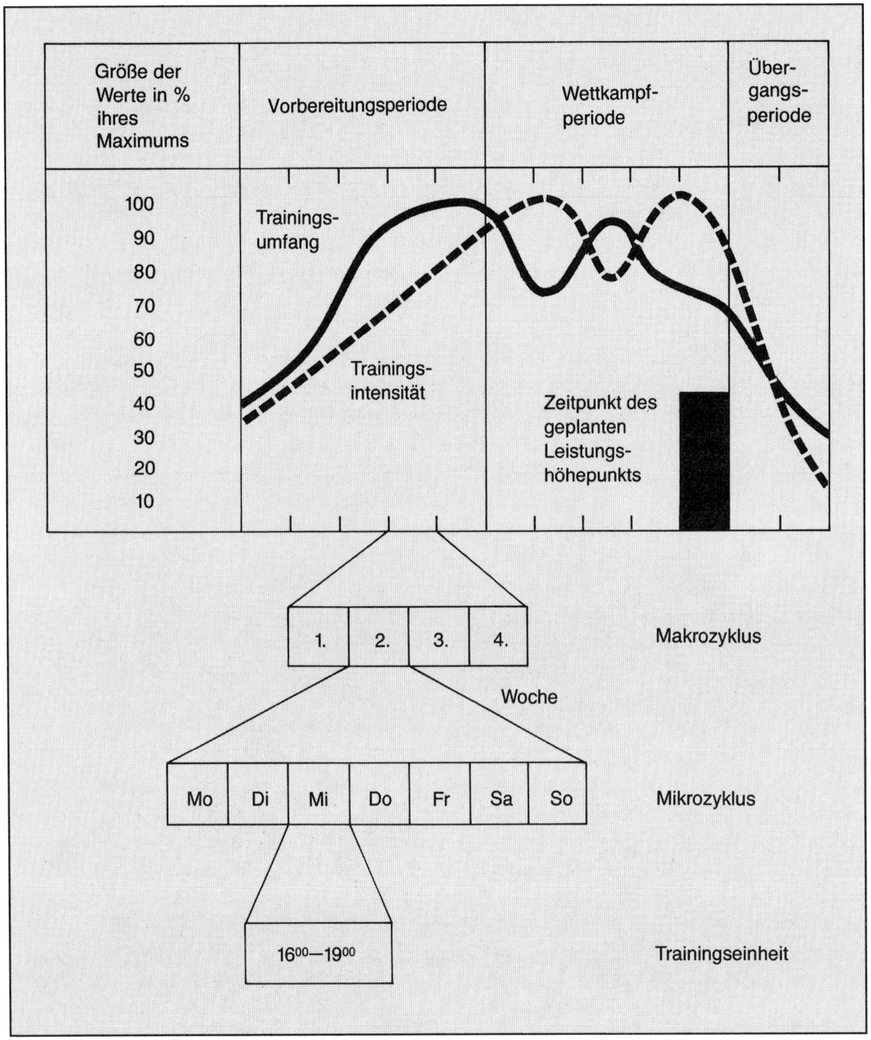

Makrozyklus, Mikrozyklus, Trainingseinheit

Die weitere Unterteilung der Vorbereitungs- und Wettkampfperiode in Makro- und Mikrozyklen ermöglicht eine bessere Steuerung des Trainingsprozesses. Jeder Makrozyklus (2–6 Wochen) erhält eine bestimmte Zielsetzung. Im Triathlon-Bereich können z. B. Schwerpunkte in den einzelnen Sportarten gesetzt werden (Schwimm-, Radfahr- oder Laufwochen) oder sportartenübergreifende Ziele formuliert werden wie z. B. Technikverbesserung in allen drei Disziplinen.
Im Mikrozyklus (Trainingsplan für 1 Woche) werden die einzelnen Trainingseinheiten in Umfang und Intensität aufeinander abgestimmt. Augenblicklicher Trainingszustand, Witterungsverhältnisse und sonstige Einflußgrößen können hier Berücksichtigung finden.

Periodisierungsschema mit Makro-, Mikrozyklus und Trainingseinheit (nach KILZER/ZOLLFRANK 1984, 103).

Eine Trainingseinheit sollte immer aus einem einleitenden Teil, einem Hauptteil und einem ausklingenden Teil bestehen. Der einleitende Teil, das Aufwärmen, umfaßt eine Zeitspanne von 10–20 min in Abhängigkeit von der Zielsetzung des Hauptteils: je höher die Belastungsintensität im Hauptteil, desto intensiver die Aufwärmarbeit. Im Hauptteil gilt für die Reihenfolge der triathlonrelevanten Trainingsinhalte: Techniktraining vor Kraftausdauer- und anaerobes Ausdauertraining vor aerobem Ausdauertraining.
Der ausklingende Teil leitet die Regeneration ein und beschleunigt sie, was für ein mehrmaliges Training pro Tag von Bedeutung ist. Man sollte ca. 10 min dafür einplanen.

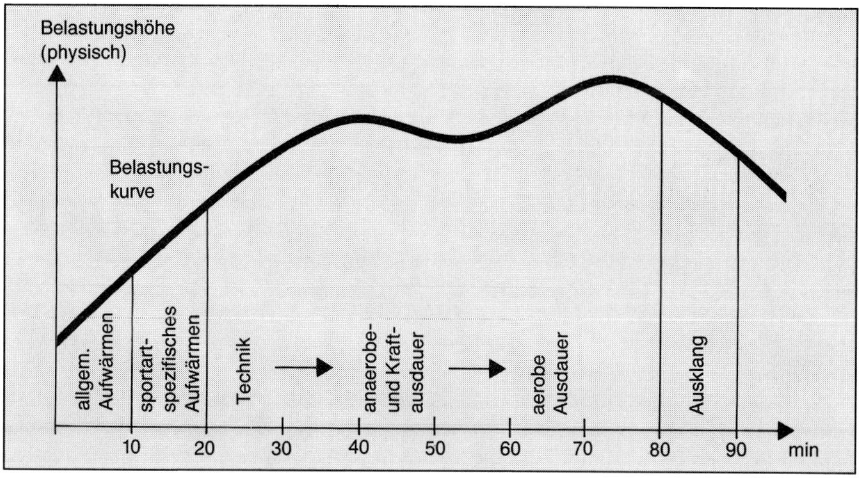

Aufbau einer Trainingseinheit (nach GROSSER/NEUMAIER 1982, 17).

Individuelles Training im Hochleistungssport

Die Gliederung eines Trainingsjahres nach dem vorgestellten Periodisierungsprinzip sowie die weitere Unterteilung in Makro-, Mikrozyklus und Trainingseinheit kann aus der Trainingspraxis im Hochleistungssport gesehen nur als ein verallgemeinerndes Schema angesehen werden. Alle Rahmenempfehlungen von Belastungen müssen individuell interpretiert werden, sowohl nach den körperlichen Eigenschaften des Sportlers als auch nach der Wirksamkeit der von ihm verwendeten Trainingsformen und -methoden.
Eine neue Trainingsstruktur, von BONDARCUK 1978 erstmals vorgestellt, berücksichtigt, daß es »individuelle Reaktionstypen« von Sportlern gibt, die in unterschiedlichem Maße auf Trainingsreize reagieren. In der Praxis heißt das, daß ein Athlet auf einen definierten Reiz bereits nach kurzer Zeit reagiert, während ein anderer für seine Anpassungsreaktion einen erheblich längeren Zeitraum benötigt. In Abhängigkeit von den Zielsetzungen des Trainings ergeben sich so erhebliche Phasenverschiebungen. Nur eine individuelle Strukturierung der Belastung kann danach die Entwicklung der Höchstleistung garantieren.
Betrachtet man nur die körperlichen Voraussetzungen, die zur Zeit die verschiedenen Spitzenathleten kennzeichnen, dann ist bereits an dieser Stelle eine Differenzierung erforderlich in ehemalige Schwimmer, Radfahrer, Läufer und solche, die aus völlig anderen Sportarten ins Triathlon-Lager übergewechselt sind. Dazu kommt der Schwimmer, der zugleich Lauftalent ist, der Radfahrer, der zusätzlich Laufen, aber nicht gut schwimmen kann usw. Die Anzahl der Möglichkeiten ist nur mathematisch zu bestimmen. Die Zuordnung dieser Vielfalt von Sportlern zu einem typischen Leistungsabschnitt ihrer Karriere oder nur ihres Jahrestrainingsplans, wird in Zukunft Wissenschaftler aus Theorie und Praxis des Trainings beschäftigen.

Hochleistungssport fordert auch den Einsatz von besonderer Ausrüstung.

Trainingsbeispiele von Jürgen Zäck (u. a. Platz 2 Kurz-EM 1986)

1. Etappe der Vorbereitungsperiode (November bis einschließlich Februar)

	Schwimmen				Radfahren				Laufen				Sonstiges (Kraft-/Konditions-training, Gymnastik, Skilanglauf usw.)
	Tageszeit	km	Zeit	Trainingsmethode	Tageszeit	km	Zeit	Trainingsmethode	Tageszeit	km	Zeit	Trainingsmethode	
Mo.	20.30	2	31 min	Dauermethode				–	17.00	18	1:08 h	Dauermethode	12 Uhr Gymnastik Zugseil (10 × 30 Züge)
Di.	17.30	5,3	2:30 h	Intervallmethode				–	12.00	11	38 min	Dauermethode	–
Mi.	20.00	4,3	2 h	Intervallmethode				–	17.00	13	50 min	Dauermethode	12 Uhr Gymnastik Zugseil (10 × 30 Züge)
Do.	17.30	3,8	1:30 h	Intervallmethode				–	12.00	7,5	28 min	Dauermethode	–
Fr.	17.30	4,6	1:30 h	Intervall- und Dauermethode				–	12.00	11	38 min	Dauermethode	–
Sa.	16.00	1,4	1 h	intensives Intervalltraining	9.30	56	2 h	Dauermethode				–	–
So.	15.30	2	31 min	Dauermethode	9.30	60	2:05 h	Dauermethode	14.30	14	1 h	Dauermethode	Gymnastik

2. Etappe der Vorbereitungsperiode (März bis Mitte Mai)

Mo.	19.00	2	30:30 min	Dauermethode	17.00	65	2 h	Dauer- und Intervallmethode	12.00	11	38 min	Dauermethode	12 Uhr Gymnastik
Di.	17.30	4,4	1:30 h	Intervallmethode				–	12.00	11	37:30 min	Dauermethode	–
Mi.	20.00	4,1	1:30 h	Intervallmethode, intensiv	17.00	48	1:30 h	Dauermethode	12.00	9	33 min	Dauermethode	–

Wettkampfperiode (Ende Mai bis Oktober)

	Schwimmen				Radfahren				Laufen				Sonstiges (Kraft-/Konditions-training, Gymnastik, Skilanglauf usw.)
	Tages-zeit	km	Zeit	Trainings-methode	Tages-zeit	km	Zeit	Trainings-methode	Tages-zeit	km	Zeit	Trainings-methode	
Do.	13.00	2,5	38 min	Dauermethode	16.20	55	1:50 h	Dauermethode anschließend →		7,5	30 min	Dauermethode	–
Fr.	17.30	4,0	1:30 h	Intervall- und Dauermethode, Sprints				–	12.00	11	37:30 min	Dauermethode	–
Sa.	16.00	3,7	1 h	Intervallmethode	10.00	70	2:10 h	Dauermethode, Sprints				–	–
So.				–	9.00	100	3:20 h	Dauermethode	16.30	15		Intervallmethode: Steigerungsläufe auf der Bahn	Gymnastik
Mo.	8.30	2,2	0:45 h	Intervallmethode	15.00	60	1:55 h	Dauermethode				–	–
Di.	10.45	1	15:40 min	Dauermethode, locker	9.00	50	1:40 h	Dauermethode	17.00	11,5		Intervalle, Steigerungsläufe	–
Mi.	8.30	2,1	0:45 h	Intervallmethode	14.30	70		Dauer- und Intervallmethode, anschließend →		3	11 min	intensiver, kontrollierter Lauf	Gymnastik
Do.	8.30	2	0:40 min	Dauer- und Intervallmethode				–	19.00	14	1 h	Dauermethode	–
Fr.				–				–	16.00	7	32 min	Dauermethode, locker	–
Sa.	Wettkampf um 14 Uhr (1,5/40/10); 9.30 und 17 Uhr 20 min locker Rad												
So.				–	11.00	50	1:55 h	Dauermethode, locker				–	–

Trainingsbeispiele von Alexandra Kremer

1. Etappe der Vorbereitungsperiode (November bis einschließlich März)

	Schwimmen				Radfahren				Laufen				Sonstiges (Kraft-/Konditions-training, Gymnastik, Skilanglauf usw.)
	Tages-zeit	km	Zeit	Trainings-methode	Tages-zeit	km	Zeit	Trainings-methode	Tages-zeit	km	Zeit	Trainings-methode	
Mo.	16.00	1,5	30 min	Intervallmethode, 10 × 100 alle 2 min				–	10.00	18	1:25 h	Dauermethode	Gymnastik
Di.	15.00	2,2	45 min	Intervallmethode	19.00		30 min	Rolle	10.00	14,5	1:20 h	Intervallmethode, 5,5 km Einl., 5 × 700 alle 4 min, 5,5 km anschließend	Gymnastik
Mi.	14.00	2	40 min	Intervallmethode	19.00		45 min	Rolle; Wechselmethode; je 5 min hart, 5 min locker				–	–
Do.				–				–	10.00	27	2:20 h	Dauermethode	Gymnastik
Fr.	12.00	2	40 min	Intervallmethode	10.00		35 min	Rolle				–	–
Sa.				–			30 min	Rolle	10.00	10	48 min	Dauermethode, anschließend	Gymnastik Zugseil (10 × 30 Züge)
So.				–				–	10.00	23	1:50 h	Dauermethode	Gymnastik Zugseil (10 × 30 Züge)

2. Etappe der Vorbereitungsperiode (April, Mai)

Mo.	10.00	2	35 min	Dauermethode				–				–	Gymnastik
Di.	16.00	1,5	30 min	Intervallmethode			45 min	Rolle	10.00	14,5	1:20 min	Intervallmethode anschließend	–
Mi.				–	10.00	60	2:05 h	Dauermethode	17.00	10	46 min	Dauermethode	Gymnastik

Wettkampfperiode (Juni bis Oktober)

	Schwimmen				Radfahren				Laufen				Sonstiges (Kraft-/Konditionstraining, Gymnastik, Skilanglauf usw.)
	Tageszeit	km	Zeit	Trainingsmethode	Tageszeit	km	Zeit	Trainingsmethode	Tageszeit	km	Zeit	Trainingsmethode	
Do.	10.00	2,2	45 min	Intervallmethode	16.00	50	1:40 h	Dauermethode				–	–
Fr.				–	10.00	50	1:45 h	Dauermethode	18.00	2,1	1:37 h	Dauermethode	Gymnastik
Sa.	15.00	1,1	20 min	Dauermethode				–	10.00	2,1	1:42 h	Dauermethode	–
So.				–	8.00	100	3:40 h	Dauermethode				–	Gymnastik
Mo.	10.00	2,5	44:22 min	Dauermethode, locker				–	18.00	15,5	1:10 h	Dauermethode	–
Di.	7.00	1,2	20 min	Dauermethode	15.00	85	3 h	Dauermethode				–	–
Mi.				–				–	18.00	12	1 h	Dauermethode	Gymnastik
Do.	18.00	1,2	20 min	Intervallmethode	15.00	50	1:45 h	Dauermethode	7.00	10	56 min	Wechselmethode mit kurzen Abschnitten im Wettkampftempo	–
Fr.				–				–				–	Gymnastik
Sa.	Wettkampf DM Roth (2,5/99/25)												
So.	10.00	1,4	24 min	Dauermethode				–	19.00	10	56 min	–	Gymnastik

Trainingsbeispiele von Otto Hoter

1. Etappe der Vorbereitungsperiode (November bis einschließlich Januar)

	Schwimmen				Radfahren				Laufen				Sonstiges (Kraft-/Konditions-training, Gymnastik, Skilanglauf usw.)
	Tages-zeit	km	Zeit	Trainings-methode	Tages-zeit	km	Zeit	Trainings-methode	Tages-zeit	km	Zeit	Trainings-methode	
Mo.	19.30	2,9	1:15 h	Intervallmethode				–	14.00	24	1:40 h	Dauermethode	–
Di.				–				–				–	–
Mi.	19.30	3,5	1:15 h	Intervallmethode				–	14.30	27	1:55 h	lockerer Dauerlauf mit 7 Temposteigerungen über 300 m	–
Do.				–				–	10.30	12	0:55 h	Dauermethode	–
Fr.	18.00	1,7	0:45 h	Intervallmethode				–	14.20	17	1:14 h	Dauermethode	1 h Gymnastik
Sa.				–				–	13.00	5	0:25 h	Dauermethode, locker	–
So.				–				–	11.30	16	1:00 h	Intervalle: 2 km Einl. 3 × 4 km (90%) 2 km Ausl.	–

2. Etappe der Vorbereitungsperiode (Februar bis einschließlich April)

Mo.	19.30	3,3	1:15 h	Intervallmethode				–				–	–
Di.	19.20	3,7	1:25 h	Intervallmethode	8.30	110	4:00 h	schwere Bergstrecke	14.00	17	1:09 h	Dauermethode	–
Mi.				–	12.00	100	3:45 h	schwere Bergstrecke	16.25	17	1:11 h	Dauermethode	–

Wettkampfperiode (Mai bis Oktober)

	Schwimmen				Radfahren				Laufen				Sonstiges (Kraft-/Konditionstraining, Gymnastik, Skilanglauf usw.)
	Tageszeit	km	Zeit	Trainingsmethode	Tageszeit	km	Zeit	Trainingsmethode	Tageszeit	km	Zeit	Trainingsmethode	
Do.				–	12.30	100	3:20 h	Dauermethode, flache Strecke	8.20	18	1:24 h	Intervalle: 4 km Einl. 5 × 850 m 4 km Ausl.	–
Fr.	19.30	2,7	1 h	Intervallmethode				–				–	–
Sa.				–				–	20.00	11	1 h	Dauermethode, locker	–
So.				–	11.40	100	3:30 h	Dauermethode, flach und hügelig	19.45	30	2:05 h	Dauermethode	–
Mo.				–				–				–	–
Di.	18.00	2,6	50 min	Intervallmethode	10.45	125	3:48 h	mittelschwere Bergstrecke	7:15 16:50	8 8	0:40 0:34	Dauermethode	–
Mi.				–	12.00	108	3:30 h	Dauermethode	17.00	10	0:42 h	Intervalle: 4 km Einl. 3 × 2 km (90%)	–
Do.	15.30	3,0	0:50 h	Intervallmethode				–	11.00	24	1:42 h	Dauermethode	–
Fr.	19.30	2,9	1 h	Intervallmethode	10.30	140	4:40 h	schwere Bergstrecke				–	–
Sa.				–				–				–	–
So.	Wettkampf (1,2/46,4/11)												

Schwimmtraining von Jürgen Zäck in der ersten Etappe der Vorbereitungsperiode

Tag	Trainings-methode	Trainings-umfang	Trainingsinhalte
Mo	Dauermethode	2000 m (31 min)	
Di	Intervall-methode	5300 m	200 m Einschwimmen 10 mal 50 m D/R alle 1 min 10 mal 50 m B/K alle 1 min 10 mal 400 m K alle 6:30 min 100 m Ausschwimmen
Mi	Intervall-methode	4300 m	400 m Einschwimmen 10 mal 50 m KB alle 1 min 15 mal 100 m K alle 1:45 min 200 m locker 30 mal 50 m K mit Paddles/Pull-buoy alle 1:00/0:50/0:45 min 200 m Ausschwimmen
Do	Intervall-methode	3800 m	800 m Einschwimmen 10 mal 100 m K alle 2 min, intensiv 200 m R locker 10 mal 50 m K alle 1 min 10 mal 25 m K-Technik 10 mal 25 m D alle 0:30 min 4 mal 100 m K alle 3 min, intensiv 400 m La, Wechsel alle 25 m zum Ausschwimmen
Fr	Intervall-methode, Dauermethode	4600 m	400 m Einschwimmen 8 mal 200 m K alle 3:30 min 2000 m K in 29 min 100 m locker 4 mal 100 m jeweils 5mal Pause nach 25 m alle 3 min 100 m Ausschwimmen
Sa	Intervall-methode	1400 m	600 m Einschwimmen 4 mal 25 m K 2 mal 50 m K 1 mal 100 m K jeweils alle 2 min 1 mal 200 m K nach 4 min 1 mal 100 m K 2 mal 50 m K 4 mal 25 m K alle 2 min
So	Dauermethode	2000 m (31 min)	–

D = Delphin
R = Rücken
B = Brust

K = Kraul
La = Lagen
KB = Kraul-Beinschlag

»alle« = die Strecke wird jeweils nach Ablauf der angegebenen Zeit wiederholt. Z. B. 10 mal 50 min alle 1 min heißt, daß 50 m 10mal geschwommen werden, wobei jede Minute der Start zu den nächsten 50 m ist.

Trainingsbeispiele aus der zweiten Etappe der Vorbereitungsperiode von Jürgen Zäck

Intervalltraining Rad: 65 km in 2 h
40 min Einfahren (42:19–17)
Intervalle 6mal 6 min Belastung, Übersetzung 52:17–15
Trittfrequenz 100–110
dazwischen je 4 min Erholung bei Übersetzung 42:19–17
20 min Ausfahren

Intervalltraining Laufen: 15 km
5 km Einlaufen
Gymnastik
4 Steigerungsläufe
5mal 1000 m auf der Bahn (progressiv 3:05–2:52 min) mit 3 min (400 m) Trabpausen
3 km Auslaufen

Kombinationstraining
1. Vorbereitungsperiode:
55 km Rad in 1:50 h + 7,5 km Laufen in 30:00 min
2. Wettkampfperiode:
70 km Rad mit Intervallen, anschließend 3 km Laufen
(1. km in 3:20 min,
2. km in 3:40 min,
3. km in 4:00 min)

Ausdauertraining

Ausdauer ist die Fähigkeit, eine gegebene Leistung möglichst lange aufrechtzuerhalten. Der Körper versucht sich der Ermüdung möglichst lange zu widersetzen (psycho-physische Ermüdungs-Widerstandsfähigkeit). Nach der Form der Energiebereitstellung unterscheidet man die aerobe Ausdauer (Energiegewinnung erfolgt unter Sauerstoffzufuhr) von der anaeroben Ausdauer (Energiegewinnung muß ohne Sauerstoffzufuhr erfolgen). Das Ungleichgewicht zwischen Sauerstoffaufnahme und -verbrauch äußert sich in der Höhe der Milchsäurekonzentration im Blut, die ein Abfallprodukt des anaeroben Stoffwechsels darstellt. Milchsäurekonzentrationen werden durch Blutentnahme aus dem Ohrläppchen bestimmt und in mmol/l angegeben. Bis zu einer Schwelle von 2 mmol/l ist die Energiebereitstellung weitgehend aerob. Der Wert von 4 mmol/l wird als aerob-anaerobe Schwelle angesehen. Bei höherern Milchsäurekonzentrationen kann die Ausdauerleistung nicht lange aufrechterhalten werden.
In Abhängigkeit von der Belastungsdauer differenziert man weiterhin in Kurz-, Mittel- und Langzeitausdauer.

Physiologische Anpassung durch Ausdauertraining

Leistungsbegrenzende Faktoren bei Ausdauerbelastungen sind die individuellen Herz-, Kreislauf- und Atmungs- sowie intramuskuläre Stoffwechselfunktionen. Regelmäßiges Ausdauertraining verbessert u. a. die Sauerstoffzufuhr (Herz-Kreislauf-, Atmungssystem), den Muskelstoffwechsel und erhöht die Energiespeicher. Die Leistungsfähigkeit ist jedoch nicht über die Grenze hinaus zu erhöhen, die durch die individuellen genetischen Voraussetzungen gegeben ist.

Auswirkungen auf Herz, Kreislauf und Atmung

In der **Lunge** findet der Gasaustausch zwischen Organismus und Umwelt statt. Ausdauertraining bewirkt eine Zunahme des Lungenvolumens, eine Stärkung der Atemmuskulatur, damit erhöhtes Atemzugvolumen und erniedrigte Atemfrequenz in Ruhe (= ökonomische Gestaltung der Atemfunktion).
Das **Herz**, das Blut durch unseren Körper pumpt, wird durch Ausdauertraining ver-

Kurz-, Mittel- und Langzeitausdauer und ihre leistungsbegrenzenden Faktoren

Ausdauerform/Belastungszeit	Leistungsbegrenzende Faktoren
Kurzzeitausdauer 35 s–2 min	Fähigkeit, große Energiemengen pro Zeiteinheit freizusetzen Fähigkeit, trotz anaerober Energiegewinnung spät zu übersäuern Fähigkeit, trotz Übersäuerung weiterhin Muskelarbeit zu leisten
Mittelzeitausdauer 2–10 min	Systeme der anaeroben und aeroben Energiebereitstellung maximale Sauerstoffaufnahmefähigkeit Kapazität der anaeroben Energiebereitstellung
Langzeitausdauer I 10–35 min	Systeme der aeroben Energiebereitstellung maximale Sauerstoffaufnahmefähigkeit (wird zu 90% beansprucht) Glykogenreserven in Muskulatur und Leber Milchsäuretoleranz Fähigkeit zur Beseitigung von Milchsäureanreicherungen während der Belastung
Langzeitausdauer II 35–90 min (Kurztriathlonbereich)	Systeme der aeroben Energiebereitstellung Glykogenreserven 20% Energiegewinnung durch die Verbrennung von freien Fettsäuren
Langzeitausdauer III 90–360 min (Mitteltriathlonbereich)	Systeme der aeroben Energiebereitstellung Glykogenreserven 30–50% Energiegewinnung durch die Verbrennung von freien Fettsäuren ausreichende Flüssigkeits- und Nahrungszufuhr ab 2½ Stunden Belastungsdauer
Langzeitausdauer IV mehr als 360 min (Langtriathlonbereich)	Energiegewinnung vorwiegend aus der Verbrennung von freien Fettsäuren ausreichende Flüssigkeits- und Nahrungsaufnahme

größert. Es kommt zu einer Verdickung der Herzwand und zur Erweiterung der Herzhöhlen. Bei Leistungstriathleten wurden Herzvolumen von über 1200 ml gefunden (durchschnittlicher Normalwert 750–800 ml). Ein großes Herzvolumen ist die Voraussetzung für ein erhöhtes Schlagvolumen und eine verbesserte Sauerstoffaufnahme in der Lunge. Unter Ruhebedingungen kommt es zur Ökonomisierung der Herzarbeit. Herzfrequenzen von 40 Schlägen/min und ein Schlagvolumen von über 100 ml sind keine Seltenheit.

Über das **Blut** wird der Sauerstoff zu den Zellen transportiert. Ausdauerbelastungen führen zu einer Zunahme des Blutvolumens, des Hämoglobins (Farbstoff der roten Blutkörperchen, Sauerstoffträger) und der Pufferkapazitäten (Fähigkeit zur Aufrechterhaltung eines bestimmten Säure-Basen-Gleichgewichts).

Die **Blutkapillaren** sind die Austauschorte zwischen Blut und Muskelzelle. Während Belastung kommt es zu einer Umverteilung des Blutstroms zugunsten der arbeitenden Muskulatur, »unwichtige« Bereiche werden minderdurchblutet. Die Zahl der geöffneten Kapillaren steigt bei Ausdauerbelastung auf das 30–50fache gegenüber dem Ruhewert an, gleichzeitig werden diese Kapillaren erweitert. Bei Ausdauertrainierten wurde zusätzlich eine größere Kapillardichte nachgewiesen.

Auswirkungen auf die Muskulatur

Bei Ausdauerbelastungen kommt es zur Entleerung der Energiespeicher der Muskulatur und zur Wiederauffüllung nach Arbeitsabbruch über das Ursprungsniveau hinaus (Superkompensation). Der **Glykogenspeicher** wird dabei verdoppelt. Gleichzeitig werden die in der Zelle liegenden **Fettspeicher** vermehrt. Die Fähigkeit, auch bei hohen Belastungen Fettsäuren zu verbrennen (die Glykogenvorräte unseres Körpers sind begrenzt), nimmt durch Ausdauertraining zu.

Die **Muskelfaserzusammensetzung** ändert sich in Abhängigkeit vom Training. Man unterscheidet zwei Haupttypen, die weißen Muskelfasern (FT-Fasern = fast twitch, schnellzuckend) und die roten Muskelfasern (ST-Fasern = slow twitch, langsamzuckend). Durch entsprechendes Training nimmt der Entwicklungsgrad und das Volumen der ST-Fasern zu. ST-Fasern sind reich an Enzymen der aeroben Energiegewinnung und zeichnen sich durch einen hohen Gehalt an Mitochondrien (Kraftwerke der Muskelzelle, Orte des aeroben Stoffwechsels) aus.

Ausdauertrainingsmethoden

Zur Verbesserung der Ausdauerleistungsfähigkeit stehen verschiedene Trainingsmethoden zur Verfügung, die in unterschiedlichem Maß die Stoffwechselsysteme unseres Organismus schulen. Es lassen sich grundsätzlich drei Methoden unterscheiden: die Dauermethode, die Intervallmethode und die Wettkampfmethode.

Dauermethoden

Die Dauermethode ist die wichtigste Trainingsmethode zur Verbesserung der allgemeinen aeroben Ausdauer. Sie ist gekennzeichnet durch eine länger andauernde Belastung, die nicht durch Pausen unterbrochen wird. Das Trainingstempo ist gleichmäßig bei der **kontinuierlichen Methode** und variiert bei der **Wechselmethode** (geplanter, systematischer Intensitätswechsel) und beim **Fahrtspiel** (Geschwindigkeitswechsel nach individuellen Bedürfnissen). Die Belastungszeit sollte zunächst mindestens 30 min, später 50–120 min und mehr (bei langen Läufen

Dauermethoden: andauernde Belastung ohne Pausen

Kontinuierliche Methode	Wechselmethode	Fahrtspiel
gleichmäßiges Trainingstempo	planmäßiger Intensitätswechsel	individueller Intensitätswechsel
Reizintensität:	geringe bis mittlere Belastung Puls 130–170 Schläge/min	
Reizdauer:	30 min bzw. 50–120 min	

Trainingsbeispiele: Dauermethoden

- Kontinuierliche Methode:
  2000 m Dauerschwimmen
  ohne Geschwindigkeitswechsel
  in der Wettkampftechnik
- Wechselmethode:
  15 min lockeres Einfahren mit kleinen Gängen und hohen Frequenzen
  Hauptteil: 10 mal im Wechsel
  1 min langsam: großes Kettenblatt (Übersetzung 52:16/15)
  1 min schnell: großes Kettenblatt (Übersetzung 52:16/15)
  1 min langsam: kleines Kettenblatt (Übersetzung 42:16)
  1 min schnell: kleines Kettenblatt (Übersetzung 42:16)
  15 min lockeres Ausfahren
- Fahrtspiel:
  Dauerlauf 60 min in hügeligem Gelände, nach 10minütigem lockeren Einlaufen bergauf schnell, bergab langsam laufen.

und Radausfahrten) betragen. Bei den Dauermethoden ist die Belastungsintensität deutlich geringer als das Wettkampftempo. Die erreichten Belastungspulswerte liegen zwischen 130 und 170 Schlägen/min. Die Dauermethoden schulen hauptsächlich Herz-, Kreislauf und Stoffwechsel (Fettsäureverbrennung).

Intervallmethoden

Charakteristisch für die Intervallmethode ist ein regelmäßiger Wechsel zwischen Belastungs- und Erholungsphasen. In den Pausen wird allerdings nicht die vollständige Erholung abgewartet. Der neue Trainingsreiz erfolgt im ersten Drittel der Erholungsphase, in der die Pulsfrequenz bis auf 120 Schläge/min abgesunken ist.
In Abhängigkeit von der Belastungsdauer der Teilstrecken unterscheidet man zwischen Kurz-, Mittel- und Langzeitintervallmethode. **Kurzzeitintervalle** dauern zwischen 15 und 120 s und werden 10–15mal durchgeführt. Die unvollständige Pause dauert zwischen 15 und 90 s (Pulskontrolle!) beim **extensiven Intervalltraining** (Belastungsintensität 60–80%) und 30–180 s beim **intensiven Intervalltraining** (80–90% Belastungsintensität). Im Triathlontraining kommt die Kurzzeitintervallmethode nur beim Schwimmen zur Anwendung.

Mittel- und Langzeitintervalle werden vorzugsweise beim Radfahren und Laufen eingesetzt. Mit zunehmender Belastungsdauer verringert sich die Reizintensität und die Anzahl der möglichen Wiederholungen (Belastungsdauer 2–8 min, 6–8 Wiederholungen). Im Intervalltraining werden Pulsfrequenzen von 170/180 und mehr Schlägen pro Minute erreicht. Durch die unvollständige Pause wird eine höhere Gesamtbelastung als bei den Dauermethoden möglich.

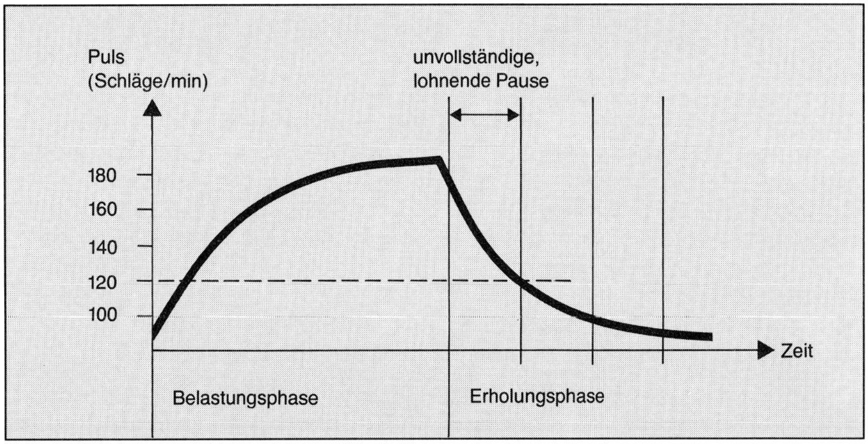

Die lohnende Pause (in Anlehnung an de MAREES 1976).

Trainingsbeispiele: Intervallmethoden

■ Kurzzeitintervallmethode:
Einschwimmen:
500 m locker in beliebiger Technik
Hauptteil:
6 mal 150 m Kraul (30 s Pause, 60%)
9 mal 100 m Kraul (30 s Pause, 70%)
18 mal 50 m Kraul (30 s Pause, 90%)
Ausschwimmen:
200 m locker in beliebiger Technik

■ Mittelzeitintervallmethode:
Einlaufen: 20 min mit Gymnastik
Hauptteil: 6 mal 1000 m (90 s Pause, 80%)
Auslaufen: 10 min

■ Langzeitintervallmethode:
Einfahren: 10 km, kleiner Gang, hohe Frequenz
Hauptteil: 4 mal 15 min (10 km), dazwischen 3 min Rollen
Ausfahren: 10 km s. o.

Intervallmethoden: Wechsel zwischen Belastung und Erholung

	Kurzzeit-intervallmethode	Mittelzeit-intervallmethode	Langzeit-intervallmethode
Reizintensität	60/80–90% Puls 180	ca. 80% Puls 180	ca. 70% Puls 180
Reizdauer	15 s–2 min	2–8 min	8–15 min
Anzahl der Wiederholungen	5–10 (10–40 min im Schwimmen)	8–6	4–2
Pausen: unvollständig, Puls 120 Schläge/min			
Anwendungsbereich	Schwimmen	Schwimmen Radfahren Laufen	Radfahren Laufen

Wettkampfmethode
Eine dichte Folge von Wettkämpfen kann gezielt zur Ausdauerverbesserung eingesetzt werden. Voraussetzung sind eine ausreichende aerobe Ausdauergrundlage und entsprechende Erholungszeiten. Ist die Strecke kürzer als im geplanten Hauptwettkampf, dann soll das Tempo über der Wettkampfgeschwindigkeit liegen, bei längeren Strecken liegt die Intensität geringfügig niedriger. Unter erhöhter Belastung können bei dieser Methode zusätzliche Komponenten wie Material und Taktik getestet werden.

Am besten kann im Wettkampf die augenblickliche Form getestet werden.

Krafttraining

Kraft im Sport ist die Fähigkeit des Körpers, durch Muskeltätigkeit Widerstände zu überwinden, ihnen entgegenzuwirken oder sie zu halten. Muskelquerschnitt, Muskelfaserzusammensetzung und die Nerv-Muskel-Koordination beeinflussen die Größe der Kraft entscheidend. Kraft ist die körperliche Grundeigenschaft, die vor der Ausdauer am besten trainierbar ist. Man unterscheidet drei Erscheinungsformen: Maximalkraft, Schnellkraft und Kraftausdauer.
Bei der Skelettmuskulatur, die unserem Willen unterliegt, unterscheidet man – wie bereits beschrieben – die **schnellen weißen** von den **langsamen roten Muskelfasern**. Der Muskelfaserverteilung bei der Entwicklung von Muskelkraft und Ausdauer kommt eine wichtige Bedeutung zu. Während die langsamen ST-Fasern günstige Voraussetzungen für die aerobe Energiegewinnung z. B. durch einen hohen Myoglobingehalt und damit für lang anhaltende Arbeit bieten, ermöglichen die schnellen FT-Fasern kurze, hohe Belastungen im anaeroben Bereich und haben Bedeutung für die Steigerung der Muskelkraft.
Alter und Geschlecht der Sportler spielen bei der **Trainierbarkeit der Kraft** eine wichtige Rolle. Zu einem Kraftzuwachs durch Dickenwachstum der Muskulatur (Hypertrophie) kommt es erst, wenn bestimmte Wachstums- und Sexualhormone (Testosteron) in ausreichendem Maß vorhanden sind. Krafttraining wird mit Beginn der Pubertät möglich, sollte aber erst stattfinden, wenn röntgenologisch der vollständige Abschluß der Knochenentwicklung nachgewiesen werden kann. Dann ist der Knochen in der Lage, der angreifenden Muskelkraft genügend Stabilität entgegenzusetzen, ohne einen orthopädischen Schaden zu erleiden. Krafttraining wirkt bei Frauen und Männern in gleicher Weise. Der geringere Leistungszuwachs bei Frauen erklärt sich aus dem Mangel an männlichen Sexualhormonen und aus der Tatsache, daß das Körpergewicht der Frau nur zu ca. 33% auf Muskelmasse beruht (ca. 40–45% beim Mann). So beträgt der Muskelquerschnitt der Frau nur ca. 75% von dem des Mannes.

Erscheinungsformen der Muskelkraft

Formen der Kraft	Definition	Leistungsbegrenzende Faktoren
Maximalkraft	höchste Kraft, die ein Sportler bei maximaler Muskelanspannung ausüben kann	Muskelfaserquerschnitt intramuskuläre Koordination
Schnellkraft	Fähigkeit, Widerstände in kürzest möglicher Zeit zu überwinden	Maximalkraft Kontraktionsgeschwindigkeit der Muskulatur Muskelzusammenspiel
Kraftausdauer	Widerstandsfähigkeit gegen Ermüdung bei langandauernden Kraftleistungen	Maximalkraft allgemeine Ausdauer

Krafttrainingsmethoden

Schwimmen und Radfahren sind Ausdauersportarten, bei denen die Kraftkomponente eine große Rolle spielt. In erster Linie wird hier die Kraftausdauer zu einem wichtigen leistungsbestimmenden Faktor, die wiederum von der Maximalkraft abhängig ist. Spitzentriathleten werden ohne zusätzliches Krafttraining an Land (besonders zum Erzielen guter Schwimmleistungen) in Zukunft kaum auskommen.

Maximalkrafttraining

Nach einer intensiven Aufwärmarbeit werden 5–8 Serien bei einer Intensität von 75–95% der momentanen Maximalleistung durchgeführt. In Abhängigkeit von der Belastung wird die Kraftübung 5mal bei 75% bis einmal bei 95% pro Serie durchgeführt. Die Pause zwischen den Serien beträgt 1–2 min.

Anwendungsbeispiel:

Planziel 6 Serien beim Bankdrücken mit 75%, d.h., 6mal 5 Wiederholungen mit 75 kg = 30 Wiederholungen (bei momentaner Maximalkraft von 100 kp).
Bewegungstempo: langsam-zügig (bedingt durch die sehr hohen Lasten).
Serien 5–8 (je geringer Wiederholungszahl, desto mehr Sätze).
Pausen zwischen den Sätzen: 1–2 min.
(nach GROSSER u.a. 1985, 107)

Kraftausdauertraining

Man unterscheidet zwischen allgemeinem Muskeltraining und speziellem Training der Hauptantriebsmuskulatur beim Schwimmen, Radfahren und Laufen. Die Intensität ist deutlich geringer als bei Maximalkrafttraining, die Anzahl der Wiederholungen und Serien dafür erhöht.

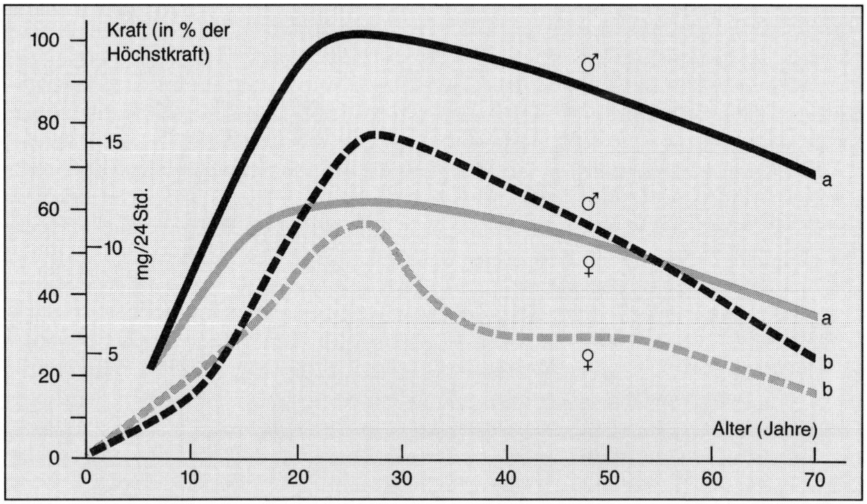

Kraft (a) und Sexualhormonausscheidung (b) in Abhängigkeit von Alter und Geschlecht. Der Maximalwert der Krafttrainierbarkeit wird von Frauen zwischen 20 und 30, von Männern mit ca. 25 Jahren erreicht (nach WEINEK 1983, 121).

Radfahren ist eine typische Kraftausdauerbelastung.

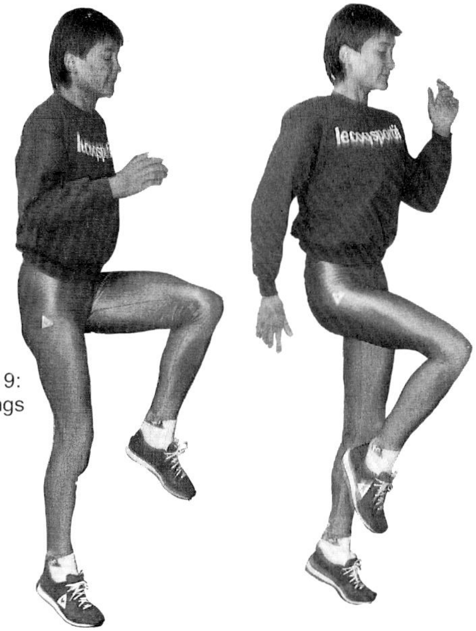

Station 9:
Skippings

Station 8:
Rumpfdrehen und Beinanheben

Station 7:
In Bauchlage einen Arm
und gegenseitiges Bein heben

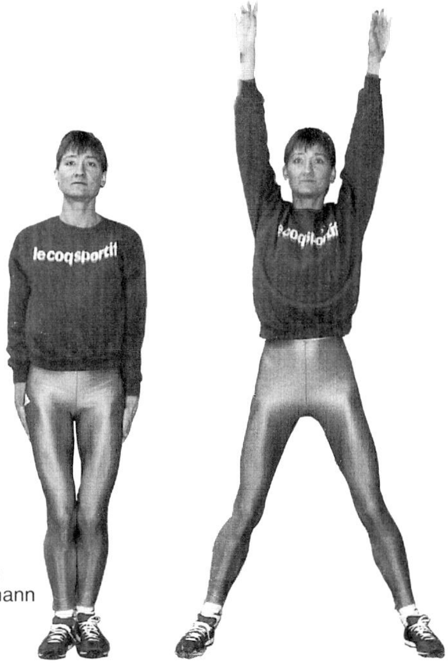

Station 6:
Hampelmann

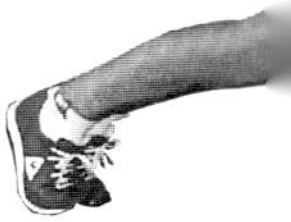

Station 1:
Liegestütz vorlings

Station 2:
Hock-Streck-Sprünge

Circuit-Training zur Verbesserung der allgemeinen Kraftausdauer

Stationen: 6–12, nacheinander werden Arme, Beine, Rumpfvorder- und Rumpfrückseite gekräftigt
Reizdauer: 20 s für Anfänger, 40 s für Leistungssportler
Pausen zwischen Stationen: 40–80 s für Anfänger, 20–40 s für Leistungssportler
Serien: 2–6
Pausen zwischen den Serien: 2–4 min
(nach GROSSER u. a. 1985, 113)

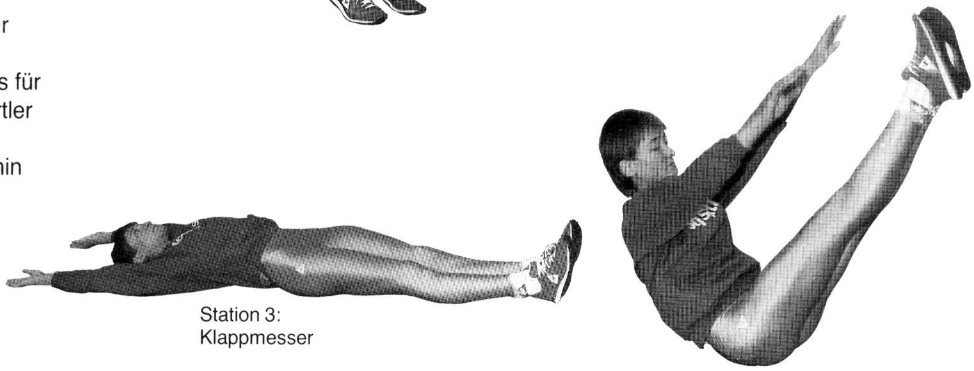

Station 3:
Klappmesser

Station 5:
Liegestütz mit Anhocken

Station 4:
Bauchschaukel

Spezielles Kraftausdauertraining der triathlonspezifischen Muskulatur

Intensitätsbereiche: 20–50%
Wiederholungszahlen: 10 und mehr (bis 100)
Serien: 4–10
Pausen zwischen den Serien: 1 min
Zusatzgeräte: Langhantel, Kurzhantel, Gewichtsschuhe, Sprossenwand

Übungen

1. Auf dem Boden liegend in Rückenlage, Hantel mit breitem Griff gehalten, Handflächen nach oben, Arme über dem Kopf gestreckt: ohne die Ellbogen zu beugen wird die Hantel bis zur Senkrechten hochgezogen, dann wieder in die Ausgangsposition zurück.

2. Auf dem Boden liegend in Rückenlage, so daß der Kopf die Hantelstange fast berührt. Die Hantel wird mit nach oben zeigenden Handflächen so gefaßt, daß die Ellbogen etwa im rechten Winkel gebeugt und in Schulterhöhe auf dem Boden sind: die Hantelstange wird bis zur Senkrechten angehoben, die Ellbogen bleiben auf dem Boden.

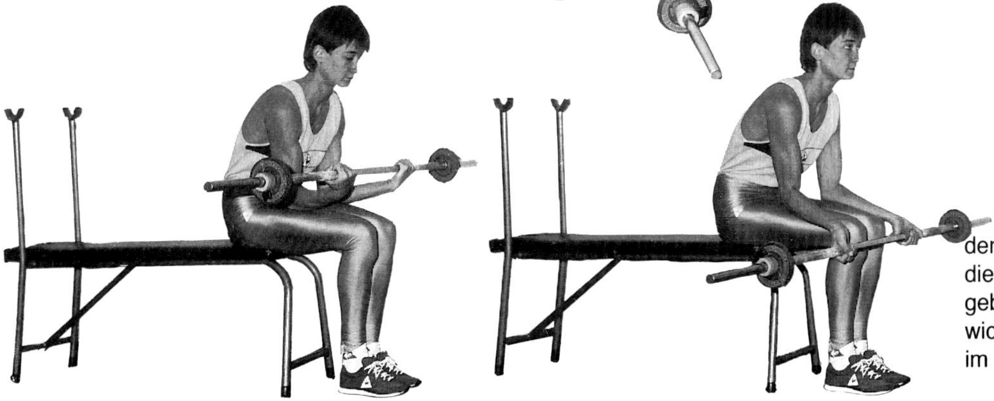

3. Im Sitz wird die Hantel mit den Handflächen nach oben gefaßt, die Ellbogen sind im rechten Winkel gebeugt: Heben und Senken des Gewichts durch Beugung und Streckung im Handgelenk.

4. Im Stand wird die Hantel etwa schulterbreit gefaßt, Handflächen nach außen: Gewicht bis zur vollständigen Ellbogenbeuge anheben, die Oberarme bleiben am Körper.

5. Im Stehen oder Knien wird die Hantel bei gestreckten Armen über dem Kopf gehalten, Griff etwa schulterbreit: durch Beugen der Ellbogen wird die Hantel herabgelassen und anschließend wieder in die Ausgangsposition zurückgebracht.

6. Armseitheben bis zur Waagerechten mit Hanteln im Stand, Handflächen sind zum Boden gerichtet.

7. Oberschenkel hochziehen mit Gewichten an den Füßen im Stand/im Langhang an der Sprossenwand.

8. Beine hochziehen aus dem Langhang an der Sprossenwand.

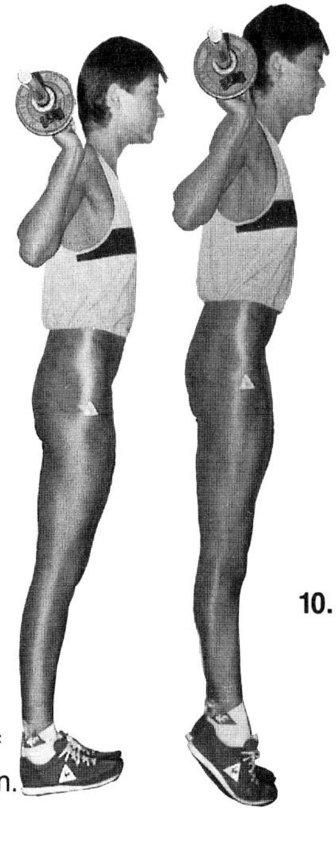

9. Sprünge aus leichter Kniebeuge mit Zusatzgewicht. Aus einer leichten Schrittstellung, die Hantel auf den Schultern liegend aus leichter Kniebeuge auf- und abspringen, dabei auf einen energischen Fußabdruck achten.

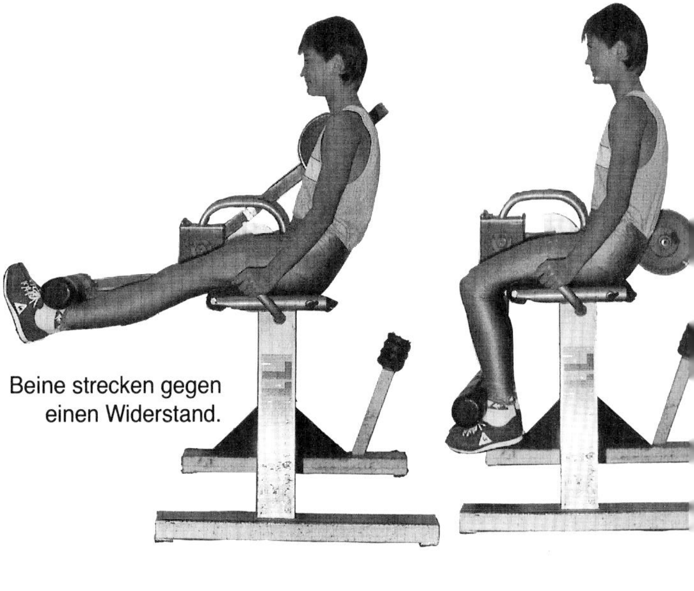

10. Beine strecken gegen einen Widerstand.

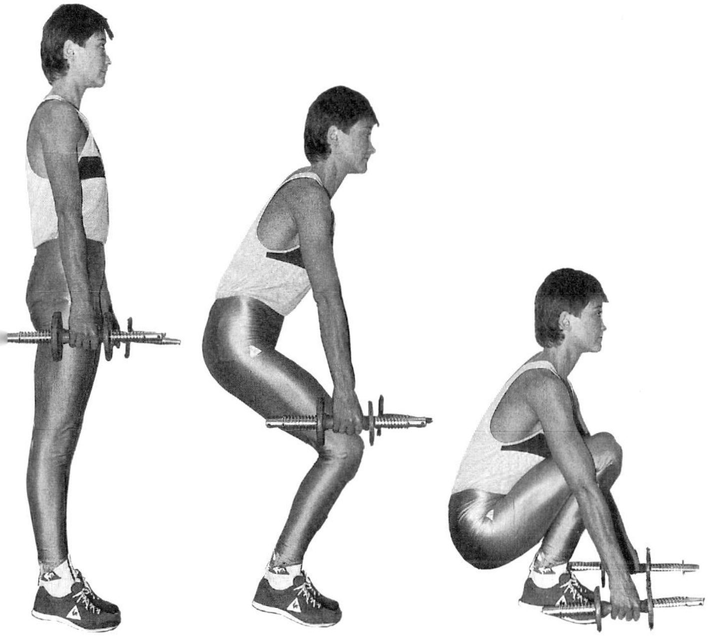

11. Halbhohe Kniebeuge mit Langhantel/Kniebeugen mit Kurzhanteln.

13. Rumpfaufrichten mit gestreckter Hüfte.

12. Beinbeugen gegen einen Widerstand.

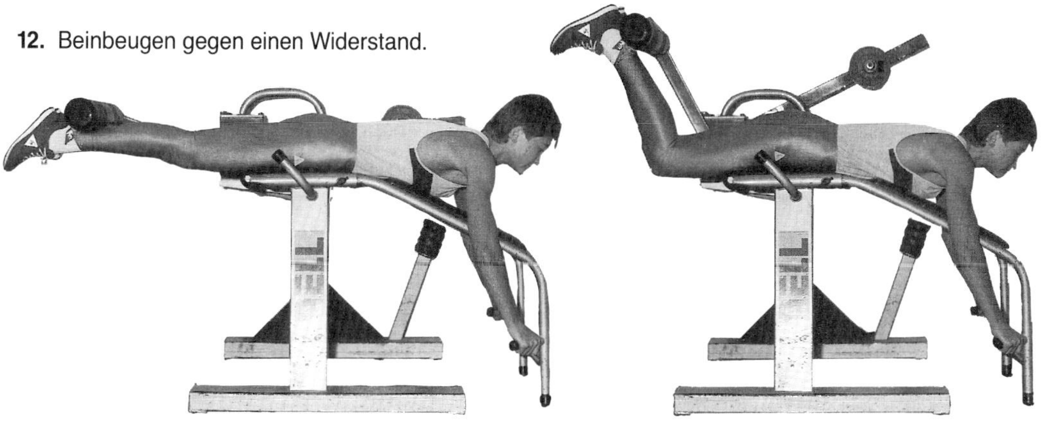

Schwimmspezifische Trainingsmöglichkeiten

Im folgenden werden Übungsformen zum schwimmerischen Kraftausdauertraining vorgestellt, die eine größtmögliche Annäherung an den Bewegungsablauf zulassen. Es werden genau die Muskeln trainiert, die beim Schwimmen auch eingesetzt werden.

Zugseiltraining

Ausgangsstellung ist der Stand mit geschlossenen Füßen, beide Hände fassen mit gestreckten Armen in die Schlaufen. Die Mindestentfernung vom Befestigungspunkt des Zugseils (z. B. Sprossenwand, Treppen- oder Balkongeländer, Baum) soll so gewählt werden, daß bei vorgebeugtem Oberkörper beide Seilhälften gespannt sind. Bei der Durchführung der Zugbewegungen wird nach dem Grundprinzip verfahren, daß »wie im Wasser« die Arme so lange wie möglich gegen die hypothetische Fortbewegungsrichtung nach hinten gezogen werden. In der Zugphase, die bis zur Schulterhöhe reicht, werden die Ellbogen gebeugt und hochgehalten und erst in der darauffolgenden Druckphase (bei der Kraultechnik) gestreckt. Beendet ist der beidarmige Kraul-Armzug, wenn die Hände die Oberschenkel erreicht haben. Wichtig ist es, daß Hand und Unterarm eine Linie bilden und daß die Hände wie beim Schwimmen leicht geöffnet bleiben (keine Faust machen!).

Ein sinnvoll durchgeführtes Zugseiltraining erspart viele Trainingskilometer im Wasser. Für Frauen ist ein Seil mit einer Trainingsbelastung von 10 kg, für Männer in Abhängigkeit vom Trainingszustand der Seiltyp mit 20 oder 30 kg Belastung zu empfehlen. Die Serien bestehen aus vielen Wiederholungen (30–50 oder mehr Züge) bei geringer bis mittlerer Belastung (das Seil sollte gerade straff gespannt sein). Eine Anpassung an den bald verbesserten Trainingszustand erfolgt, indem

- die Anzahl der Serien gesteigert wird (z. B. von 6mal 40 auf 10mal 40 Züge),
- die Anzahl der Wiederholungen pro Serie gesteigert wird (z. B. von 10mal 40 Züge auf 10mal 50 Züge),
- die Pause zwischen den Serien verkürzt wird (z. B. von 10mal 50 Züge mit 2 min Pause auf 10mal 50 Züge mit 1 min Pause).

Hauptantriebsmuskelgruppen beim Schwimmen, Radfahren, Laufen mit dazugehörigen Übungsformen zum sportlichen Kraft(ausdauer)training

Muskelgruppen	Schwimmen	Radfahren	Laufen	Übung
Armsenker	Kraularmzug: Druckphase, Zugphase	Wiegetritt		1,2
Armbeuger	Kraularmzug: Zugphase	Wiegetritt	Armarbeit: Haltearbeit	3
Handgelenks- und Fingerbeuger	Kraularmzug: Zugphase, Druckphase	Wiegetritt		4
Armstrecker	Kraularmzug: Druckphase	Wiegetritt		5
Armheber	Kraularmzug: Schwung-/Überwasserphase	Wiegetritt	Armarbeit: Vor- und Rückschwung	6
Hüftbeuger	Kraulbeinschlag: Abwärtsbewegung	Hochziehen des Pedals	Schwungphase	7,8
Hüftstrecker	Kraulbeinschlag: Aufwärtsbewegung	Herabdrücken des Pedals	Stützphase, Abdruckphase	9
Kniestrecker	Kraulbeinschlag: Abwärtsbewegung (Kick)	Herabdrücken des Pedals	Stützphase, Abdruckphase	9, 10, 11
Kniebeuger		Hochziehen des Pedals		12, 13
Fußgelenkstrecker		Hochziehen des Pedals		
Fußgelenkbeuger		Herabdrücken des Pedals	Stützphase, Abdruckphase	9

Zugseiltraining.

Noch ein Tip: Trägt man beim Zugseiltraining seine Radhandschuhe, so erspart man sich so manche Blase an den Händen.

Trainingsgeräte wie Mini-Gym, Collkraft, Exergenie, Schwimmbank usw. haben gegenüber dem Zugseiltraining den Vorteil, daß sie zusätzlich den Wasserwiderstand imitieren (isokinetische Kraftgeräte).

Schwimmen mit Paddles
Die durch die Paddles vergrößerte Handfläche erfordert einen vermehrten Kraftaufwand und trainiert so die beanspruchten Muskelgruppen. Der schwimmerische Bewegungsablauf mit Paddles gleicht dem ohne Paddles weitgehend.

Schwimmen mit Kleidungsstücken
Das Tragen eines ärmellosen T-Shirts und/oder einer enganliegenden Strumpf- oder Gymnastikhose erhöht den passiven Widerstand im Wasser. Der Schwimmer wird in seiner Vorwärtsbewegung gebremst und muß entsprechend mehr Kraft einsetzen, um eine bestimmte Geschwindigkeit aufrecht zu erhalten. Der Nachteil liegt darin, daß gerade bei Triathleten, die sich die Kraultechnik neu erarbeitet haben, eine negative Beeinträchtigung der Schwimmbewegung eintreten kann.

Kraftausdauertraining durch Ergänzungssportarten
Ausdauersportarten wie Skilanglauf, Rudern und Kajakfahren haben in ihrer Belastungsstruktur gewisse Ähnlichkeit mit dem Schwimmen, Antriebs- und Erholungsphasen wechseln rhythmisch ab. Gerade beim Skilanglauf werden viele der beim Schwimmen beanspruchten Muskelgruppen trainiert. Zum speziellen Kraftausdauertraining eignen sich vor allem der Doppelstockschub mit und ohne Zwischenschritt und der Diagonalschritt.

Beweglichkeitstraining

Beweglichkeit (Gelenkigkeit, Flexibilität) als Komponente sportlicher Leistungen wird durch den Aktionsradius eines oder mehrerer Gelenke bestimmt. Sie ist die Fähigkeit, Bewegungen mit möglichst großer Schwingungsweite auszuführen. Eine gute Beweglichkeit ist die elementare Voraussetzung für das exakte Ausführen von Bewegungsabläufen im Sport, die Bewegungsökonomie wird größer, die Verletzungsgefahr geringer. Das Ausmaß der Beweglichkeit ist von verschiedenen Faktoren abhängig:

Anatomische Voraussetzung – Gelenkbau
Beweglichkeit wird durch den Freiheitsgrad des Gelenks, die Weite der Gelenkkapsel, den Verlauf der Bänder und die Länge der auf das Gelenk wirkenden Muskeln bestimmt. Durch ein gezieltes Training (Dehnung durch Zugwirkung) können Muskulatur, Sehnen, Bänder und das umgebende Bindegewebe verlängert und damit der Aktionsradius des Gelenks vergrößert werden.

Neurophysiologische Komponente
Das Zusammenspiel zwischen Nerven und Muskulatur hat für die Beweglichkeit entscheidende Bedeutung. Der menschliche Körper besitzt Rezeptoren, die ständig Gelenkstellung und Muskellänge messen. Neben den Gelenkrezeptoren existieren innerhalb der Muskelfasern sog. Muskelspindeln und in den Sehnen der Skelettmuskulatur die Golgi-Sehnenspindeln. Wird ein Muskel ruckartig gedehnt, dann senden die Muskelspindeln einen Impuls an das Rückenmark, das über einen Reflex mit dem »Befehl« zur Kontraktion des betroffenen Muskels antwortet und so eine weitere Dehnung verhindert.
Die Golgi-Sehnenspindeln können diese reflektorische Kontraktion verhindern (Hemmung des α-Motoneurons) und er-

möglichen so erst eine Dehnung. Voraussetzung ist, daß die Dehnung langsam, über einen längeren Zeitraum und mit konstanter Kraft durchgeführt wird. Dehnübungen mit einer Dauer von 10–20 s bei 3–4maliger Wiederholung pro Übung haben sich als effektiv bewährt. Isometrische Anspannung der zu dehnenden Muskelpartie vor der eigentlichen Dehnung reduzieren zusätzlich die unerwünschte Aktivität der Muskelspindeln.

Temperatur/Aufwärmung
Niedrige Temperaturen erhöhen die Viskosität der Gelenkflüssigkeit, die Beweglichkeit wird eingeschränkt, die Verletzungsanfälligkeit erhöht. Durch ein intensives Aufwärmprogramm vor dem Beweglichkeitstraining können die Körpertemperatur gesteigert, die Stoffwechselprozesse des Körpers beschleunigt, die Nervenleitgeschwindigkeit erhöht und die elastischen und viskosen Widerstände im Muskel herabgesetzt werden (Dauer mindestens 10 min).

Ermüdung
Hohe Belastungen in Training oder Wettkampf führen physiologisch zu einer Nervenermüdung und zu einer Erhöhung des Muskeltonus. Die Beweglichkeit wird damit eingeschränkt.

Alter
Die Beweglichkeit ist am größten bei Kindern und nimmt mit zunehmendem Alter ab.

Psychische Verfassung
Erregungszustände erhöhen den Muskeltonus und verringern die Beweglichkeit. Ausnahme ist der sog. »Vorstartzustand«, der einen positiven Einfluß auf Muskulatur und Aktionsradius im Gelenk hat.

Tageszeit
Die Beweglichkeit unterliegt tageszeitlichen Schwankungen. Günstige Voraussetzungen für das Beweglichkeitstraining sind morgens zwischen 10 und 12 Uhr sowie gegen 16 Uhr nachmittags gegeben.

Positive Einflüsse auf die Gelenkbeweglichkeit

- Große Dehnfähigkeit von Muskeln, Sehnen und Bändern
- Hoher Freiheitsgrad des Gelenks, weite Gelenkkapsel
- Außentemperaturen über 18 °C
- Intensives Aufwärmen vor dem Training
- Geringer Ermüdungsgrad: ausgeruhter Zustand oder nach mittleren Belastungen bis 1 Stunde Dauer
- Geringes Alter (Kindesalter bis Pubertät)
- Zustand psychischer Ausgeglichenheit »Vorstartzustand«
- Tageszeit (nicht vor 10 Uhr).

Methodische Hinweise
Beweglichkeitstraining muß regelmäßig und über einen längeren Zeitraum hinweg durchgeführt werden, um einen wirksamen Übungseffekt zu gewährleisten. Einer intensiven Aufwärmung (Laufen, Hüpfen, Seilspringen, Hampelmann o. ä.) folgen zunächst Lockerungs-, dann spezielle Dehnübungen. Nacheinander werden zunächst Schultergelenk, dann Hüft- und Fußgelenk trainiert, und zwar so, daß diese anatomischen Bereiche im Wechsel und gleichmäßig belastet werden. Für Lockerungsübungen gilt, daß pro Bereich 2–4 Übungen mit jeweils 10–20 Wiederholungen durchgeführt werden. Dehnungsübungen sollen bis in den Grenzbereich der Beweglichkeit führen. Sie sind effektiv, wenn jede Übung 3–4mal angewendet und in der maximal möglichen Dehnposition 10–20 s gehalten wird. Auf eine exakte Ausführung der Übungen ist zu achten.

Lockerungsübungen

1. Einarmiges Armkreisen rückwärts und vorwärts abwechselnd mit dem rechten und linken Arm.
2. Beidarmiges Armkreisen rückwärts und vorwärts.
3. Ein Arm kreist vorwärts, gleichzeitig der andere rückwärts.
4. Rumpfbeuge, der rechte Arm faßt zum linken Fuß, der freie Arm schwingt nach hinten und oben und umgekehrt.
5. Rumpfbeuge, die Arme kreuzen vor dem Körper und schwingen federnd nach hinten und oben, der Oberkörper bleibt waagrecht.
6. Hüftkreisen, Rumpfkreisen.
7. Auf einem Bein stehend, das andere Bein beschreibt »Achten«.
8. Beinschwünge vorwärts und rückwärts.
9. Fußkreisen.

Dehnübungen

1. Die Unterarme werden über und etwas hinter dem Kopf verschränkt, eine Hand faßt dabei jeweils den Ellbogen des anderen Arms und zieht ihn hinter dem Kopf zur gegenüberliegenden Seite.

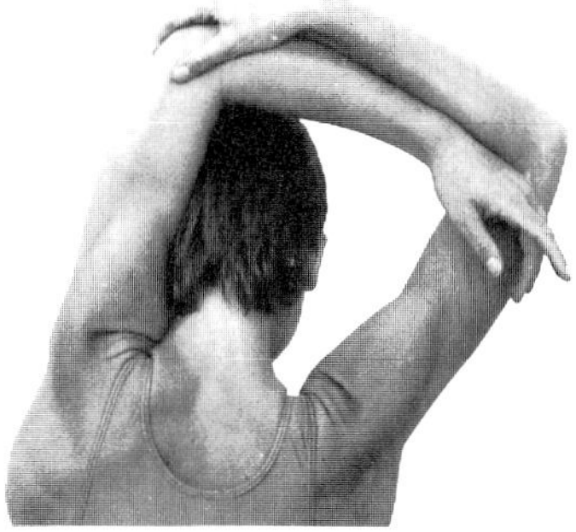

Dehnung des breiten Rückenmuskels.

2. Die Arme werden in der Hochhalte bei auswärts gedrehten Handflächen an den Händen verschränkt. Die gestreckten Arme ziehen zur gegenüberliegenden Seite, der Oberkörper bleibt gerade.

Dehnung des breiten Rückenmuskels.

3. Bei vorgebeugtem Oberkörper die gestreckten Arme an die Wand lehnen oder in Hüfthöhe Griff finden: abwechselnd linke und rechte Schulter tief nach unten senken.

Dehnung des breiten Rückenmuskels und des großen Brustmuskels.

4. Der Arm wird mit dem Unterarm an einen Mauervorsprung oder Türrahmen gelegt. Bei geradem Oberkörper wird das Körpergewicht nach vorne verlagert.

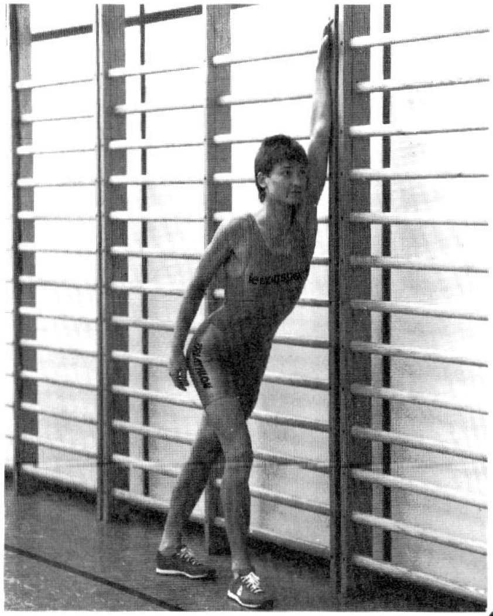

Dehnung des großen Brustmuskels.

5. Im Stand Hände hinter dem Gesäß verschränken. Die gestreckten Arme werden unter Rumpfvorbeugen nach oben geführt. Dabei werden die Bauchmuskeln angespannt und der Rücken wird gerade gehalten.

Dehnung
des zweiköpfigen Armmuskels.

6. Im Langsitz am Boden ziehen die Hände an den Füßen den Oberkörper zu den Knien. Die Bauchmuskulatur wird angespannt.

Dehnung der Kniebeugemuskulatur.

7. Grätschsitzzugbeuge. Im weiten Grätschsitz greifen beide Hände jeweils zum rechten oder linken Fuß. Das Bein bleibt gestreckt.

Dehnung der Kniebeugemuskulatur.

8. Zugspreizen in Rückenlage. Das gestreckte Bein wird kopfwärts gezogen. Der Fuß ist einmal gebeugt, einmal gestreckt. Die Hüfte bleibt am Boden.

Dehnung der Kniebeugemuskulatur.

9. Im Langsitz am Boden kreuzt ein angewinkeltes Bein zur Gegenseite und wird am Knie gefaßt zum Oberkörper gezogen.

Dehnung der Hüftstrecker.

10. Kniestützbeuge rückwärts. Der Rumpf wird gerade gehalten, ein Hohlkreuz vermieden.

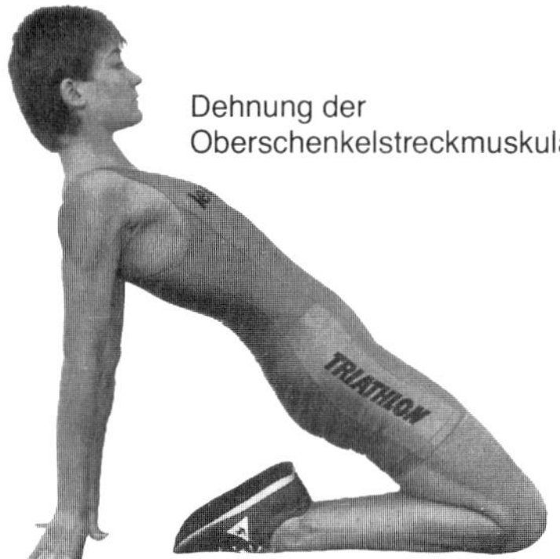

Dehnung der Oberschenkelstreckmuskulatur.

11. Fußrückenziehen. Die Ferse wird geradlinig an das Gesäß herangeführt. Der Oberkörper ist aufrecht.

Dehnung der Oberschenkelstreckmuskulatur.

12. Abstützen ca. 1 m vor einer Wand. In einer mittleren Schrittstellung wird der Oberkörper gegen die Wand gelehnt, die Ferse bleibt am Boden, die Zehen zeigen gerade nach vorne.

Dehnung der Wadenmuskulatur.

Trainingskontrolle

Unverzichtbarer Bestandteil des Triathlontrainings ist das regelmäßige Führen eines persönlichen Trainingstagebuches. Wenige Minuten pro Tag sind ausreichend, das Training systematisch aufzuzeichnen. Das Trainingstagebuch dient der Kontrolle über die Verwirklichung von Trainingszielen und liefert wichtige Informationen über die Wirksamkeit der eingesetzten Trainingsmethoden, -mittel, des Belastungsaufbaus im Trainingsjahr usw. Rückschlüsse für zukünftige Trainingsplanung können so gezogen werden. Fixierung und Analyse des Trainingsprogramms (Inhalt, Umfang, Zeit, Intensität, Trainingsmethode), der Wettkampf- und Testergebnisse, der Selbsteinschätzung und einiger Kontrolldaten (Gewicht, Ruhepuls, Schlafzeit, Bemerkungen zum Wohlbefinden) sind nicht nur eine wirksame Methode zur Selbsterziehung, sondern auch Voraussetzung für eine langfristig erfolgreiche Trainingsgestaltung.
Im Triathlonsport, in dem die Mehrzahl der Aktiven die Trainingsplanung und -gestaltung selbst vornehmen und Trainer noch äußerst rar sind, hat dies besondere Bedeutung. Nur bei regelmäßiger Analyse der Ursachen von Erfolg oder Mißerfolg in Training und Wettkampf kann die Leistungsentwicklung erfolgreich gesteuert werden. In den Wintermonaten, in denen in der Regel keine Wettkämpfe bestritten werden, dienen regelmäßige Tests (z. B. bei identischen Ausgangsbedingungen ein 1500-m-Schwimmtest, ein 10-km-Testlauf, im Sommer ein Radtest über 40 km) einer Überprüfung der Trainingswirksamkeit. In der Praxis hat sich gezeigt, daß nur einfache, übersichtliche und schnell durchzuführende Verfahren zur Dokumentation des Trainings genutzt werden. Die folgen-

den Beispiele zur Gestaltung der Wochenübersicht eines Triathlon-Trainingsbuches sind lediglich als Anregung gedacht. Jeder kann und sollte sein individuelles Tagebuch führen. Am Ende der Saison kann schließlich eine grafische Darstellung in Form von Kurven oder Säulendiagrammen vorgenommen werden, um die Trainingsleistung zu dokumentieren.

Name: Vorname: Wochenübersicht vom bis

Tag	Tageszeit	Umfang km	Umfang Zeit	Angaben zum Training (Inhalte, Bedingungen, Trainingspartner usw.)	Gewicht in kg	Ruhepuls nach d. Aufst.	Schlafzeit in Std.	Bemerkungen über Allgemeinbefinden/Ermüdungsgrad/Freudegrad
Mo.								
Di.								
Mi.								
Do.								
Fr.								
Sa.								
So.								

	Gesamt-km	Gesamt-Zeit	TE	Zeit/TE	beste Leistung
Schwimmen					
Radfahren					
Laufen					
Andere					
Summe					

Wochenübersicht

Woche vom bis	Schwimmen				Radfahren				Laufen				Sonstiges (Kraft-/ Konditionstraining, Gymnastik, Skilanglauf usw.)	Allgemeinbef., Besonderheiten, Wettkämpfe, neue Bestleistg.
	Tageszeit	km	Zeit	Trainingsmethode	Tageszeit	km	Zeit	Trainingsmethode	Tageszeit	km	Zeit	Trainingsmethode		
Mo. Ruhepuls: Gewicht: Schlaf:														
Di. Ruhepuls: Gewicht: Schlaf:														
Mi. Ruhepuls: Gewicht: Schlaf:														
Do. Ruhepuls: Gewicht: Schlaf:														
Fr. Ruhepuls: Gewicht: Schlaf:														
Sa. Ruhepuls: Gewicht: Schlaf:														
So. Ruhepuls: Gewicht: Schlaf:														
Summe	TE	km	Zeit		TE	km	Zeit		TE	km	Zeit			

Name: Vorname: Jahresübersicht von bis

Woche	Schwimmen			Radfahren			Laufen			Gesamt			Gew. in kg	Puls/ min	Schlaf- zeit	Bemerkung
	km	Zeit	TE	km	Zeit	TE	km	Zeit	TE	km	Zeit	TE				
1																
2																
3																
4																
5																
6																
7																
8																
9																
10																
11																
12																
13																
14																
15																
16																
17																
18																
19																
20																
21																
22																
23																
24																
25																
26																
27																
28																
29																
30																
31																
32																
33																
34																
35																
36																
37																
38																
39																
40																
41																
42																
43																
44																
45																
46																
47																
48																
49																
50																
51																
52																

Übertraining

Zum Übertraining kommt es, wenn die Gesamtbelastung des Sportlers seine Leistungsfähigkeit und Belastungsverträglichkeit übersteigt. Übertraining wird definiert als »Leistungsabfall beim regelmäßig Trainierenden ohne organisch krankhaften Befund«. Ermüdung nach körperlicher Anstrengung ist ein völlig normaler Vorgang. Der Grad der Ermüdung ist abhängig von Umfang und/oder Intensität der Belastung.
Die **Ursachen** von Übertraining sind zum einen auf Fehler im Trainingsprozeß, zum anderen auf solche Faktoren zurückzuführen, die von außen auf den Sportler einwirken (Lebensweise, Umwelteinflüsse, gesundheitliche Störungen).
Beim Übertraining kommt es zu Veränderungen im Zentralnervensystem, die eine optimale Wechselbeziehung zwischen Erregungs- und Hemmungsprozessen stören. Man unterscheidet zwei Formen von Übertraining.

Sympathikotone Reaktion
Bei dieser Form überwiegen die Erregungszustände, der Körper kommt nicht mehr »zur Ruhe«. Anfänger und zu wenig trainierte Triathleten sind durch zu hohe Intensitätsbelastung bei fehlender Trainingsgrundlage gefährdet. Da das Befin-

Symptome der Ermüdung nach unterschiedlich großer Belastung (nach HARRE 1977, 74, 75)

	Geringe Ermüdung (geringe Belastung)	Starke Ermüdung (optimale Belastung)	Sehr starke Ermüdung (Grenzbelastung)	Symptome nach Grenzbelastungen
Hautfärbung	leichte Rötung	starke Rötung	sehr starke Rötung oder auffallende Blässe	anhaltende Blässe über mehrere Tage
Schweißabsonderung	je nach Temperatur leicht bis mittel	starke Absonderung	sehr stark	Nachtschweiß
Bewegungsausführung	sicheres Beherrschen	beginnende Häufung von Fehlern	starke Störung der Koordination, kraftlose Bewegungsausführung	Bewegungsstörungen und Kraftlosigkeit beim folgenden Training
Konzentration	normal	Unaufmerksamkeit bei Erklärungen, verringerte Aufnahmefähigkeit beim Erarbeiten technischer und taktischer Fertigkeiten	erheblich verringerte Konzentration, Nervosität, Zerfahrenheit	Unaufmerksamkeit, Unfähigkeit für Bewegungskorrekturen, Unfähigkeit, sich auf geistige Arbeit zu konzentrieren
Allgemeines Befinden	keine Beschwerden	Schwächen in den Muskeln, Atmungsschwierigkeiten, Kraftlosigkeit, verringerte Leistungsfähigkeit	Bleischwere Muskeln, Muskel- und Gelenkschmerz, Schwindelgefühl, Übelkeit, »Brennen« in der Brust	Störung beim Einschlafen, unruhiger Nachtschlaf, anhaltende Muskel- und Gelenkschmerzen, Kraftlosigkeit
Leistungsbereitschaft	ungebrochen	verringerte Aktivität, Wunsch nach längeren Pausen	Wunsch nach absoluter Ruhe und Einstellen des Trainings	Unlust für Wiederaufnahme des Trainings am nächsten Tag, Gleichgültigkeit, Widerstand gegenüber Forderungen des Trainers
Stimmung	gehobene, freudige, lebhafte Stimmung	etwas gedämpfte, aber freudige Stimmung	Trotz- und Sperreaktionen: Aggressivität	niedergedrückte, anhaltende Zweifel über den Wert des Trainings, Suche nach Gründen, dem Training fernzubleiben

le coq sport
307
Wasser

Symptome, die auf ein Übertraining hinweisen (nach ISRAEL 1976, 1)

Sympathikotones Übertraining	Parasympathikotones Übertraining
leichte Ermüdbarkeit	abnorme Ermüdbarkeit
Schlaf gestört Appetit herabgesetzt Gewichtsabfall	Schlaf nicht gestört Appetit gering herabgesetzt Gewicht gleichbleibend oder schwankend
Schwitzen, Nachtschweiß, heiße oder auch kalte Hände	Wärmehaushalt normal
Kopfschmerz, Gefühl der Benommenheit, Herzstiche, Herzklopfen, Herzdruck, Ruheherzfrequenz beschleunigt	Herzaktion unverändert
Kreislauffunktionsprüfungen geben eine verzögerte Einstellung auf Ruhewerte, auch bei relativ kleinen Belastungen; mitunter erhöhter Blutdruck	Kreislauffunktionsprüfungen ergeben bei geringen Belastungen einen normalen Ausfall. Nach großen Belastungen z. T. atypische Reaktionen. Oft erhöhter Blutdruck.
geringe Erholungsfähigkeit	gute, oft sogar sehr gute Erholungsfähigkeit
innere Unruhe, Antriebsschwäche, Lustlosigkeit, Depression, Unzufriedenheit	innere Ruhe, Phlegma, mäßige Antriebsschwäche, normale Stimmungslage, Zufriedenheit, Gleichgültigkeit

den der Athleten meist erheblich gestört ist, kann dieser Typ von Übertraining relativ leicht erkannt werden.

Parasympathikotone Reaktion
Dieser Übertrainingszustand, bei dem die Hemmungsprozesse überwiegen, tritt auf, wenn z. B. längere Zeit mit zu hohem Belastungsumfang (meist bei gleichzeitig hoher Intensität) gearbeitet wurde. Betroffen sind vorwiegend ältere, hochtrainierte Triathleten. Im Gegensatz zur sympathikotonen Form gelingt es dem Körper nur noch unter erheblichen Schwierigkeiten, aus dem Ruhezustand in einen Zustand der Leistungsbereitschaft umzuschalten. Es ist schwierig, diesen Zustand zu erkennen, da die Leistungsfähigkeit bei langandauernden mittleren Belastungen fast unverändert bleibt, die ja den größten Prozentsatz eines Triathlontrainings in Anspruch nehmen. Erst in Wettkämpfen und Geschwindigkeitstests wird der Leistungsabfall deutlich.
Zur **Behandlung** von Übertraining sollte man die Trainingsbelastung reduzieren und verstärkt erholungsfördernde Maßnahmen einleiten. Leistungstests und Wettkämpfe werden zunächst abgesetzt. Wichtig ist es, die Ursachen zu erkennen und zu beseitigen. Nachdem die Symptome abgeklungen sind, gilt es, den Sportler langsam systematisch und mit viel Feingefühl wieder aufzubauen. Psychologische Betreuung zur Stärkung des oft gestörten Selbstvertrauens sollte als trainingsbegleitende Maßnahme stattfinden.
Die folgenden **vorbeugenden Maßnahmen** helfen, ein Übertraining zu vermeiden (in Anlehnung an KONOPKA 1985):

Es ist alles nicht so tierisch ernst zu sehen.

- Gründlicher Trainingsaufbau mit ganzjährigem regelmäßigem Training.
- Hohe bis maximale Belastungsintensitäten erfolgen erst auf der Basis einer guten Grundlagenausdauer. Der erste Abschnitt der Vorbereitungsperiode sollte lieber etwas zu lang als zu kurz gewählt werden.
- Ausreichende Erholung nach hohen Trainingsbelastungen/Beachten der Regenerationszeiten (vgl. Tabelle).

Trainingsübergreifende Behandlungsmaßnahmen des Übertrainings
(nach HARRE 1977, 81)

	Bei Überwiegen der Erregungsprozesse	Bei Überwiegen der Hemmungsprozesse
Ernährungs-behandlung	Appetit anregen, basische Kost bevorzugen (Milch, Gemüse, Früchte), Eiweißkonsum reduzieren, keine Genußmittel (Koffein), Vitaminstoß (vor allem B-Gruppe und C); auch synthetische Präparate (Multibionta®, Cobidec® u. a.)	säuernde Kost bevorzugen (Fleisch, Käse, Eier, Mehlspeisen), Vitaminstoß (B-Gruppe und C)
Physikalische Therapie	Schwimmen im Freien, Vollbäder am Abend, Zusätze (z. B. Fichtennadel, Hopfen- und Baldrianextrakt, Kohlensäure), morgens kalte Waschungen oder Dusche mit anschließendem Frottieren, beruhigende Massagen, beruhigende rhythmische Gymnastik	Wechselbäder und Wechselduschen, Sauna mittlerer Hitzestufe mit mehrfacher Kaltdusche, durchgreifende Massagen, intensive Gymnastik mit Schnellkraft-Übungen
Klimatische Therapie	Aufenthaltswechsel in ruhige Gegend (Waldgelände, Mittelgebirge), intensive Sonneneinstrahlung meiden, leichte Ultraviolettbestrahlung möglich (Höhensonne)	Reizklima suchen, Aufenthalt an Meeresküste besonders geeignet

- Trainingsplanung mit sinnvollem Wechsel zwischen den einzelnen Sportarten und zwischen Phasen hoher und niedriger Trainingsintensität.
- Reduktion der Trainingsbelastung bei Zusatzstreß (im Beruf, Privatleben, durch Klimawechsel usw.).
- Abwechslungsreiche Gestaltung des Trainings, Vermeidung von monotonen Trainingsmethoden.
- Sportgerechte Lebensweise mit einem Mindestschlaf von 7 Stunden, regelmäßigem Tagesablauf, Verzicht auf Alkohol und Nikotin, Ausschaltung von Lärmbelastung und Reizüberflutung.
- Selbstbeobachtung, Kontrolle durch Führen eines Trainingstagebuches.
- Langsame und systematische Erhöhung der Trainingsbelastung nach Verletzungspause oder Krankheit. Besonders nach Infektionskrankheiten kommt es schnell zu einem Mißverhältnis zwischen Belastung und Belastbarkeit.
- Teilnahme an Wettkämpfen nach Plan und kontrolliert.
- Regelmäßige sportärztliche Gesundheitskontrolle. Die Harnstoffkonzentration und die Bestimmung der Kreatinkinase im Blutserum (Blutentnahme morgens nüchtern) können wichtige Aufschlüsse zum Training liefern. Ansteigende Harnstoffwerte weisen auf eine negative Stoffwechsellage bei zu hoher Trainingsbelastung hin. Erhöhte Kreatinkinasekonzentrationen spiegeln eine große muskuläre Belastung wider. Das Training wird mit Hilfe der ermittelten Werte rechtzeitig korrigiert.

Gen
new look

Wettkampf

Tapering – die physische Wettkampfvorbereitung

Die wichtigen Wettkämpfe des Triathlonsommers, die Saison-Höhepunkte, stellen für den Sportler stets eine Ausnahmesituation dar, auf die er sich physisch und psychisch gezielt vorbereiten muß. Die Tapering-Phase (engl. taper: zuspitzen), d. h. die Ausrichtung der Form auf die individuelle Höchstleistung, umfaßt in etwa die letzten 2 Wochen vor dem Wettkampftermin. Die Gesamtbelastung im Training (Umfang und Intensität) wird verringert, damit der Triathlet ausreichende Möglichkeiten bekommt, sich aktiv von der Summe der vorangegangenen Trainingsbelastungen zu erholen und Energiereserven für den Wettkampf aufzubauen, um seine sportliche Form zu optimieren (»zuzuspitzen«). Falsches Verhalten in dieser Zeit kann den Trainingserfolg einer gesamten Vorbereitungsperiode zunichte machen.
Zunächst zwei wichtige Regeln zur Dauer des Taperings. Es gilt auch hier, daß die individuell unterschiedlichen Voraussetzungen der Sportler maßgebend sind.

> Die Dauer der Tapering-Phase ist abhängig von der Länge der Vorbereitungsperiode und vom Umfang in dieser Zeit.

Wer sich mit nur sehr kurzer Trainingszeit oder geringen Trainingsumfängen auf den Wettkampf vorbereitet hat, sollte eine Tapering-Phase von maximal 1 Woche einplanen, da sich die kurzfristig erworbene sportliche Form sonst bereits wieder zurückbildet. Andererseits kann und sollte sich der gut trainierte Triathlet nach mehrmonatiger intensiver Vorbereitung ein 2wöchiges Tapern erlauben, ohne ein schlechtes Gewissen zu bekommen. Die Ausdauerleistungsfähigkeit ist gefestigt, ein Formverlust nicht zu erwarten.

> Je kürzer und intensiver die Wettkampfbelastung ist, desto länger darf getapert werden.

Gerade bei Kurztriathlon-Wettbewerben, die ein Sportler des vorderen Leistungsbereiches mit Intensitäten von 85–95% seiner maximalen Leistungsfähigkeit in den Einzeldisziplinen bestreitet, sollten in der Regel die vollen 2 Wochen genutzt werden. Umgekehrt heißt das: Je länger der Triathlon-Wettkampf ist, desto näher kommen sich durchschnittliche Trainings- und Wettkampfgeschwindigkeiten, desto länger kann im Wettkampftempo trainiert werden, desto kürzer dauert also die Tapering-Phase.
Umfaßt die Tapering-Phase 2 Wochen, dann bleibt in der 1. Woche der Trainingsumfang zunächst unverändert. Die Belastungsintensität der einzelnen Trainingseinheiten nimmt langsam ab, hohe Belastungen stehen nur noch vereinzelt auf dem Programm oder werden in Form von Abschlußtests durchgeführt. Der Spitzensportler, der sonst morgens hart und abends locker trainiert, beginnt mit dem Tapering, indem er einer intensiven Einheit jetzt 2, später 3 lockere folgen läßt. In den letzten 4–5 Tagen vor dem Wettkampftermin werden hohe Intensitäten nur noch kurz angeschnitten, um das Tempogefühl nicht zu verlieren (Ausnahme wäre ein Training zur Entleerung der Glykogenspeicher 4 Tage vor dem Wettkampf).
Erst in der Woche vor dem geplanten Triathlon reduzieren sich auch die Belastungsumfänge. Von Tag zu Tag wird systematisch weniger trainiert. Zur Gewichtung der einzelnen Sportarten können die folgenden Anhaltspunkte gegeben werden:

- Ist ein Triathlet in allen 3 Disziplinen etwa gleich stark, dann sollte er bis 3 Tage vor dem Wettkampf laufen, bis 2 Tage davor radfahren und noch am Vorwettkampftag schwimmen; denn Laufbelastungen erfordern die längste Erholungszeit, während Schwimmtraining schnell verkraftet wird.
- Ein ehemaliger Läufer, dem das Schwimmen schwerfällt, wird sich in dieser Sportart am längsten schonen müssen. Er wählt als Alternative zum lockeren Schwimmen am Vorwettkampftag einen 30-min-Lauf im Trabtempo.
- Entsprechendes gilt für einen Radfahrer, der seine Paradedisziplin durchaus noch am Vortag trainieren kann, da er hier größere Umfänge und Intensitäten gewohnt ist.

Klaus Klaeren: Tapering 1 Woche vor der Europameisterschaft im Kurz-Triathlon 1986

Mo nachmittags	60 km Rad (Streckenbesichtigung) 3000 m Schwimmen, intensiv
Di morgens	45-km-Test Rad im Wettkampftempo 5 km Dauerlauf, intensiv
Mi morgens	25 km Rad 12 km Laufen
Do morgens	2,5 km Schwimmen, intensiv
Fr morgens	1 km Schwimmen 25 km Rad, 4 Antritte
Sa morgens	8 km Laufen, Gymnastik und drei Steigerungen
So Wettkampftag	(1/44/10), 60 min Aufwärmen

Alexandra Kremer: Tapering 2 Wochen vor der Deutschen Meisterschaft 1986

Mo morgens abends	105 km Rad (3:40 h) 1000 m locker Schwimmen (Freibad)
Di morgens abends	14,5 km Laufen, dabei Intervalle (5 × 700 alle 4 min) 2600 m Schwimmen (u. a. 10 × 100 alle 2 min)
Mi morgens mittags abends	55 km Rad (2 h) 2000 m Schwimmen (u. a. 10 × 50 alle 1 min) 10 km Laufen, mittleres Tempo
Do morgens abends	25 km lockerer Lauf (2:02 h) 1600 m Schwimmen (u. a. 5 × 200 mit Paddles)
Fr morgens abends	2700 m Schwimmen (2500-m-Test im Wettkampftempo) 70 km Rad in Hanau auf der Strecke der Ärzte-WM (2:25 h)
Sa trainingsfrei	
So Test-Wettkampf	(1/40/10,5) in 2:11 h, 10 min Ausschwimmen
Mo morgens abends	2500 m Schwimmen 15,5 km lockerer Lauf
Di morgens abends	vor dem Frühstück 1200 m Schwimmen (u. a. 10 × 100 alle 2 min) in Roth 85 km Rad (3:00 h) Streckenbesichtigung
Mi abends	1 h sehr langsamer Lauf
Do morgens nachmittags abends	vor dem Frühstück 10 km langsamer Lauf (50 min) auf der Wettkampfstrecke 50 km Rad auf Teilen der Strecke (1:45 h) 1200 m Schwimmen im Main-Donau-Kanal
Fr trainingsfrei	
Sa Wettkampf	(2,5/99/25) in 5:18 h

Mit Beginn der Tapering-Phase kann gerade beim hochtrainierten Spitzensportler oft ein Gefühl des Unwohlseins auftauchen, wenn dem Körper nach hartem Training plötzlich ein Zustand des »Sich-Ausruhens« geboten wird. Man fühlt sich schlecht, aus dem normalen Rhythmus gebracht und hat ständig das Gefühl, zu wenig trainiert zu haben. Die Versuchung, harte Trainingseinheiten dazwischenzuschieben, um noch einmal die Form zu überprüfen, wird immer größer. Die größte Gefahr besteht nun darin, zuviel zu trainieren. Wer hier Haltung bewahrt und auf einen unnötigen Kräfteverschleiß verzichtet, wird dafür im Wettkampf mit einer guten Leistung belohnt.
Wie sich die Tapering-Wochen bei Spitzenathleten unterscheiden können, ist aus den zwei nebenstehenden Beispielen ersichtlich.

Psychische Wettkampfvorbereitung

Neben der physischen Vorbereitung auf den Triathlon-Wettkampf (systematisches Training und Tapering) und der gezielten, kohlenhydratreichen Ernährung zur Vergrößerung der Energiedepots, ist eine intensive psychische Vorbereitung für den erfolgreichen Wettkampfverlauf entscheidend.

Leistungsmotivation

Um sportliche Höchstleistungen erbringen zu können, ist aus psychologischer Sicht die Leistungsmotivation ein wichtiger Faktor, die wiederum von

- dem relativ unbeeinflußbaren Leistungsmotiv,
- der Erfolgswahrscheinlichkeit und
- der Zielattraktivität bestimmt wird.

Eine hohe Leistungsmotivation wird erreicht, wenn das Ziel von »mittlerem Schwierigkeitsgrad« ist: die erfolgreiche Realisation ist wahrscheinlich, aber nicht sicher. Eine sinnvolle Wettkampfplanung sieht vor dem Hauptwettkampf als »Teilziele« Trainings- und Aufbauwettkämpfe vor, wobei der Schwierigkeitsgrad zunimmt. Die erfolgreiche Bewältigung dieser Teilziele steigert das Selbstbewußtsein und fördert die Leistungsmotivation, die Voraussetzung, höhere Ziele zu bewältigen.
Diese Teilzielbewältigung ist bereits im Trainingsaufbau vorgesehen, indem systematisch zusätzliche Schwierigkeiten eingebaut werden, wie z. B. höhere Trainingsbelastung durch Intensitäts- und Umfangssteigerung, Kombinationstraining, Schwimmen in kaltem Wasser, Training auf ungewohnten Strecken, Schlauchwechseltraining unter Belastung usw.
Der Wille, ein bestimmtes Ziel zu erreichen, kann oft ungeahnte Reserven mobilisieren. Ist die Zielattraktivität groß (Gewinn einer Meisterschaft, soziale oder finanzielle Vergünstigungen, Publizität), dann steigt auch die Leistungsmotivation. Der Motivationsförderung z. B. durch einen Trainer käme gerade im Triathlonspitzensport eine bedeutende Rolle zu, da viele Athleten im ständigen Konflikt zwischen Leistungssport und dem damit verbundenen zeitlichen und materiellen Aufwand und ihrem beruflichen Fortkommen (Schule, Studium, Ausbildung, Beruf) stehen.

Motivationsprobleme im Training und Wettkampf (nach SAMULSKI 1987)

- Lustlosigkeit
- Mangelnder Leistungswille
- Schlechte Trainingseinstellung
- Mangelndes Durchhaltevermögen
- Zu hohe Erwartungen an sich selbst
- Zu hohe oder zu niedrige Zielsetzungen
- Mangelnde Risikobereitschaft
- Euphorie nach Siegen
- Abhängigkeit von externen Anreizen
- Angst zu versagen
- Formkrise
- Favoritenrolle
- Zu starker Leistungsdruck von außen
- Unbedeutender Wettkampf
- Fehlende Anreize im Wettkampf
- Hohes Verletzungsrisiko
- Unerwartet starker Gegner
- Kritische Wettkampfsituationen.

Bewältigung psychischer Belastung

Der Weg zum Ziel ist beim Triathlon von vielen Unwägsamkeiten begleitet. Hitze, Kälte, Regen, niedrige Wassertemperaturen, hohes Anspruchsniveau von Rad- und/oder Laufstrecke, organisatorische Mängel usw. stellen eine zusätzliche psychische und physische Belastung dar. Dazu kommen alle die Faktoren, die bereits als Ursachen von Motivationsproblemen aufgelistet wurden. Mit verschiedenen Verhaltens-Trainingstechniken kann eine den Wettkampf bejahende, leistungsmotivierte Grundeinstellung geschaffen werden:

- autogenes Training
- progressive Muskelentspannung
- Yoga
- Biofeedback
- Relaxations-Mobilisationsverfahren
- psychotonisches Training
- Desensibilisierungsverfahren.

Der Wettkampf erfolgt nicht unter Bedrohung oder Angst, sondern ist eine Herausforderung, die mit positiven Folgen für den Athleten verbunden ist. Gedanken über »Versagen« oder die »schlechte Leistung« werden nachhaltig verdrängt und durch eine positive Sichtweise ersetzt. Der Sportler wird psychisch so gesteuert, daß er erfolgszuversichtlich und leistungsbereit ist. Das Erlernen dieser Techniken ist wie der Weg in den Spitzensport ein langandauernder Prozeß, der am besten unter Aufsicht eines Trainers/Betreuers oder eines Psychologen erfolgt. Psychische Belastbarkeit muß zu einem Trainingsziel werden, wenn Hochleistungssport über einen längeren Zeitraum mit seinen ständigen Höhen und Tiefen erfolgreich bewältigt werden will.
Um auf den Wettkampf gut vorbereitet zu sein, müssen Informationen gesammelt werden:

- Organisatorische Voraussetzungen am Wettkampfort:
  Anreisedauer, Unterkunft, Verpflegung, Zeitplan, Entfernung der Unterkunft vom Wettkampfort usw.
- Die Wettkampfstrecken: Wahl des geeigneten Materials, Übersetzung, Gefahrenstellen, Orientierung auf der Schwimmstrecke, Wassertemperatur, Wechselzonen (!), Anzahl der Verpflegungsstationen usw.
- Klimatische Bedingungen, die eventuell eine frühzeitige Anreise nötig machen (Hitzegewöhnung).
- Mögliche Konkurrenten am Start. Die Kenntnis der eigenen Schwächen und Stärken in den einzelnen Disziplinen, die Fähigkeit zur realistischen Selbsteinschätzung sowie die Kenntnis der gegnerischen Leistungen ermöglichen eine taktische Gestaltung des Triathlon-Wettkampfes.

Der Wettkampfablauf kann nun in Gedanken viele Male geprobt und kleine Handgriffe, die Sekunden bringen, können immer wieder vor Augen gehalten werden. Man erinnere sich nicht an die Trainingstage, an denen man sich schlapp und schlecht gefühlt hat, sondern an die positiven Erlebnisse, etwa an den Tag, an dem sich die persönliche Bestzeit über 1000 m Kraul um 30 s verbessert hatte, oder an die Radausfahrt, bei der der »Hausberg« erstmals ohne Probleme bewältigt werden konnte. Warum also sollte es am Wettkampftag nicht auch so gut laufen? Schließlich war der eine Gegner beim letzten Wettkampf nur ganz knapp vor dem Zweiten ins Ziel gekommen, der sonst viel schwächer als man selbst ist.

Viele Triathleten nutzen diese Form der Wettkampfvorbereitung. Sie lösen bereits in Gedanken Problemsituationen, die im Wettkampf auftreten könnten und legen sich Entscheidungen bereit, die während des Wettkampfverlaufes nicht mehr objektiv getroffen werden können (z. B. Aufgeben oder Weitermachen bei Schlauchdefekt, bei Erschöpfung usw.). Hat man dies unterlassen und gibt aus Motivationsschwierigkeiten, meist mit Ermüdungszuständen verbunden, das Rennen vorzeitig auf, dann ist die Wahrscheinlichkeit, daß sich vergleichbare Situationen wiederholen, größer. Das Selbstbewußtsein wird geschwächt, da die Erfolgsbestätigung ausbleibt. Ein guter Schwimmer hat oft die Erfahrung gemacht, daß sein Selbstbewußtsein steigt, je länger er fährt, ohne von den Radspezialisten eingeholt zu werden. Ungeahnte Energien werden dann freigesetzt, genauso wie das Schnell-Eingeholt-Werden seine Kräfte »lähmen« kann. Beim Radspezialisten verhält es sich genau umgekehrt.

Bereits das Wissen um die verschiedenen psychologischen Faktoren, die die Leistung beeinflussen können, ist ein Teil ihrer Bewältigung.

Der Wettkampftag

Nicht viele Sportarten sind mit einem vergleichbar hohen Materialaufwand verbunden wie der Triathlon. Zur Wettkampfvorbereitung gehören die Sorge ums Material (besonders das Rennrad, das noch einmal fachmännisch durchgecheckt werden sollte; viele Veranstalter bieten einen Rad-

Check-Liste

Vor dem Wettkampf:

- Startunterlagen
- Trainingsanzug ggf. mit Wind-/Regenjacke
- Warme Socken und Turnschuhe oder Badeschlappen (die Wärmeabgabe über die Fußsohlen ist sehr hoch)
- Wasserdichte Armbanduhr
- Mineralwasser (besonders an heißen Tagen oder vor einem Mittel- oder Langtriathlon vor dem Start noch einen Becher Wasser trinken)
- Energiebarren oder Banane, falls die letzte Mahlzeit vor mehr als drei Stunden eingenommen wurde
- Toilettenpapier
- Klebeband/Tape
- Gummiband, Klarsichthülle, Sicherheitsnadeln

Fürs Schwimmen:

- Triathlonanzug oder Badeanzug/hose
- Ggf. Neoprenanzug
- Eine oder mehrere Badekappen (eine Bademütze mit Startnummer wird vom Veranstalter gestellt)
- Vaseline (wird auf Stellen aufgetragen, wo z. B. der Neoprenanzug etwas reiben könnte)

Fürs Radfahren:

- Rennrad (steht in der richtigen Übersetzung bereit), ausgestattet mit Luftpumpe und 1–2 Ersatzschläuchen oder zwei »Flinken Flaschen« (bei Langtriathlons sind zwei Ersatzschläuche oft nicht ausreichend, hat es z. B. geregnet. So waren 1985 bei der Lang-EM in Almere bis 10 Schlauchwechsel möglich)
- Volle Radflasche am Flaschenhalter
- Helm
- Radhandschuhe (bei Mittel- und Langdistanzen zu empfehlen, für Kurztriathleten, um bei Stürzen unangenehme Schürfwunden zu vermeiden)
- Radtrikot mit Startnummern, soweit diese nicht am Triathlonanzug befestigt wurde, ggf. Radhose
- Radschuhe
- Sonnenbrille/Sonnenschutzmittel
- Energiebarren/Banane mit Tape am Rad befestigt

Fürs Laufen:

- Laufschuhe mit Tanka-Verschluß (beim Radfahren und Laufen nach Möglichkeit auf die Socken verzichten)
- Lauftrikot, falls kein Triathlonanzug vorhanden und nicht in Badeanzug/-hose gelaufen wird, dann mit Startnummer
- Weiße Kappe mit langem Schild gegen die Sonne
- Vaseline (Reibungsstellen sind meist Oberschenkel, Brustwarzen und Achselhöhlen)
- Schweißstirnband

Nach dem Wettkampf:

- Frische und trockene Kleidung
- Schuhe (am angenehmsten sind luftige Sandalen oder Badeschlappen)
- Handtuch, Seife
- Mineralwasser oder Elektrolytgetränk, kohlenhydratreiche Zwischenmahlzeit
- Massageöl; Franzbranntwein

service an) und ein überlegtes Zusammenstellen all der Gegenstände und Kleinigkeiten, die neben dem Rad und den Laufschuhen für einen guten Wettkampfverlauf unentbehrlich sind. Steht zum Packen der Ausrüstung ausreichend Zeit zur Verfügung (man überprüft diese am besten mit Hilfe einer Checkliste), dann können unangenehme Überraschungen in den letzten Minuten vor dem Start vermieden werden, die den Sportler leicht aus dem psychischen Gleichgewicht bringen können.

Tagesablauf/Wettkampfablauf

1. Rechtzeitig Anreisen
2. Abholen der Startunterlagen (oft zusammen mit einer Wettkampfbesprechung schon am Vortag.
3. Die benötigten Gegenstände fürs Schwimmen, Radfahren und Laufen werden in die dafür vorgesehenen Kleiderbeutel gepackt.
   Die Startnummer wird
   - vorne und hinten am Triathlonanzug befestigt oder
   - hinten am Radtrikot und vorne am Lauftrikot oder
   - in einer Klarsichthülle mit zwei Sicherheitsnadeln an einem Gummiband befestigt und bereits zum Schwimmen angezogen oder in der Wechselzone bzw. im Kleiderbeutel zum Radfahren deponiert
   - am Rahmen des Rades befestigt.
4. Der Beutel mit den Laufsachen wird abgegeben.
5. Das Rennrad und der Beutel mit den Radsachen wird in die Wechselzone Schwimmen/Radfahren gebracht. Reifendruck und Reifen werden noch einmal überprüft. Das Rad wird in der richtigen Übersetzung zum Losfahren bereitgestellt.

Fahrradpark bei einem großen Wettbewerb.

   Ist vom Veranstalter nicht ausdrücklich anderes vorgeschrieben, können auch Helm, Handschuhe und Radschuhe (Look-Pedalsystem) am Rad befestigt werden.
6. Die Oberarme werden beschriftet.
7. Man begibt sich nun zum Aufwärmen an den Schwimmstart. Das Aufwärmen sollte ca. 20–30 min umfassen und erst ca. 10 min vor dem Wettkampfstart beendet werden. Der Aufwärmeffekt bleibt 20–30 min lang erhalten. Es sollte also mindestens 30 min vor dem Start mit dem Aufwärmen begonnen werden. Zunächst wird 10 min locker getrabt, dann folgen Lockerungs- und leichte Dehnungsübungen, die auch im täglichen Training angewendet werden (vgl. Kapitel Beweglichkeitstraining). Ungewohnte Übungen und Belastungen müssen vermieden werden. Nach dem Aufwärmen (in ausreichend warmer, aber nicht zu warmer Bekleidung) soll man frisch und leistungsbereit, aber nicht schweißgebadet und außer Atem an den Start gehen.
8. Neoprenanzug über dem Triathlonanzug, Schwimmbrille und Badekappe mit Startnummer sind die Utensilien, die nun am Schwimmstart benötigt werden. Bei sehr kaltem Wasser kann man den Neoprenanzug mit einer Kanne warmen Wassers in den Ausschnitt geschüttet bereits etwas vorheizen. Das Anlaufen der Schwimmbrille (sollte es keine »anti-fog-Brille« sein) wird vermieden, wenn man sie vorher mit etwas Spucke einreibt.
9. Zum Schwimmstart sollte man sich unbedingt nach seinem Leistungsvermögen einordnen. Nur so ist ein reibungsloser Start ohne Rempeleien und schmerzhafte Überholmanöver

möglich. Der Schwimmstart erfolgt entweder aus dem Wasser oder als fliegender Start vom Land aus.

10. Auch beim Schwimmen gibt es ein »Drafting«. Schwimmt man dicht hinter seinem Vordermann, ist man schneller und spart ein ständiges Heben des Kopfes zur Orientierung. Auch hier sollte man jedoch Rücksicht nehmen und nicht zu dicht aufschwimmen. Signalisiert der Vordermann, daß er sich dadurch beeinträchtigt fühlt, sollte man mit entsprechendem Abstand reagieren.
11. Direkt nach Verlassen des Wassers beginnt man den Neoprenanzug zu öffnen und zieht ihn bis zum Bauch aus. Badekappe und Chlorbrille werden abgenommen. Nach Salzwasserschwimmen sollte man sich unbedingt abduschen und wenn nötig die Füße (in bereitgestellten Eimern) vom Sand gereinigt werden.
12. In der trainierten Reihenfolge erfolgt das Ausziehen des Neoprenanzugs und das Anziehen der Radsachen entweder am Rennrad oder in einer dafür vorgesehenen Umkleidezone. Auf ein Abtrocknen wird verzichtet, auch Radhandschuhe werden beim Kurztriathlon oft gar nicht verwendet.
13. War das Wasser sehr kalt, ist es günstig, die ersten Kilometer in kleineren Gängen mit etwas höherer Frequenz zu fahren und sich unter der Belastung zu entspannen (oft Kältezittern, das sehr viel Energie verbraucht).
14. Rücksichtnahme auf der Radstrecke sowie Vorsicht bei Überholmanövern und in Kurven sind für einen fairen

Schwimmstart aus dem Wasser.

Wettkampfverlauf ohne Beeinträchtigung von Mitfahrern wichtig und sportlich.

15. Bei Hitzetriathlons oder Mittel- und Langtriathlons wird von Anfang an getrunken und in regelmäßigen Abständen Nahrung zugeführt (vgl. Kapitel Ernährung am Wettkampftag). Ist die Radflasche vor der nächsten Verpflegungsstation noch nicht leer, kann der Restinhalt zum Kühlen des Kopfes/Körpers bei Hitze verwendet werden.
16. Im Ziel nach dem Radfahren wird das Rennrad von Helfern entgegengenommen. Es muß rechtzeitig abgebremst werden. Auf den letzten Metern wurden die Riemchen (falls vorhanden) an den Pedalen gelokkert, ebenso der Helm, und die Handschuhe geöffnet.
17. Bei bestimmtem Untergrund ist es günstig, die Radschuhe direkt am Rad zu lassen oder sie nach dem Absteigen auszuziehen und barfuß in die Wechselzone zu laufen. Auf diesem Weg hat man dann inzwischen alle Gegenstände, die beim Laufen nicht mehr benötigt werden, ausgezogen und kann sie leicht in der Wechselzone ablegen.
18. Laufschuhe, die mit einem Tankaoder Rucksackverschluß ausgerüstet sind, brauchen nicht mehr umständlich und mit Zeitverlust gebunden werden.
19. Beim Laufen in Hitze/Sonne sollte unbedingt ein Kopfschutz getragen werden. An jeder Verpflegungsstelle wird getrunken und der Kopf-/Nackenbereich, evtl. auch die Beine gekühlt.
20. Im Ziel werden nach ausreichender Erholungszeit (Erfrischungen, Obst, Massage usw. stehen bereit) die Kleiderbeutel eingesammelt und das Rennrad abgeholt.

Am Ziel der Schwimmstrecke: ein Blick auf die Uhr sagt dem Athleten, ob er entsprechend seinem Plan in der Zeit ist.

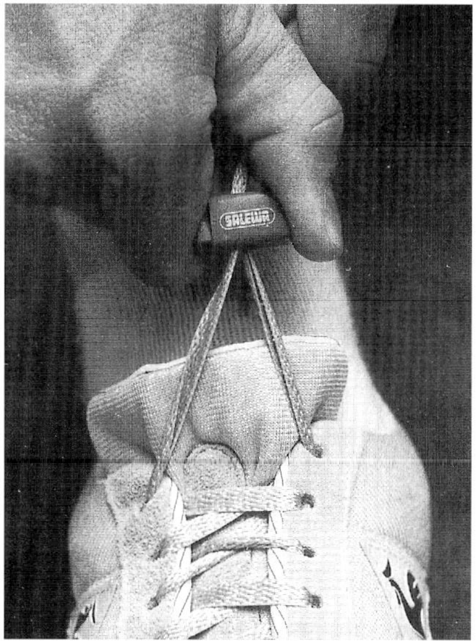

Tankaverschluß zum schnellen Binden des Laufschuhs.

Physische und psychische Regeneration

Um im Leistungssport erfolgreich zu sein, müssen Triathleten in der Lage sein, nach der Wettkampfbelastung schnell zu regenerieren, um die bestmöglichen Leistungsvoraussetzungen für den nächsten Start zu schaffen. Nach dem Wettkampf sind die Energiespeicher entleert, Stoffwechselabbauprodukte wie Milchsäure und Harnstoff überwiegen und der Wasser- und Elektrolythaushalt ist gestört (Schweißverlust). Eine muskuläre Ermüdung ist eingetreten. Um regenerative Prozesse zu unterstützen, ist zunächst eine gezielte Ernährung und ausreichende Flüssigkeitszufuhr notwendig.

Ernährung

Nach einer vollständigen Entleerung der Energiedepots können die Glykogenspeicher bereits nach 24 Stunden wieder ihren Ausgangswert erreichen, wenn die Nahrungszufuhr nach dem Wettkampf betont kohlenhydratreich ist. Bei fett- und eiweißreicher Kost dauert die Wiederauffüllung ca. 72 Stunden. Neben der Kohlenhydratzufuhr sollte auf eine ausreichende Versorgung mit Eiweiß, Eisen und Vitaminen geachtet werden (vgl. auch Kapitel Ernährung am Wettkampftag).

Flüssigkeitszufuhr

Bei der Flüssigkeitszufuhr nach dem Wettkampf ist es nicht günstig, die Schweißverluste mit reinem Wasser zu ersetzen. Wasser und Mineralstoffe stehen in unserem Organismus in einem bestimmten

Während des Wettkampfs muß besonders bei Hitze ausreichend getrunken werden.

Verhältnis zueinander. Reines Wasser wird im Körper nicht gebunden, wenn die nötigen Mineralstoffe fehlen. Viele auf dem Markt befindlichen Elektrolytgetränke bieten die richtige Mineralzusammensetzung für Ausdauersportler. Eine weitere Möglichkeit ist es, die Flüssigkeitsverluste mit Obst- und Gemüsesäften zu ergänzen, die wichtige Mineralstoffe wie Kalium und Magnesium enthalten. Alkoholische Getränke nach dem Wettkampf (auch Bier) setzen die Regenerationsfähigkeit herab. Der Mineralstoffgehalt ist darüber hinaus nicht ausreichend, die Verluste durch den Schweiß zu decken.
Ernährung und Flüssigkeitszufuhr allein sind für eine optimale Erholung nicht ausreichend. Der Einsatz passiver physiotherapeutischer und aktiver regenerationsfördernder Maßnahmen wird zusätzlich empfohlen.

Physiotherapeutische Maßnahmen

Prinzip dieser Maßnahmen ist es, mit Hilfe von physikalischen Reizen (Wärme, Kälte, Druck usw.) Regenerationsprozesse des Körpers zu beeinflussen. Saunabesuch, Bewegungsbad, Massage usw. beeinflussen die Durchblutungsverhältnisse in Haut, Muskulatur und Organen. Die Muskelspannung durch den Wettkampf wird gelockert, was den Abbau der Stoffwechselschlacken fördert.

Aktive Regeneration

Leichtes Regenerationstraining möglichst bald nach dem Wettkampf (15–30 min Schwimmen, Radfahren oder Traben) bewirkt über eine Mehrdurchblutung der beanspruchten Muskelgruppen das schnellere Ausschwemmen von Stoffwechselendprodukten. Dehnungs- und Lockerungsübungen helfen, Verspannungen frühzeitig abzubauen.
Die ständige Bewältigung der Wettkampfsituation stellt eine hohe psychische Beanspruchung des Sportlers dar. Wie im physischen Bereich bringen Trainings- und Wettkampfbelastungen den Menschen aus dem Gleichgewicht und zwingen ihn zu Anpassungsprozessen. Untersuchungsbefunde haben gezeigt, daß sich mittels psychischer Regenerationsmaßnahmen und Techniken (z. B. Entspannungstechniken, Streßbewältigungsstrategien) die physische Regeneration beschleunigen läßt (RENZLAND 1987). Diese Verfahren sollen die Maßnahmen der physikalischen Therapie unterstützen.

Die progressive Muskelrelaxation (PMR)

Ziel dieses Verfahrens ist es, den fortschreitenden Aufbau eines Entspannungszustandes durch die systematisch erlernbare Spannungskontrolle einzelner Muskelpartien herbeizuführen. Schritt für Schritt werden einzelne Muskelpartien ca. 5–10 s angespannt und anschließend wieder entspannt. Man beginnt mit Hand-, Unterarm-, Oberarm-, Stirn- und verschiedenen Gesichts-, Nacken- und Halsmuskeln, gelangt dann über Schulter-, Bauchmuskulatur und Muskulatur im Zwerchfellbereich zur Ober- und Unterschenkelmuskulatur. Das Gefühl des Entspanntseins findet besondere Beachtung. Mit zunehmendem Übungsgrad werden dann einzelne Muskelbereiche zusammengefaßt (z. B. gesamte Arm- oder Beinmuskulatur). Das Training kann mit Hilfe eines Fachmannes erlernt werden. PMR kommt zur Anwendung in Training und Wettkampf:

- Kurze Trainingspausen werden zur Regeneration genutzt.
- Verkrampfungen und Verspannungen im Training und Wettkampf werden durch gezieltes Entspannen während der Bewegung vermieden.
- Vor dem Wettkampf können zu starke Erregungsprozesse abgebaut werden oder Aktivierungsprozesse gezielt eingeleitet werden.
- Bei zunehmender Ermüdung in Training und Wettkampf dient PMR der Belastungsreduktion, indem die Bewegungen optimal reguliert werden und der Körper ökonomischer arbeitet.

uvex

Ernährung – Voraussetzung für sportliche Erfolge im Triathlon

Eine gesunde, den Bedürfnissen unseres Körpers angepaßte Ernährung ist eine wesentliche Voraussetzung zur Erzielung und Aufrechterhaltung hoher Leistungen im Triathlon.

Kohlenhydrate

Die Kohlenhydrate sind der wichtigste Bestandteil der Ernährung. Molekularer Grundbaustein sind die sogenannten Einfachzucker (Monosaccharide), zu denen Fruchtzucker (Fruktose) und Traubenzukker (Glucose) gehören.
Glucose und ihre Speicherform, das Glykogen, spielen im Kohlenhydratstoffwechsel die entscheidende Rolle. Glucose dient als schnell zur Verfügung stehende Energiequelle, die weniger Sauerstoff verbraucht als die Fettverbrennung. Der Blutzuckerspiegel beträgt zwischen 80 und 120 mg Glucose pro 100 ml Blut und muß konstant gehalten werden, um lebenswichtige Organe wie Gehirn und zentrales Nervensystem (das ausschließlich auf Glucose als Energielieferant angewiesen ist) zu versorgen.
Das Glykogen wird vorwiegend in der Muskulatur, zum Teil auch in der Leber gespeichert, und ist für das Erzielen von Leistungen in den Ausdauersportarten von großer Bedeutung. Durch Training und gezielte Ernährung können die Glykogenspeicher vergrößert werden. Gemäß dem Superkompensationsprinzip gilt auch hier: Nach einer vollständigen Entleerung der Glykogenspeicher z. B. durch intensives Ausdauertraining und anschließender Wiederauffüllung durch kohlenhydratreiche Ernährung kann der Glykogengehalt der Muskulatur deutlich über das Anfangsniveau hinaus gesteigert werden.
Für Triathleten (und andere Ausdauersportler) ist ein Kohlenhydratanteil von 65–80% bezogen auf die Gesamtenergiezufuhr zu empfehlen. Da bei der Glykogenbildung auch erhebliche Mengen Wasser und Kalium eingelagert werden, sollten gleichzeitig kaliumhaltige Nahrungsmittel und ausreichend Flüssigkeit zugeführt werden. Bei der Auswahl der Kohlenhydrate sind »vollwertige« Produkte vorzuziehen, da hier wichtige Mineralstoffe, Spurenelemente, Vitamine und Ballaststoffe enthalten sind: ungeschälter Naturreis, Vollkornmüsli, Vollkornbrot, Vollkornteigwaren, Bohnen, Gemüse und Obst. Zucker und Auszugsmehlprodukte sollten gemieden werden.

Fette

Fette haben in unserem Körper vielfältige Aufgaben. Sie dienen als Aufbaustoffe in den Zellmembranen, als mechanischer Schutz (Organfett bei den Nieren), als Isoliermaterial gegen Kälte und Wärme (Unterhautfettgewebe), als Druckpolster (an Händen und Füßen), als Energiedepot, als Trägersubstanzen fettlöslicher Vitamine und sind am Aufbau von Hormonen usw. beteiligt.

Bedeutung der Nahrungsbestandteile

Nahrungsbestandteile	Bedeutung für den Körper
Kohlenhydrate	sauerstoffsparende, ökonomische Energielieferanten
Fette	schwer verdauliche Reservestoffe Energielieferanten Aufbaustoffe
Eiweiße	Aufbaustoffe/Grundbausteine von Muskelfasern, Enzymen, Hormonen, Stoffen des Abwehrsystems usw.
Wasser	Hauptbestandteil unseres Körpers Lösungs- und Transportmittel Wärmeregulation
Vitamine, Mineralstoffe, Spurenelemente	Steuerung und Aufrechterhaltung der Stoffwechselfunktionen

Einteilung der Kohlenhydrate (nach KONOPKA 1985, 55)

Kohlenhydratarten	dazu zählen	sind enthalten in	Verwertbarkeit
Monosaccharide (Einfachzucker)	Glucose (Dextrose, Traubenzucker) Fructose (Laevulose, Fruchtzucker) Galactose	Honig, Früchten, Getränken, Süßwaren, Milch	schnell verfügbare Zucker Ausnahme: Milchzucker!
Disaccharide (Zweifachzucker)	Saccharose (Sucrose, Rüben- oder Rohrzucker) Maltose (Malzzucker) Lactose (Milchzucker)	Haushaltszucker, Marmeladen, Süßigkeiten, Limonadengetränke, Malzbier Milch	verdauliche = energieliefernde Nahrungskohlenhydrate
Oligosaccharide (Mehrfachzucker)	Maltotriose Maltotetrose Maltopentose usw. (Zuckergemisch) Dextrine	Sportler-Energiegetränken Toast, Knäckebrot, Zwieback	sog. Kohlenhydrate mit Langzeitwirkung
Polysaccharide (Vielfachzucker)	Zellulose – Amylose – Amylopektin (Stärke)	Kartoffeln, Getreideflocken, Müslis, Brot, Nudeln, Bananen	
	Glykogen (tierische Stärke)	Leber	
	Zellulose Lignin Pektin	Ballaststoffe aus Getreiderandschichten (Kleie), Obst und Gemüsen	unverdauliche Kohlenhydrate

Chemischer Bestandteil der Fette sind Glycerin und jeweils 3 Fettsäuren (einfach oder mehrfach ungesättigte und gesättigte). Biologisch wertvoll sind die mehrfach ungesättigten Fettsäuren, davon besonders die Linolsäure (Tagesbedarf 5–10 g). Ein Mangel führt zu Störungen im Membranaufbau, bei der Bildung von Gewebshormonen usw.
Der Nutzen der Fette bei der Energiegewinnung spielt besonders bei langen Ausdauerbelastungen eine Rolle. Die Fettverbrennung benötigt zwar mehr Sauerstoff als die der Kohlenhydrate, stellt aber einen fast unerschöpfbaren Energielieferanten dar. Während ein schlecht trainierter Sportler fast nur Kohlenhydratvorräte verbrennt, die irgendwann einmal erschöpft sind und zum Arbeitsabbruch zwingen, ist der gutt trainierte Triathlet in der Lage, bereits zu Beginn der Belastung neben den Kohlenhydraten Fette zu verbrennen und so die Kohlenhydratspeicher zu schonen. Das Training hat die Enzyme des Fettstoffwechsels vermehrt und aktiviert. Der vom Marathonlauf her bekannte »tote Punkt bei Kilometer 30« ist nichts anderes, als die Erschöpfung der Kohlenhydratreserven und die Unfähigkeit zur Fettverbrennung.
Eine insgesamt fettarme Ernährung mit einem Anteil von 15% der Gesamtnahrungszufuhr ist zu empfehlen. Zu bevorzugen sind pflanzliche Fette und Öle (Distelöl, Leinöl, Sonnenblumenöl, Sojaöl und Diätmargarine). Nahrungsmittel mit »versteckten« Fetten (Fleisch- und Wurstwaren, Gebäck, Kuchen, Torten, Schokolade, Mayonnaisen, Pommes frites usw.) sollten nicht verwendet werden. Bei cholesterinhaltigen Nahrungsmitteln (z. B. Butter) muß eine Oxidation vermieden werden (lange Zeit an der Luft stehen oder Erwärmung durch Braten), da oxidiertes Cholesterin die Gefäßwandzellen schädigt (Arteriosklerose kann entstehen).

Eiweiße (Proteine)

Eiweiße sind die Grundbausteine der Zellen aller Lebewesen. Man findet sie in den Muskelfasern, in der Gerüstsubstanz von Knochen, in Sehnen und Haut, sie sind Bestandteil von Hormonen, Enzymen usw. 22 verschiedene Aminosäuren, die molekularen Bausteine der Eiweiße, ermöglichen jedem Individuum seine persönliche Eiweißzusammensetzung. Die Nahrung hat nun die Aufgabe, die notwendigen Aminosäuren zu liefern, in erster Linie die Aminosäuren, die vom Körper nicht selbst gebildet werden können (essentielle Aminosäuren).
Die Qualität der Nahrungseiweiße, ihre »biologische Wertigkeit«, richtet sich nach dem Anteil dieser essentiellen Aminosäuren. Die Wertigkeit gibt an, wieviel Gramm Körpereiweiß aus 100 g Nahrungseiweiß

aufgebaut werden kann. Wichtige Eiweißlieferanten sind Milch, Milchprodukte, Eier, Hülsenfrüchte (Erbsen, Bohnen, Linsen), Getreide (Weizenkeime), Kartoffeln, Reis und Nüsse.
Die Eiweißzufuhr sollte bei Ausdauersportlern 15% nicht überschreiten. Zu große Eiweißzufuhr schafft mehr Fettgewebe (überflüssiges Eiweiß wird in Fett umgewandelt), und durch die giftigen Abfallprodukte des Eiweißstoffwechsels werden Leber und Nieren unnötig belastet. Der vermehrt gebildete Harnstoff wird über den Urin ausgeschieden und bewirkt so einen zusätzlichen Wasserverlust (einschließlich wichtiger Elektrolyte wie Kalium, Magnesium, Calcium usw.), was die Ausdauerleistungsfähigkeit negativ beeinträchtigt. Da Eiweiße in unserem Körper nicht gespeichert werden können, empfiehlt sich eine Aufnahme von Eiweiß ca. 2 h vor oder in den ersten 6 h nach der Belastung.

Die biologische Wertigkeit verschiedener Proteingemische für den Menschen (nach KONOPKA)

Proteingemisch	biologische Wertigkeit
Bohnen und Mais (52% / 48%)	101
Milch und Weizen (75% / 25%)	105
Vollei und Weizen (68% / 32%)	118
Vollei und Milch (71% / 29%)	122
Vollei und Kartoffel (35% / 65%)	137

Gehalt an Proteinen verschiedener Lebensmittel (nach KONOPKA, 1985, 72)

Lebensmittel	Gramm Eiweiß pro 100 Gramm Lebensmittel
Fleisch	bis zu 21
Fisch	bis zu 21
Käse	20–30
Milch	3– 4
Quark	12–17
Ei	13
Weizenkeime	27–28
Hülsenfrüchte	23–25
Brot	6–10
Kartoffeln	2
Reis	7
Teigwaren	13
Nüsse	14–26

Wasser

Der menschliche Organismus besteht zu 60% aus Wasser, das als Lösungs- und Transportmittel sowie bei der Wärmeregulation entscheidende Aufgaben übernimmt.
Wasser befindet sich zu 2 Dritteln innerhalb und zu 1 Drittel außerhalb der Zellen. Die bei sportlicher Betätigung produzierte Körperwärme muß nach außen abgegeben werden, um ein Überhitzen des Organismus zu vermeiden. Dies geschieht über eine vermehrte Schweißproduktion (verdunstender Schweiß hat einen Kühlungs-

Günstige Nahrungsmittelkombinationen mit Ergänzungswert für Eiweiß (nach KONOPKA)

Getreide mit Milch Reis, Weizen, Buchweizen Hafer, Gerste, Roggen, Hirse	mit:	Milch, Käse, Quark, Joghurt, Dickmilch
z. B.: Vollkorn- oder Buchweizenpfannkuchen mit Trinkmilch, Müsli mit Milch oder Joghurt, Vollkornnudeln mit Käse, Vollkornbrot mit Käse, Joghurt und Weizenkeime u. a.		
Getreide mit Hülsenfrüchten Reis, Weizen, Buchweizen Hafer, Gerste, Roggen, Hirse	mit:	Bohnen, Sojabohnen, Kichererbsen, Erbsen, Linsen
z. B.: Bohnensuppe mit Reis, Hirse mit Kichererbsen, Erbsensuppe mit Vollkornbrötchen u. a.		
Getreide mit Eiern Reis, Weizen, Buchweizen Hafer, Gerste, Roggen, Hirse	mit:	Ei
z. B.: Buchweizenpfannkuchen mit Ei, Rührei mit Getreide u. a.		
Kartoffeln mit Ei oder Milch Kartoffeln	mit:	Ei, Milch, Quark, Joghurt, Dickmilch, Käse
z. B.: Pellkartoffeln mit Quark, Bratkartoffeln mit Spiegelei, Kartoffeln mit Käse überbacken u. a.		

Merke: Die Ergänzungswertung der Aminosäuren reicht über 4–6 Stunden, so daß man günstige Eiweißkombinationen nicht gleichzeitig zu sich nehmen muß, sondern über diesen Zeitraum verteilen kann.

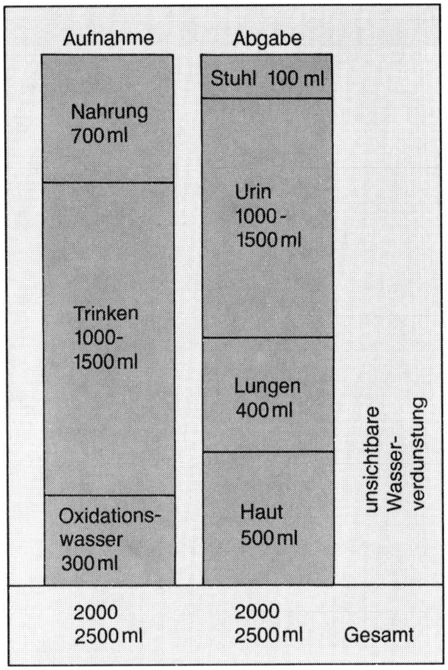

Flüssigkeitsbilanz in ml/Tag eines untrainierten Erwachsenen (70 kg) (nach KONOPKA 1985, 100)

effekt). Bei trainierten Sportlern sind Schweißproduktionen von 2–3 l/h keine Seltenheit. Wasserverlust senkt jedoch die Leistungsfähigkeit. Ein Verlust von nur 1 l Flüssigkeit kann zu einer Leistungsminderung von 15% führen. Es gilt: Je schneller das Flüssigkeitsdefizit entsteht (z. B. bei heißem Wetter), desto größer ist die Leistungsabnahme.
Wichtig ist deshalb eine ausreichende Flüssigkeitszufuhr vor, während und nach dem Triathlon. Das Durstgefühl hinkt dem Wasserverlust hinterher: tritt Durst auf, dann hat der Wasserverlust meist schon Werte erreicht, die zu einer Leistungsminderung führen. So gilt es gerade bei langen Ausdauerbelastungen (besonders bei Hitzebedingungen) dem Flüssigkeitsdefizit vorzubeugen! Das heißt: Wasserzufuhr von ½ l 15–30 min vor der Belastung, von ½–1 l/h während und über den Durst hinaus zusätzlich von ½ l nach dem Wettkampf.
Die in den meisten Büchern empfohlene Zufuhr von Mineraldrinks **während** des Wettkampfes ist abzulehnen, da der Glucose- und Elektrolytanteil (vor allem Natrium) meist zu groß ist. Beide binden Körperwasser im Magen, welches viel wichtiger in der Muskulatur benötigt wird. Dazu kommt, daß die Resorptionszeit der meisten Elektrolyte (Zeit von der Aufnahme im Magen bis zur Abgabe in die arbeitende Muskulatur) zu lang ist, um noch während des Wettkampfes eine Wirkung erzielen zu können. Reines Wasser, weder zu heiß noch zu kalt, ist als Flüssigkeitsersatz zu empfehlen und durchaus ausreichend.
Bier und alle anderen alkoholischen Getränke schaden der Ausdauerleistungsfähigkeit. Alkohol verhindert die Ausschüttung eines Hormons, das eine Wasserausscheidung über die Niere vermindert, es kommt zu einem unerwünschten zusätzlichen Verlust von Wasser und wichtigen Mineralstoffen nach Alkoholgenuß. Durch den erhöhten Vitaminverbrauch beim Abbau von Alkohol wird der Körper weiter geschädigt.

Vitamine

Vitamine sind Verbindungen, die als Biokatalysatoren an der Regulation vieler lebenswichtiger Stoffwechselvorgänge beteiligt sind. Der menschliche Körper kann Vitamine nicht selbst herstellen, sie müssen deshalb (wie die essentiellen Fettsäuren) mit der Nahrung zugeführt werden. Man unterscheidet zwischen fettlöslichen und wasserlöslichen Vitaminen.
Bei sportlicher Betätigung ist eine vermehrte Vitaminzufuhr notwendig. Diskutiert wird auch die Bedeutung einiger Vitamine (B_1, B_6, Pantothensäure, C und E) als Antioxidantien (Stoffe, die den Alterungsprozeß verzögern). Vitamine verbessern die Gesundheit, das Leistungsvermögen und beschleunigen einige Heilungsprozesse.

Täglicher Vitaminbedarf bei Ausdauersportlern

- Vitamin B_1 6–8 mg
- Vitamin B_6 6–8 mg
- Pantothensäure 20 mg
- Vitamin C 300 mg
- Vitamin E 20 mg

Symptome bei Wasserdefizit (in % des Körpergewichts) (nach KONOPKA)

1–5%	6–10%	11–20%
Durst Unbehagen Einschränkung der Bewegung Appetitlosigkeit Hautröte Ungeduld Müdigkeit erhöhte Herzfrequenz erhöhte Rektaltemperatur Übelkeit	Schwindelgefühl Kopfschmerzen Atemnot Kribbeln in den Gliedern vermindertes Blutvolumen Erhöhte Blutkonzentration Ausbleiben der Speichelbildung Cyanose Sprechschwierigkeiten Gehunfähigkeit	Delirium Krämpfe geschwollene Zunge Unfähigkeit zu schlucken Schwerhörigkeit verschleiertes Sehen runzlige Haut schmerzhaftes Harnlassen empfindungslose Haut Anurie

Da Vitamine sehr empfindliche Substanzen sind und ihre Wirkung durch falsche Behandlung oder Hitze verlorengehen kann, sollte ein großer Teil der Nahrung in Form von Rohkost gegessen werden. Vollwertige Nahrungsmittel sind dabei den industriell gefertigten Produkten vorzuziehen.

Regeln für die Vitamin- und Mineralstofferhaltung

- Lebensmittel unzerkleinert waschen, um die Ausschwemmung von Vitaminen und Mineralstoffen gering zu halten.
- Lebensmittel kalt waschen. Je kürzer die Waschung, desto günstiger ist die Vitamin- und Mineralstofferhaltung.
- Lebensmittel nach Möglichkeit frisch und roh essen.
- Kochen von Gemüse in nur wenig Wasser. Das Kochwasser sollte dann mitverwendet werden.
- Längeres Warmhalten von Speisen zerstört die Enzyme.
- Lagerung von Obst und Gemüse nur in dunklen und kühlen Räumen.

Mineralstoffe und Spurenelemente

Mineralstoffe und Spurenelemente sind anorganische Substanzen. Liegt der tägliche Bedarf über 100 mg, werden sie als Mineralstoffe bezeichnet, liegt der Bedarf unter 100 mg, nennt man sie Spurenelemente.

Die Mineralstoffe (meist als elektrisch geladene Teilchen vorliegend) dienen u. a. einer Aufrechterhaltung der elektrischen Stabilität an Zellmembranen und gewähr-

Vorkommen der Vitamine und ihre Bedeutung (aus WESSINGHAGE)

Wasserlösliche Vitamine

Name	Vorkommen	Bedeutung
Vitamin B_1 (Thiamin)	Weizenkeime, Haferflocken, Hefe, Vollkornprodukte, Schweinefleisch, Hülsenfrüchte	Kohlenhydratstoffwechsel, Antioxidationsmittel
Vitamin B_2 (Riboflavin)	Milch, Fleisch, Getreide, Hefe, Weizenkeime	Energieproduktion auf Zellebene
Vitamin B_6 (Pyridoxin)	Getreide, Fleisch, Leber, Hefe, Fisch	Eiweißstoffwechsel, Antioxidationsmittel
Vitamin B_2 (Cobalamin)	in allen tierischen Lebensmitteln	Bildung der roten Blutkörperchen
Vitamin C (Ascorbinsäure)	frisches Obst und Gemüse (Zitrusfrüchte, Hagebutten, Kartoffeln, Paprika, Sanddorn)	Bindegewebeaufbau, Antioxidationsmittel
Folsäure	grünes Blattgemüse, Weizenkeime, Leber, Hefe	Aminosäurenstoffwechsel
Pantothensäure	in pflanzlichen und tierischen Nahrungsmitteln weitverbreitet	Antioxidationsmittel
Niacin	Schweinefleisch, Hefe, Vollkornprodukte, Kartoffeln	Energieproduktion auf Zellebene
Biotin	Sojamehl, Leber, Hefe (wird zusätzlich von den Darmbakterien gebildet)	Enzymbestandteil

Fettlösliche Vitamine

Name	Vorkommen	Bedeutung
Vitamin A (Retinol)	Leber, Lebertran, Milchprodukte, Eigelb	Sehvorgang; Haut und Schleimhäute; Wachstum
Provitamin A (β-Carotin)	Möhren, Paprika, Tomaten, Aprikosen, Feldsalat, Grünkohl usw.	Sehvorgang; Haut und Schleimhäute; Wachstum
Vitamin D	Leber, Lebertran, Eigelb; wird durch Sonnenbestrahlung in der menschlichen Haut gebildet	Calciumstoffwechsel – Knochenaufbau
Vitamin E	Weizenkeime, Vollkornprodukte, Eier, Pflanzenöle, Naturreis, Gemüse	Fettsäurestoffwechsel (Antioxidationsmittel)
Vitamin K	in vielen Lebensmitteln; kann durch Darmbakterien gebildet werden	Blutgerinnung

leisten einen bestimmten osmotischen Druck (Flüssigkeitsverteilung zwischen den Zellen und ihrer Umgebung).
Durch den hohen Schweißverlust bei umfangreichem Ausdauertraining kann es besonders beim Kalium und Magnesium zu Mangelzuständen kommen. Nicht nur wegen der allgemeinen Gesundheitsrisiken sollte besonders auf die Substitution der Magnesiumverluste geachtet werden. Denn eine regelmäßige Zufuhr von Magnesium bewirkt nachweislich eine deutliche Verbesserung der Leistungsfähigkeit. Die Dosis sollte 10–20 mg pro Tag nicht überschreiten, da es sonst zu Durchfällen kommen kann.
Die Spurenelemente sind bisher noch wenig erforscht. Eisenmangel kann die Leistungsfähigkeit besonders bei Triathletinnen herabsetzen. Dem Zink und Selen wird eine Bedeutung als biologisches Antioxidans zugesprochen. Untersuchungen bei Hochleistungssportlern ergaben einen Zinkmangel in 80% der Fälle, der u. a. für eine erhöhte Infektanfälligkeit von Leistungssportlern verantwortlich gemacht wird.

Allgemeine Ernährungsempfehlungen

In unserer Gesellschaft weit verbreitet ist die sog. »Zivilisationskost«. Sie ist verantwortlich für einen Großteil der bestehenden Erkrankungen durch einen

- zu hohen Verbrauch von Nahrungsmitteln mit überwiegend »leeren Kalorien« (vgl. Tabelle)
- Mangel an ballaststoffreichen Nahrungsmitteln (Vollkornprodukte, Gemüse, Obst)
- Mangel an Vitaminen, Mineralstoffen und Spurenelementen
- hohen Schadstoffgehalt in der Nahrung.

Vorkommen der Mineralstoffe und ihre Bedeutung (aus WESSINGHAGE)

Name	Vorkommen	Bedeutung
Natrium (Na)	Kochsalz, gesalzene und geräucherte Lebensmittel	osmotischer Druck im Extrazellulärraum, bioelektrisches System, Enzymfunktion
Kalium (K)	weitverbreitet in pflanzlichen Nahrungsmitteln	osmotischer Druck innerhalb der Zelle, bioelektrisches System, Enzymfunktion
Chlorid (Cl)	Kochsalz, gesalzene und geräucherte Lebensmittel	osmotischer Druck im Extrazellulärraum, Magensäure
Calcium (Ca)	Milch, Milchprodukte, Gemüse, Obst, Getreide	Knochenstruktur, neuromuskuläre Erregbarkeit, Muskelkontraktion, Blutgerinnung
Magnesium (Mg)	Weizenkeime, Hülsenfrüchte, Geflügel, Fisch, Gemüse, Obst	Knochenstruktur, Enzymaktivierung, Muskelfunktion
Phosphor (P)	Milch, Fleisch, Getreide, Fisch, Eier	Knochenstruktur, Zellstrukturen, Energiebereitstellung, Membranfunktionen

Zu meiden sind:

Zucker, zuckerhaltige Speisen und Getränke
- Monosaccharide (Traubenzucker, Fruchtzucker)
- Disaccharide (Rübenzucker, Rohrzucker, Malzzucker, Milchzucker)
- Süßwaren (Bonbons, Pralinen, Schokolade, Nougatcreme, Marmelade, Torte)
- Zuckerhaltige Getränke (Limonaden, Coca-Cola)

Produkte aus stark ausgemahlenen Mehlen (Weißmehlprodukte)
- Weißbrot, Brötchen, Toast, Kuchen, Kekse u. a.

Polierter Reis
Fett, stark fetthaltige und mit viel Fett zubereitete Speisen
- Panierte Speisen (Schnitzel u. a.)
- Rohrnudeln
- Pfannkuchen
- Wurst, fetter Schinken
  Eigelb (Fett, Cholesterin!) u. a.
  Alkohol.

Zu bevorzugen sind:

- Kohlenhydratreiche Nahrungsmittel, die vorwiegend aus Polysacchariden (Stärke) bestehen und gleichzeitig die zu ihrer Verarbeitung notwendigen Vitamine, Mineralstoffe und Spurenelemente enthalten.
- Eiweißreiche Nahrungsmittel, die reichlich biologisch hochwertiges Eiweiß liefern und gleichzeitig nur wenig Fett enthalten.
- Hochwertige Fette mit einem hohen Anteil von mehrfach ungesättigten Fettsäuren.
- Gemüse, Obst, Trockenobst und Obstsäfte als wichtige Lieferanten von Vitaminen, Mineralstoffen, Spurenelementen, Flüssigkeit und Ballaststoffen.

Ernährung in der Wettkampfphase

Der für eine wettkampfgerechte Ernährung wichtige Vorwettkampfabschnitt umfaßt einen Zeitraum von 7 Tagen vor dem Triathlon. Ziel ist es, die Kohlenhydratvorräte maximal aufzufüllen. Die Glykogendepots können ihre Speicherkapazität von normalerweise 300 g auf 600–750 g bei entsprechender Nahrungszufuhr erhöhen, was für die Zeitdauer eines Kurztriathlons voll ausreichen würde.
Es gibt mehrere Möglichkeiten, die Glykogendepots aufzufüllen. Allen ist es gemeinsam, daß die Ernährung in den letzten 3 Tagen kohlenhydratreich, aber fett- und eiweißarm ist.

Erste Möglichkeit:
Eine intensive Trainingseinheit zur Entleerung der Glykogenspeicher findet 7 Tage vor dem Wettkampftermin statt. Dazu eignen sich ein 15-km-Lauf maximaler Intensität oder ein 50-km-Radtest oder zwei lange Trainingseinheiten im Laufen oder Radfahren mit mittlerer Intensität. Im Anschluß daran wird eine strikte Fett-Eiweiß-Diät mit minimalem Kohlenhydratanteil eingehalten, die zunächst ein Auffüllen der entleerten Speicher verhindert. Danach werden die 3 oben beschriebenen kohlenhydratreichen Tage durchgeführt. Bezüglich der Steigerung der Energievorräte in den Glykogendepots hat sich diese »Saltin-Diät« als sehr wirkungsvoll erwiesen. Durch die zweimalige drastische Umstellung der Ernährung innerhalb einer Woche kann es allerdings zu Unverträglichkeiten im Magen-Darm-Trakt und starken Gewichtsschwankungen kommen. Die Diät ist nicht für jeden Sportler geeignet und sollte vor dem wichtigen Hauptwettkampf unbedingt erprobt werden.

Vorkommen der Spurenelemente und ihre Bedeutung (aus WESSINGHAGE)

Name	Vorkommen	Bedeutung
Silicium	Kleie, Pflanzenfasern	Knochenstruktur, Bindegewebe- und Knorpelaufbau
Zink (Zn)	grüne Erbsen, Käse, Eier, Fleisch, Fisch, Leber, Orangen	Wachstum, Sexualfunktionen, Hautstruktur, Wundheilung, Appetit
Eisen (Fe)	Leber, Bierhefe, Schnittlauch, Vollkornprodukte, Petersilie, Broccoli, Rosenkohl	Enzymbaustein, Sauerstofftransport
Mangan (Mn)	Getreide, Spinat, Beeren, Hülsenfrüchte	Knochen- und Knorpelbildung
Fluor (F)	Fleisch, Eier, Obst, Gemüse	Zahn- und Knochenstruktur
Kupfer (Cu)	Hülsenfrüchte, Leber, Nüsse	elastische Fasern (große Blutgefäße), Knochenstruktur, Blutbildung
Jod (J)	Eier, Milch, Meeresfische	Schilddrüsenfunktion, körperliche und geistige Entwicklung
Selen (Se)	Fleisch, Fisch, Bierhefe, Vollkornprodukte, Obst, Gemüse	Antioxidationsmittel, Muskelfunktion, Blutgerinnung

Zweite Möglichkeit:
Diese Form stimmt im wesentlichen mit der ersten beschriebenen Möglichkeit überein. Unterschied: Die Entleerung der Glykogenspeicher erfolgt erst 4 Tage vor dem Wettkampf und auf die fett- und eiweißreiche Phase kann nun verzichtet werden. Der Nachteil ist darin zu sehen, daß noch wenige Tage vor dem Wettkampftermin eine intensive Belastung durchgeführt werden muß, die in Abhängigkeit vom Trainingszustand bis zum Wettkampftag noch nicht verkraftet worden ist.

Dritte Möglichkeit:
Man verzichtet auf eine spezielle »Kohlenhydratmast« vor dem Wettkampf. Da in dieser Zeit sowieso weniger trainiert wird, haben die Glykogenvorräte zumindest ihr Normalniveau. Je besser der Sportler trainiert ist, desto höher ist schließlich im Wettkampf der Anteil der Fettverbrennung, desto weniger ist er auf die Vergrößerung der Glykogendepots angewiesen.

Ernährung am Wettkampftag

Folgende Grundregeln sind zu beachten:

- Keine Änderung der Ernährungsgewohnheiten am Wettkampftag (nichts anwenden, was vorher im Training nicht ausprobiert wurde).
- Nicht nüchtern an den Start gehen.
- Letzte Mahlzeit 2½–3 Stunden vor dem Start, dabei leicht verdauliche Speisen zu sich nehmen, langsam essen und gut kauen.
- Kohlenhydratreiche Nahrung bevorzugen (Müsli, Teigwaren, Brot, Obst).
- Eine Zufuhr von Traubenzucker unmittelbar vor dem Start ist abzulehnen, da der plötzliche Anstieg des Blutzuckerspiegels zu einer vermehrten Insulinproduktion der Bauchspeicheldrüse und damit zum Absinken des Blutzuckerspiegels führt.
- Nicht übermäßig trinken. Bei hohen Außentemperaturen ½ h vor dem Start zusätzlich ½ l Flüssigkeit zuführen.

Eine Nahrungszufuhr während des Wettkampfes zwecks Energiegewinnung ist erst sinnvoll, wenn die Wettkampfdauer über 2–3 h hinausgeht. Beim Kurztriathlon ist die zusätzliche Aufnahme von Wasser ausreichend!
Beim Mitteltriathlon wird beim Radfahren gegessen. Bananen, Müsli- und Energiebarren sind geeignete Kohlenhydratspender. Viele Triathleten bevorzugen u. a. aus diesem Grund als Getränk die sehr zukkerhaltige Cola. Wichtig ist die ständige Zufuhr von Flüssigkeit (Wasser) beim Radfahren und Laufen in regelmäßigen Abständen. Beim Langtriathlon erfolgt die Nahrungsaufnahme beim Radfahren und Laufen.

Wettkampfernährung von Alexandra Kremer bei der Deutschen Meisterschaft 1986 (2,5/99/25); Außentemperatur 30 °C im Schatten.

1 Flasche magnesiumhaltiges Mineralwasser in der Stunde vor dem Start.
Während des Radfahrens ca. 2 l Wasser (4 Radflaschen), 1 Banane (2 Hälften) und 1 Energiebarren.
Beim Laufen ca. 0,1 l Wasser bei jeder Verpflegungsstation (alle 1,5–2 km).
Im Ziel ausreichend Wasser, Magnesium, Kalium, Eisen.

Nach dem Wettkampf müssen die entleerten Glykogendepots durch eine kohlenhydratreiche Mahlzeit aufgefüllt werden. Flüssigkeit, Vitamine und Mineralstoffe sowie Eiweiße sollten ebenfalls in ausreichendem Maß ersetzt werden. In den ersten Stunden nach der Belastung ändert sich der katabole Belastungsstoffwechsel, bei dem die abbauenden Vorgänge überwiegen, in einen anabolen Nachbelastungsstoffwechsel, in dem die aufbauenden Vorgänge die Oberhand gewinnen. In dieser Zeit ist der Körper für die notwendigen Nährstoffe besonders aufnahmefähig. Um die im Wettkampf verbrauchten Stoffe im richtigen Mengenverhältnis zuzuführen, sind die folgenden Punkte zu beachten (nach Konopka 1985, 135).

- Zuerst sollte man eine Portion leicht verdaulicher, vollwertiger kohlenhydratreicher Nahrungsmittel zu sich nehmen, z. B. Kartoffeln, Naturreis oder Teigwaren, bei heißer Witterung auch einmal Fruchtkaltschalen, süße Suppen oder Puddings.
- Danach sollte man eine kleine Portion (ca. 125 g) fettarmer, eiweißreicher Nahrungsmittel essen, z. B. Geflügel, Fisch, mageres Rind- oder Kalbfleisch. Wer Fleisch ablehnt, sollte seinen Eiweißbedarf mit Magerquark, Hüttenkäse, Eiereiweiß und Hülsenfrüchten decken.
- Als Nachtisch empfiehlt sich frisches Obst (Orangen, Grapefruit, Bananen u. a.) oder ein frischer Obstsalat (nicht aus Konserven), den man auch mit Quark oder Joghurt mischen kann, eine bei Sportlern sehr beliebte Nachspeise.
- Nach dem Essen trinkt man etwa ½ l Obstsaft (Apfelsaft, Orangensaft u. a).) pur oder im Verhältnis 1 : 1 mit Wasser gemischt. Die weitere Flüssigkeitszufuhr sollte erst in den Stunden nach dieser Mahlzeit erfolgen, damit der Magen nicht zu stark gefüllt und die Tätigkeit der Verdauungssäfte nicht beeinträchtigt wird.

Grundsätze einer gesunden Ernährung

Ernährung durch abwechslungsreiche, gesunde Mischkost.

Zucker und Auszugsmehlprodukte meiden.

Kein Kochsalz verwenden (Gefahr des Bluthochdrucks).

Ballaststoffreiche Lebensmittel zuführen.

Zuviel Fett und Cholesterin meiden, ungesättigte Fette bevorzugen.

Übergewicht abbauen, jedoch ohne zu Fasten (beeinträchtigt die sportliche Leistung und Ausdauerfähigkeit negativ).

Viele kleine Mahlzeiten über den Tag verteilt zuführen, um Schwankungen im Blutzuckerspiegel gering zu halten.

Beim Kochen: kein Salz zum Kochwasser, Gemüse möglichst roh essen, fettarm kochen und braten.

Alkohol, Nikotin und Koffein vermeiden.

Triathlon unter Hitzebedingungen

Hitze und Luftfeuchtigkeit beeinflussen gerade bei Ausdauersportarten entscheidend die Leistungsfähigkeit.
Unsere Körperkerntemperatur beträgt normalerweise 37 °C. Temperaturschwankungen von wenigen Graden können bereits wesentliche gesundheitliche Beeinträchtigung bedeuten. Deshalb versucht der Körper, diese Temperatur mit verschiedenen Mitteln konstant zu halten. Muskuläre Arbeit, die beim Sporttreiben geleistet wird, produziert Wärme, die an die Umgebung (Luft, Wasser, Boden usw.) mittels Leitung, Strömung, Strahlung und Verdunstung abgegeben werden muß, um ein Ansteigen der Körperkerntemperatur zu vermeiden. Ist nun zusätzlich die Außentemperatur erhöht, so erfolgt die beschriebene Wärmeabgabe vermehrt: Hautdurchblutung und Schweißproduktion steigen an, es kommt zu einer Umverteilung des Blutvolumens. Zugunsten der Hautdurchblutung werden Nieren, Leber und die arbeitende Muskulatur geringer durchblutet, was schnellere Übersäuerung und Abnahme der Leistungsfähigkeit bedeutet.
Da die Wärmeabgabe des Körpers vorwiegend durch die Verdunstung des Schweißes erfolgt, kann der Organismus unter Hitzebedingungen große Flüssigkeitsmengen verlieren. Die Symptome bei unterschiedlich großem Flüssigkeitsverlust wurden bereits im Kapitel Ernährung beschrieben. Bei Triathlon-Veranstaltungen in südlichen Ländern oder auf Hawaii kann es zu Schweißbildungsraten von 6–10 l in 3 h kommen, die – werden sie nicht ersetzt – den Sportler in lebensbedrohliche Zustände bringen können.
Die Aufklärung der Athleten und Betreuer über die Gefahren ist dringend notwendig.

Hitzeerschöpfung

Der Sportler ist benommen, die Haut blaß, kalt und schweißig. Der Puls beträgt mehr als 100 Schläge/min bei niedrigem Blutdruck und erhöhter Körpertemperatur. Die Therapie besteht in Kühlung, Flachlagerung bei leicht erhöhter Kopfhaltung und Flüssigkeitszufuhr durch Infusionen und Getränke.

Hitzschlag

Die ausgeprägtere Form der Hitzeerschöpfung ist der Hitzschlag oder Kreislaufkollaps. Es kommt zu einer Funktionsbeeinträchtigung aller Körperzellen. Die Haut ist trocken und gerötet und die Körpertemperatur beträgt unter Umständen über 40 °C (eine lebende Körperzelle kann eine Überschreitung der Körperkerntemperatur von 41 °C nur für kurze Zeit ertragen!). Die Gefahr eines Hitzschlags steigt mit zunehmendem Alter und wird besonders akut, wenn der Sportler mit Hilfe von Aufputschmitteln die Grenzen seiner Leistungsfähigkeit überschreitet. Eine sofortige Therapie kann lebensrettend sein.

Sonnenstich

Der Sonnenstich ist eine Reizung der Hirnhäute durch intensive Sonnenstrahlung vor allem im Kopf-Nacken-Bereich. Die Symptome bestehen in Übelkeit, Brechreiz, Schwindel und Nackensteifheit. Ein kühler schattiger Ort sowie kalte Umschläge mindern die Beschwerden.

Hitzekrämpfe

Besonders bei weniger gut trainierten Ausdauersportlern kann es durch die Salzverluste bei Hitze zu Bauch- und Muskelschmerzen, Krämpfen, Erbrechen sowie Schwächeanfällen kommen. Regelmäßiges Ausdauertraining vermindert den Salzgehalt des Schweißes. Die Zufuhr von natriumarmen, kaliumreichen Elektrolytgetränken nach sportlicher Belastung verhindert ein Salzdefizit.
Um Hitzeschäden vorzubeugen ist es ratsam, sich mindestens 4–5 Tage vor dem Wettkampf zu akklimatisieren. Eine Anpassung läßt sich durch Training schneller erreichen als unter Ruhebedingungen. Die Hitzeakklimatisation erfolgt am günstigsten in den Morgenstunden oder zur Wettkampfzeit. Insgesamt sollte sich der Triathlet mindestens 4 h pro Tag der Sonne aussetzen. Ausreichende Zufuhr von Flüssigkeit, Mineralstoffen und Vitamin-C-Gaben sind sinnvoll. Die hohen Pulsfrequenzen bei der Trainingsbelastung am ersten Hitzetag sinken bereits nach 3–4 Tagen deutlich ab. Blutvolumen und Schweißproduktion werden gesteigert, die Salzkonzentration des Schweißes verringert. Das subjektive Wohlbefinden verbessert sich.

Besondere Gefahr
durch Hitze droht bei

- Lufttemperatur > 25 °C
- Luftfeuchtigkeit > 70%
- Windgeschwindigkeit < 0,4 m/s

Verhaltensmaßregeln beim Triathlon-Wettkampf unter Hitzebedingungen

- Eine ausreichende Akklimatisation muß gewährleistet sein.
- Vor, während und nach dem Wettkampf müssen große Flüssigkeitsmengen aufgenommen werden (vgl. Ernährungskapitel).
- Während des Wettkampfs auf kritische Überhitzungszeichen achten, die lebensbedrohliche Folgen haben können (pulsierender Kopfdruck, Schwindelgefühle, extreme Muskelschwäche, abstehende Körperhaare).

- Wettkampfgeschwindigkeit herabsetzen, da die Übersäuerung bereits bei niedrigerem Tempo einsetzt.
- Keine medikamentöse Beeinflussung (Alkohol, Kaffee, Doping).
- Kein Start ohne ausreichend guten Trainingszustand, bei Dauerstreß, bei Schlafmangel sowie Infektionskrankheiten (auch mit leichtem Verlauf!).
- Ständige Kühlung des Kopf-Nacken-Bereichs und der Beine mit Wasser (an jeder Verpflegungsstelle).

Schwimmen in kaltem Wasser

Auf Kälteeinwirkungen von außen reagiert der menschliche Organismus mit verschiedenen Mechanismen, die einer Wärmeabgabe entgegenwirken, um die Körperkerntemperatur von 37 °C weitgehend konstant zu halten. Wärmeleitfähigkeit und Wärmekapazität von Wasser sind erheblich größer als in der Luft (1 l Wasser kann ca. 3200mal soviel Wärme aufnehmen wie Luft, die Wärmeleitfähigkeit ist 25mal größer als die der Luft). Deshalb sind Abkühlungsvorgänge beim Aufenthalt im Wasser gegenüber der Luft stark beschleunigt. Zunächst steigt der Energieumsatz auf ein mehrfaches des normalen Wertes, um Wärmeverluste auszugleichen. Doch schon bei einer Wassertemperatur von 20 °C (Erträglichkeitsgrenze) ist der Körper nicht mehr in der Lage, ausreichend Wärme zu produzieren, um ein Absinken der Körperkerntemperatur (zum Körperkern gehören das Gehirn und alle lebenswichtigen Organe) zu vermeiden. Die Zeitdauer, die nun ohne die Folge einer Unterkühlung im Wasser verbracht werden kann, wird begrenzt. Schwimmen in kaltem Wasser beschleunigt die Abkühlung, da

- durch die vermehrte Durchblutung eine Wärmeabgabe begünstigt wird,
- durch die Fortbewegung ständig neues, kaltes Wasser an den Körper gelangt.

Der Wärmeverlust ist individuell unterschiedlich und in erster Linie von der Dicke des Unterhautfettgewebes abhängig (schlanke, durchtrainierte Triathleten haben meist die größten Probleme).
Durch Unterkühlung können gesundheitliche Schäden (bis zu Herzrhythmusstörungen) auftreten.
Kälteanpassung kann erreicht werden, indem die Thermorezeptoren in der Haut gegen Kältereize unempfindlich gemacht werden. Maßnahmen wie die tägliche kalte Dusche, regelmäßige Saunabesuche tragen ebenso dazu bei wie das Training im Freibad und später im Jahr im offenen Gewässer. Eine langfristige Anpassung durch Erhöhung der Stoffwechselrate (Grundumsatz) ist in gewissem Maße möglich, setzt aber einen regelmäßigen Aufenthalt in kaltem Wasser voraus. Auf das Tragen von Kälteschutzanzügen aus Neopren sei an dieser Stelle nochmals hingewiesen. Da die Hauptwärmeabgabe über den Kopf erfolgt, ist die Neoprenhaube zusätzlich zu empfehlen.
Bei Wassertemperaturen unter 14 °C ist von jeglichem Schwimmen abzuraten. Unter 17 °C sollte nicht mehr als 1000 m geschwommen werden. Erst bei Temperaturen über 20 °C kann die Streckenlänge 1200 m überschreiten. In diesem Zusammenhang sei darauf hingewiesen, daß Eintauchen in kaltes Wasser zu erheblichen Anstiegen des systolischen und diastolischen Blutdruckwertes führt. Dabei können Werte bis 300 mm/Hg systolisch und 150 mm/Hg diastolisch gemessen werden! Dieser Gesichtspunkt sollte gerade bei älteren und weniger gut trainierten Sportlern Beachtung finden.

Zeitverschiebung

Der Mensch unterliegt einem regelmäßigen Wechsel zwischen Tag und Nacht, Aktivität und Schlaf, dem sog. zirkadianen Rhythmus. Ursachen dafür sind wahrscheinlich ein »innerer Zeitgeber« und äußere Einflüsse wie das Tageslicht. Die Tagesperiodik beeinflußt die Leistungsfähigkeit. Sportmedizinische Messungen zeigen ein Leistungshoch zwischen 8 und 10 Uhr morgens, ein -tief gegen 15 Uhr und ein erneutes -hoch gegen 17–18 Uhr. Kommt es durch Langstreckenflüge (Ost-West-Richtung) zu einer Differenz zwischen Ortszeit und der eigenen biologischen Uhr, dann kann es zu einer Beeinträchtigung der Leistungsfähigkeit kommen. Schlaf- und Nahrungsaufnahmebedürfnis passen sich nach 7–8 Tagen den Ortsverhältnissen an (ca. 2 h pro Tag Korrektur). Ebenso leicht anpassungsfähig ist das Zentralnervensystem, das für die sportlichen Bewegungen zuständig ist. Beim vegetativen Nervensystem und der hormonellen Regulation ist eine Umstellung erst langfristig möglich. Zu Wettkämpfen in Südamerika, USA, Japan o. ä. empfiehlt es sich, mindestens 1, besser 2 oder 3 Wochen vorher anzureisen und dort möglichst früh ein Training wieder aufzunehmen. Die Belastungen sollten in den ersten Tagen jedoch nicht zu intensiv sein. Die Anpassung kann verkürzt werden, wenn man sich bereits einige Wochen vorher dem Tag-Nacht-Rhythmus des Zielorts anzupassen versucht und eventuell die Trainingszeiten entsprechend verschiebt.

Leistungsverhalten unter dem Einfluß von Medikamenten

Versuche, die körperliche Leistungsfähigkeit mit Medikamenten zu steigern, hat es praktisch zu allen Zeiten gegeben. Beweggründe für den Einsatz im Hochleistungssport sind u. a. übersteigerter Ehrgeiz, wirtschaftliche Erwägungen, soziales und nationales Prestige sowie das Unterdrücken von Schmerzzuständen in Training und Wettkampf. Der Deutsche Sportbund definiert Doping (der Begriff stammt von »dop« = alkoholisches Getränk aus Südafrika mit stark anregender Wirkung) als »den Versuch einer unphysiologischen Steigerung der Leistungsfähigkeit des Sportlers durch Anwendung (Einnahme, Injektion oder Verabreichung) einer Dopingsubstanz durch den Sportler oder eine Hilfsperson vor einem Wettkampf oder während eines Wettkampfes und für die anabolen Hormone auch im Training«.
Jede medikamentöse Leistungsbeeinflussung oder Manipulation am Athleten zum Zwecke der Leistungssteigerung ist abzulehnen (nach Deutscher Sportbund):

- Chancengleichheit, Würde und Unverletzlichkeit der Person als zentrale Prinzipien des Sports gehen durch Doping verloren. Leistungen und Leistungsvergleiche verlieren an Glaubwürdigkeit.
- Die Athleten können bei medikamentöser Beeinflussung erzielte Erfolge nicht mehr auf ihre persönliche Verantwortlichkeit zurückführen.
- Die Sportbewegung bleibt nur dann pädagogisch glaubwürdig, wenn die Eltern sicher sein können, daß ihre Kinder erzieherisch verantwortungsvoll betreut werden.

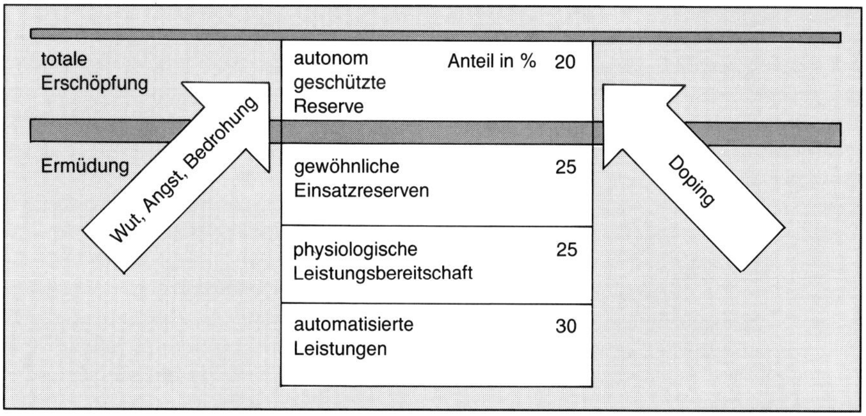

Leistungskapazität des Menschen (nach de Marees 1976, 323)

- Medikamentöse Leistungsbeeinflussung führt in vielen Fällen zur Gesundheitsschädigung.

Die zur Verfügung stehende Leistungskapazität ist durch normalen Willenseinsatz nur bis zu 80% nutzbar. Die restlichen 20% der fiktiven Leistungsfähigkeit befinden sich außerhalb der willentlichen Verfügbarkeit und werden als »autonome Reserven« bezeichnet. Erst in Extremsituationen (Lebensgefahr, starke Emotionen wie Wut und Angst) werden diese Reserven zugänglich.
Durch Doping wird ein Zugriff auf diese normalerweise nicht verfügbaren Bereiche möglich. Die natürliche Ermüdungsbarriere wird durchbrochen, die sportliche Höchstleistung führt zur totalen Erschöpfung. Ein Kreislaufzusammenbruch, u. U. mit tödlichem Ausgang, kann die Folge sein.
Die teilweise extremen Leistungsanforderungen beim Triathlon bergen wie in vielen anderen Sportarten auch die Gefahr des Mißbrauchs von Medikamenten. Psychomotorische Stimulantien und der Einsatz von Medikamenten zum »Fitmachen« nach Schwächung z. B. durch Infektionskrankheiten und zum Ausschalten von Schmerzzuständen besonders beim abschließenden Laufen stehen dabei im Vordergrund. Die natürliche Schmerzreaktion des Körpers, die u. a. einer Verhinderung von Überlastungsschäden dient, wird unterdrückt und darüber hinaus werden die Fließeigenschaften des Blutes verbessert.
Jegliche Medikamenteneinnahme zum Zwecke der Leistungssteigerung wird von uns strikt abgelehnt! Dies bezieht sich auch auf Substanzen, die noch nicht in der Dopingliste erfaßt sind.
Bei positivem Ergebnis einer Doping-Kontrolluntersuchung ist der Triathlet laut Triathlon-Sportordnung 1987 der DTU für 18 Monate gesperrt.

Offizielle Doping-Liste der Medizinischen Kommission des IOC für die Spiele der XXIII. Olympiade, Los Angeles 1984, und für die XII. Winterspiele in Sarajevo 1984

a) Psychomotorische Stimulantien, z. B.
Amphetamin
Benzphetamin
Chlorphentermin
Cocain
Diethylpropion (Amfepramon)
Dimethylamphetamin (Dimetamfetamin)
Ethylamphetamin (Etilamfetamin)
Fencamfamin
Meclofenoxat
Methylamphetamin
Methylphenidat
Norpseudoephedrin (Cathin)
Permolin
Phendimetrazin
Phenmetrazin
Phentermin
Pipradol
Prolintan
und verwandte Verbindungen

b) Sympathomimetische Amine, z. B.
Chlorprenalin
Ephedrin
Etafedrin
Isoetharin
Isoprenalin
Methoxyphenamin
Methylephedrin
und verwandte Verbindungen

c) Verschiedene Stimulantien des Zentralen Nervensystems, z. B.
Amiphenazol
Bemegrid
Coffein*
Cropropamid
Crotethamid
Doxapram
Etamivan
Leptazol (Pentetrazol)
Nicethamid
Picrotoxin
Strychnin
und verwandte Verbindungen

d) Narkotika und Analgetika, z. B.

Anileridin	Morphin
Codein	Oxycodon
Dextromoramid	Oxymorphon
Dihydrocodein	Pentazocin
Dipipanon	Pethidin
Ethylmorphin	Phenazocin
Heroin	Piminodin
Hydrocodon	Thebacon
Hydromorphon	Trimeperidin
Levorphanol	und verwandte
Methadon	Verbindungen

e) Anabole Steroide, z. B.

Clostebol	Nandrolon
Dehydrochlor-methyltestosteron	Norethandrolon
	Oxymesteron
Fluoxymesteron	Oxymetholon
Mesterolon	Stanozolol
Metenolon	Testosteron*
Metandienon	und verwandte
Methyltestosteron	Verbindungen

Diese Liste ist nicht abgeschlossen; sie kann jederzeit erweitert werden.

P. S. Auf Verlangen der interessierten Internationalen Verbände (F. I. E. – Internationaler Fechtverband und U. I. P. M. B. – Internationaler Verband für Modernen Fünfkampf) wird ein Alkoholtest bei den Wettkämpfen dieser Verbände durchgeführt.

* Die Definition eines positiven Falles verlangt:
1. Für Coffein: Wenn die Konzentration 15 μg/ml überschreitet.
2. Für Testosteron: Wenn das Verhältnis der Gesamtkonzentration des Testosterons zu dem des Epitestosterons den Wert von 6 übersteigt.

Verdauungsbeschwerden im Training und Wettkampf

Unangenehme Folgen haben oft Verdauungsprobleme im Training und Wettkampf. Um Schwierigkeiten vorzubeugen, sollten die folgenden Punkte berücksichtigt werden:

- Die größte Verdauungsarbeit bei kohlenhydratreichen Mahlzeiten erfolgt ca. 90 min nach Nahrungsaufnahme (bei eiweiß- und fettreicher Kost dauert es länger). Die letzte größere Mahlzeit sollte daher spätestens 2–3 Stunden vor Belastungsbeginn zugeführt werden.
- Die Kohlenhydratverdauung belastet den Magen-Darm-Trakt weniger als die Fett- oder Eiweißverdauung.
- Eiweißaufnahme und ballaststoffreiche Kost (Gemüse, Salat) sollte vor dem sportlichen Wettkampf gemieden werden.
- Ebenso ungünstig wie ein voller Magen kann sich ein vollständig entleerter Magen auswirken. Krampfartige Schmerzen, Übelkeit und Leeregefühl im Magen können die Leistungsfähigkeit herabsetzen. Die Aufnahme von leicht verdaulichen Kohlenhydraten als kleinere Mahlzeit ½–1 h vor dem Training oder Wettkampf kann manchmal sinnvoll sein.

Häufiger Stuhldrang besonders beim Laufen kann vielfältige Ursachen haben. Allein durch die Bewegung und Erschütterung des Körpers kann der Entleerungsdrang ausgelöst werden. Bei anderen Sportlern führt eine Vergrößerung des Lendendarmbeinmuskels über eine »Massage« des Dickdarms zum Stuhldrang. Ebenso kann der Genuß von Kaffee, von zu hoch konzentrierten Elektrolytgetränken und Obstsäften, die Aufregung vor

dem Wettkampf oder der Einfluß von Kälte einen abführenden Effekt haben.
Selbstbeobachtung und Kontrolle der zugeführten Nahrungsmittel sind der beste Weg, die Ursachen von Verdauungsbeschwerden bei körperlichen Belastungen zu erkennen.
Nach intensivem Training oder Wettkampf reagiert der Magen oft empfindlich auf kalte Speisen und Getränke. Die erste Mahlzeit sollte leicht verdaulich sein und erst stattfinden, wenn der Erschöpfungszustand weitgehend abgeklungen ist.
Auch den Sportlern kann eine halbjährige Darmreinigung durch die Zufuhr von z. B. 50 g Natriumsulfat (Glaubersalz) oder Magnesiumsulfat (Bittersalz) in 1,5–2 l lauwarmem Wasser empfohlen werden (allerdings nicht in der Wettkampfzeit). In den darauffolgenden Tagen sollten vorwiegend Getreideprodukte und Gemüse gegessen werden.
Eine zu große Mahlzeit vor der sportlichen Belastung ist auch die häufigste Ursache des unangenehmen Seitenstechens. Der gefüllte Magen zerrt bei den Erschütterungen des Laufens an seinen Aufhängungen, was Schmerzen im Bauchraum auslösen kann. Weitere Ursachen können eine falsche Atemtechnik sowie eine Dehnung der bindegewebigen Kapseln von Leber und Milz sein. Seitenstechen ist in den seltensten Fällen ein Grund zum Abbruch der Belastung.

Sportverletzungen im Triathlon

Bei den Sportverletzungen im Triathlon wird zwischen Überlastungsschäden und unfallbedingten Verletzungen unterschieden.

Überlastungsschäden

Die Grenzen der sportlichen Leistungsfähigkeit im Triathlon werden u. a. durch die Belastbarkeit des Binde- und Stützgewebes unseres Organismus bestimmt. Ein Mißverhältnis zwischen der individuell möglichen Belastbarkeit und der tatsächlichen Belastung durch Training und Wettkampf führt ebenso wie Fehlbelastungen und chronische Mikroverletzungen auf die Dauer zu Überlastungsschäden.
Schmerzen am Bewegungsapparat, bei denen kein Zusammenhang zu einem Trauma erkennbar ist, müssen als Überbelastungsreaktionen unseres Körpers verstanden werden, die sich bei Entlastung meist rasch zurückbilden. Sie sollten jedoch stets als Hinweis auf eventuell bestehende unerkannte Vorschädigungen des Bewegungsapparates dienen. Dazu gehören:

Fehlhaltungen und Fehlstellungen der Wirbelsäule (Flach-, Rund- und Hohlrücken)

Muskelverkürzungen und -schwächen sind oft die Folge, was beim Training zu Schmerzen und Verspannungen führen kann. Eine tägliche spezielle Wirbelsäulengymnastik wäre bei diesen Fehlstellungen angebracht.

Beinlängendifferenzen

Sie sind oft erkennbar am Schiefstand des Beckens und der kompensatorischen seitlichen Krümmung der Wirbelsäule und sollten durch eine angemessene Schuherhöhung (Orthopädie-Schuhmacher) ausgeglichen werden, um Folgeschäden vorzubeugen.

Achsenfehlstellungen

Zu Fehlbelastungen im Bereich des Knie- und Sprunggelenkes sowie am Fuß kann es durch Achsenfehlstellungen im Kniegelenk kommen. Ein O-Bein führt zur Überlastung des inneren Kniegelenksanteils, beim X-Bein wird die Außenseite vermehrt belastet. Gelenkverschleiß, Bandlockerungen und Meniskusschäden können die Folge sein. Schuhranderhöhungen können die statischen Beschwerden bei geringen Achsenfehlstellungen beheben. Ausgeprägtere Fälle machen oft eine operative Geradestellung notwendig.

Fußdeformitäten

Sie sind die weitaus häufigste Ursache statischer Beschwerden. Knick- und Senkfuß sind meist miteinander kombiniert, das Längsgewölbe des Fußes ist abgeflacht, das Fersenbein nach innen abgewinkelt. Beeinträchtigung von Bändern, Sehnen, Muskeln sowie des Sprung-, Knie- und Hüftgelenks können die Folge sein. Kräftigung der Fußmuskulatur durch gymnastische Übungen, Barfußlaufen auf natürlichem Untergrund sowie Einlagen sind geeignete Maßnahmen, um Überlastungsbeschwerden vorzubeugen.
Beim Spreizfuß sinkt das Quergewölbe des Vorfußes ein. Die Hauptbelastung verlagert sich nun auf die Mitte der Mittelfußköpfchen, wo es zu Schwielen und Hühneraugen kommen kann. Spezielle Spreizfußeinlagen mit Weichbettung des Großzehengrundgelenks, Abrollhilfe unter dem ersten Mittelfußköpfchen und Quergewölbeunterstützung sind neben Gymnastik für die Fußmuskulatur notwendig.

Fehlstellungen der Fußzehen sind oft mit den Fußdeformitäten verbunden. Häufigstes Erscheinungsbild ist der Hallux valgus, das Abdrehen der Großzehe nach außen. Bei voller Ausprägung bleibt nur ein operatives Vorgehen.

Übungen zur Kräftigung der Fußmuskulatur

1. Im Sitzen werden die Füße kräftig gebeugt und anschließend (eventuell Erschwerung durch ein Gewicht) wieder nach oben gezogen (10 Wiederholungen, erst links, dann rechts).
2. Im Sitzen befinden sich die Füße flach auf dem Boden. Fußinnenrand und Fußaußenrand werden maximal angehoben und in dieser Endstellung jeweils einige Sekunden lang gehalten (10 Wiederholungen).
3. Wechsel vom Zehenstand zum Fersenstand mit langsamem Abrollen des ganzen Fußes (10 Wiederholungen, in der Endstellung jeweils einige Sekunden halten).
4. Greifbewegungen: mit den Zehen werden Gegenstände aufgehoben.
5. Beugen und Strecken der Zehen (10 Wiederholungen rechts und links, in der Endstellung einige Sekunden halten).

Tendopathie

Unter dem Begriff Tendopathie versteht man eine schmerzhafte Funktionsbeeinträchtigung im Bereich der Sehnen. Überlastungsschäden und Verletzungen im Sehnenbereich (die Sehne überträgt eine vom Muskel erzeugte Kraft über den Knochen auf das Gelenk) sind fast so häufig vorzufinden wie Muskelverletzungen. Die Beschwerden können vom Ansatz der Sehne (Insertionstendopathie), vom Gleitgewebe der Sehne (Peritendinose) oder von der Sehnenscheide (Tendovaginitis) ausgehen.

Neben der Überbeanspruchung im Training können akute Ereignisse (Tritt oder Schlag gegen die angespannte Sehne), ungünstige Witterungsverhältnisse (Kälte und Feuchtigkeit beeinträchtigen die Dehnungseigenschaften der Sehne), psychische Faktoren (Übermüdung und Konzentrationsschwäche), falsche Technik, schlechtes Ausrüstungsmaterial oder eine bestehende Vorschädigung (z. B. durch Cortison) Auslöser sein. Entzündungsreaktionen und Schwellung führen zu einer Abnahme der Elastizität und der Dämpfungseigenschaften der betroffenen Sehne. Verminderte Durchblutung mit nachfolgender Übersäuerung und Reizung der sensiblen Nervenendigungen lösen schließlich die Schmerzen aus, die unter Belastung zunehmen. Es kann zu einer reflektorischen Blockade der betroffenen Muskulatur, in fortgeschrittenen Fällen zu Verkalkungen im Sehnenansatzbereich kommen.
Die häufigsten Beschwerden im Triathlon ergeben sich beim Laufen im Bereich der Achillessehne. Die mechanische Reizung durch eine einschnürende Fersenkappe, eine gestörte Fersenbeinführung durch einen nicht funktionstüchtigen Bandapparat sowie Fußdeformitäten können die banale Ursache für eine **Entzündung des Gleitgewebes der Achillessehne** sein. Bei Entzündungsanzeichen sind Eisanwendungen, Salbenverbände, Ultraschall, Elektrotherapie, eine vorübergehende Schuhabsatzerhöhung zur Entlastung der Sehne und eine Reduktion des Trainingsumfangs (oder gar Trainingspause im Laufen) angebracht. In fortgeschrittenen Fällen kann eine operative Entfernung des Gleitgewebes notwendig werden. Zur Vorbeugung empfiehlt sich eine regelmäßige Dehnungsgymnastik, das Tragen von Schuhen mit flachem Fersenkeil und Lockerungsmassagen der Wadenmuskulatur.

Schmerzen im Bereich der Achillessehne können auch durch einen **Fersensporn** bedingt sein. Diese Verdickung des Fersenbeinhöckers entsteht anlagebedingt durch zu starken Zug der Achillessehne am Fersenbein. Druckentlastung der Fersenregion durch offene Schuhe oder weichen Fersenteil, entzündungshemmende Maßnahmen und unter Umständen eine Abmeißelung des überstehenden Knochens sind therapeutische Möglichkeiten.
Zu **Sehnenscheidenentzündungen der Fußstrecker** über dem Fußrücken kann es durch einen direkten Schlag oder durch Reibung bei zu engen Schnürsenkeln kommen. Eine gute Abpolsterung des Fußrückens nach Rückgang der Entzündungszeichen kann die Beschwerden beheben.
Bei Schmerzen an der inneren Schienbeinkante handelt es sich in den meisten Fällen um **Ansatzbeschwerden der Unterschenkelmuskulatur**. Diese Insertionstendopathie des hinteren Schienbeinmuskels (M. tibialis posterior) und des langen Zehenbeugers (M. flexor digitorum longus) tritt bei Knick-Senkfüßen und übermäßiger Pronation auf. Vorrang hat auch hier die Beseitigung der Ursachen (Schuheinlage mit medialer Abstützung und Fersenkeil, Schuhwechsel, Laufstilkorrektur). Bei Entzündungszuständen können Eis, Salbenverbände, entzündungshemmende Medikamente und Muskellockerung helfen.

Schleimbeutelentzündungen

Schleimbeutel sind mit kleinen Wasserkissen vergleichbar. Sie befinden sich dort, wo Muskeln oder Sehnen über Knochen laufen und schützen diese im Sinne druckverteilender Polster vor Beschädigung.
Am häufigsten wird die **Entzündung des Schleimbeutels über der Kniescheibe** beobachtet (besonders im Frühjahr nach

langen Radausfahrten bei Kälte und Nässe). Entzündungsbedingt kommt es zur Rötung, Überwärmung, Verdickung und zu Druck- und Dehnungsschmerzen. Beim Laufen kann sich zusätzlich ein Schleimbeutel im Hüftbereich (über dem großen Rollhügel des Oberschenkelknochens) entzünden. Lokale Kälteanwendung, entzündungshemmende Salben und eine Trainingspause sind erste Maßnahmen. Bei chronischen Reizzuständen ist eine operative Entfernung des Schleimbeutels zu empfehlen. Da sich anschließend ein neuer Schleimbeutel bildet, hat diese Methode keine Nachteile.

Ermüdungsbrüche

Ermüdungsbrüche (auch Streßfrakturen genannt) nehmen als Sportverletzung besonders bei jugendlichen Läufern zu. Als Ursache wird eine zu hohe, statisch ungünstige Belastung durch das regelmäßige Training angenommen. Betroffen sind vorwiegend der zweite Mittelfußstrahl, das Schien- und Wadenbein sowie das Kahnbein in der Fußwurzel. Gerade bei Schmerzen an der inneren Schienbeinkante sollte man außer der Insertionstendopathie und einer Knochenhautentzündung auch einen Ermüdungsbruch in Betracht ziehen. Nur eine Belastungsreduzierung für mindestens 2–3 Monate gibt dem Knochen die Möglichkeit zur Wiederherstellung. Beim Triathlon bietet sich die Möglichkeit, auf das Schwimmen und Radfahren verstärkt auszuweichen.

Überlastungsschäden können durch folgende Maßnahmen vermindert werden:

- Ausgleich von statischen Fehlformen des Bewegungsapparates unter Beratung eines sportinteressierten Orthopäden. Analysen des Bewegungsablaufes auf einem Laufband mittels Zeitlupenvideoaufnahmen, die bereits einige Schuhorthopädiemeister anbieten, können sehr sinnvoll sein.
- Verbesserung der Technik und Vermeiden von unnatürlichen Bewegungsabläufen.
- Intensives Aufwärmen zu Trainingsbeginn mit gymnastischen Lockerungs- und Dehnungsübungen.
- Sorgfältige Planung der einzelnen Trainingseinheiten. Hohe Intensitäten gehören an den Anfang des Hauptteils. Auslaufen (-schwimmen, -fahren) ist keine verschwendete Zeit!
- Sportgerechte Ernährung, ausreichende Erholung nach dem Training, Regenerationsmaßnahmen wie Sauna, Massage usw.
- Spezielle Fuß- und Wirbelsäulengymnastik zur Vorbeugung von Fuß- und Haltungsschäden.
- Eingehende Information über das Material, besonders die Laufschuhe (vgl. Kapitel Ausrüstung).
- Medizinische Betreuung und Nutzung der Möglichkeiten der Physiotherapie.

Triathlon bietet bezüglich einer Vorbeugung von Überlastungsschäden viele Vorteile. Der Körper ist vielseitig trainiert und deshalb weniger verletzungsanfällig. Viele Läufer sind aufgrund ihrer oft jahrelangen Beschwerden und Verletzungen zum Triathlon übergewechselt. Sollten trotzdem einmal Beschwerden auftauchen, dann kann ohne Einbußen in der momentanen Leistungsfähigkeit in den anderen Sportarten weitertrainiert werden.

Akute Verletzungen

Beim Schwimmen

Der Schwimmsport ist im Vergleich zu anderen Sportarten von akuten Verletzungen weitgehend verschont. Beim Schwimmen in freien Gewässern kann es zu Verletzungen durch Gegenstände wie Holz, Eisennägel, Glas kommen. Befragte Triathleten klagten in erster Linie über Unterkühlungen und Schürfungen durch reibende Kälteschutzanzüge, die durch Einreiben mit Vaseline an den betroffenen Stellen vermieden werden können. Treten Entzündungen im Mittelohrbereich auf, ist von jeglichem Schwimmen abzuraten.

Beim Radfahren

Nicht zuletzt durch die Beteiligung am Straßenverkehr ist das Radfahren die verletzungsträchtigste Teildisziplin. Vorsicht ist angebracht. Bei der Art der Verletzungen stehen glücklicherweise »nur« oberflächliche Schürfungen mit 62% und Prellungen mit 26% im Vordergrund. Schwere Verletzungen ergeben sich durch Knochenbrüche und Schädelhirntraumen. Der Kopf wird statistisch gesehen in 19% aller Unfälle mit Verletzungsfolgen mitbetroffen.

Radsportverletzungen bei Triathleten

■ Schürfungen, offene Wunden	62%
■ Prellungen, Zerrungen	26%
■ Schädelhirntraumen	4%
■ Frakturen (am häufigsten betroffen: Schlüsselbein und Arm)	8%

Eine große Zahl der schweren Kopfverletzungen kann durch das Tragen eines stabilen Kopfschutzes aus Hartplastik (z. B. Bell-Helm) vermieden werden. Sturzringe schützen höchstens vor Schürfungen und Platzwunden. Vorteilhaft erwies sich in vielen Unfallsituationen auch das Look-Pedalsystem, bei dem man sich in unvorhergesehenen Situationen schnell ausklinken kann (siehe Ausrüstungskapitel).

Beim Laufen

Beim Laufen überwiegen in der Statistik die Verdrehtraumen am Sprunggelenk und die Prellungen. Bei dem supinatorischen Umknicktrauma (Umknicken nach außen) werden häufig die Kapsel und Bänder im Bereich des Außenknöchels betroffen.

Laufverletzungen bei Triathleten

■ Gelenkverstauchung, Prellung	58%
■ Frakturen	11%
■ Offene Wunden	8%
■ Sonstiges	23%

Beim Triathlon

Die Gründe für Verletzungen beim Triathlon ergeben sich in erster Linie durch Ermüdung und Konzentrationsschwäche bei den extremen Langzeitbelastungen. Ein sicherer Zusammenhang besteht auch zwischen der technischen Beherrschung der Sportart und dem Auftreten von Verletzungen. Die technischen Fertigkeiten eines Triathleten können naturgemäß nicht dem Können eines Spezialisten in den Einzeldisziplinen entsprechen. Weitere Ursachen sind, daß es zur Zeit noch relativ wenige Triathlonvereine mit ausgebildeten Trainern oder Übungsleitern und gezielter Trainingssteuerung gibt. Unsere Erhebungen haben auch gezeigt, daß nur ca. 10% aller aktiven Triathleten sportärztlich betreut werden, und das bei einem Trainingsaufwand zwischen 2–3 Trainingseinheiten pro Woche und 3–4 h täglich. Die gezielte Trainingsvorbereitung vor der Teilnahme an anstrengenden Wettkämpfen und richtiges Verhalten im Wettkampf vermindern die Verletzungsanfälligkeit deutlich. Vernunft und Eigenverantwortlichkeit der Athleten sind beim Triathlon besonders notwendig.

Verletzungen beim Triathlon

■ Haut	32,6%
■ Muskel	25,0%
■ Gelenkverstauchung	23,0%
■ Prellung	8,0%
■ Fraktur	8,0%
■ Bandruptur	6,0%
■ Schleimbeutel	6,0%
■ Meniskus	2,0%

Muskelverletzungen

Die Muskelverletzungen zählen mit zu den häufigsten Verletzungen im Triathlon. Während dem **Muskelkater** (Mikroverletzungen in den Eiweißsträngen, die die Muskelfasern bilden) noch kein Krankheitswert beigemessen wird, kann die **Muskelverhärtung** (anhaltende Tonussteigerung bestimmter Muskelpartien) bereits den Übergang zur Verletzung darstellen. Wird die Muskelverhärtung nicht durch Lockerungsmassagen, Wechselbäder und Dehnungsübungen behandelt und wird weiterbelastet, kann es zur **Muskelzerrung** kommen. Bei einer Muskelzerrung reißen einzelne Muskelfasern und verheilen später narbig ohne wesentlichen Funktionsverlust aus. Dagegen kommt es beim **partiellen Muskelriß** zu einer Faserzerreißung größeren Ausmaßes. Behandlungsmaßnahmen sind die sofortige Kühlung, ein Kompressions-Stützverband und Entlastung des betroffenen Muskels. Die Belastung sollte erst bei absoluter Schmerzfreiheit erfolgen, und zwar zunächst beim Schwimmen und Radfahren, später beim Laufen. Der **komplette Muskelriß** stellt die totale Durchtrennung großer Teile des Muskelbauches dar und wird durch eine Delle sichtbar und tastbar. Die operative Versorgung durch Muskelnaht kommt therapeutisch in Frage, da sonst die Ausheilung durch narbigen Ersatz (Bindegewebe) mit Funktionsminderung bis hin zum vollständigen Funktionsausfall erfolgt.
Von diesen Verletzungen abzugrenzen ist der **Muskelkrampf**, bei dem es sich um eine akute Überlastung einzelner Muskelgruppen (z.B. durch Flüssigkeits-/Mineralstoff- oder Sauerstoffmangel) handelt. Die betroffene Muskulatur wird gedehnt, gelockert oder mit Eis abgerieben, bis der Krampf aufhört.

Hautverletzungen, Blasen, blutunterlaufene Nägel

Diese Verletzungen gehören zum Trainingsalltag fast aller Sportler. **Schürfungen** und **oberflächliche Hautverletzungen** ereignen sich am leichtesten beim Radfahren. Bei oberflächlichen, sauberen Wunden ist die Desinfektion (z.B. mit Mercurochrom) ausreichend. Verschmutzte oder tieferreichende Wunden sollten vom Arzt versorgt werden. Es empfiehlt sich für Triathleten ein prophylaktischer Impfschutz gegen Wundstarrkrampf (Tetanus). Falten im Sitzleder der Radhose, ständiges Schwitzen durch Plastikrennsättel und Hautreibung können winzige Risse und kleinflächige Verletzungen der Haut, Furunkel oder sogar Abszesse entstehen lassen. Wund- und Heilsalben (z.B. Bepanthensalbe) und tägliche Sitzbäder in Kamilleextrakten können helfen. Sitzbeschwerden lassen sich durch den richtigen Rennsattel, ein gutes, regelmäßig gefettetes Sitzleder (Vaseline) und die entsprechende Körperhygiene vermeiden.
Blasen treten überwiegend beim Laufen auf. Sie können mit einer desinfizierten Nadel eröffnet werden. Wenn die Flüssigkeit abgelaufen ist, muß auch die Haut desinfiziert werden. Die oberen Hautschichten sollten nicht entfernt werden. Sie schützen die darunterliegenden sich neubildenden Schichten. Blasen können

oft vermieden werden, wenn die gefährdeten Bezirke mit Vaseline oder Hirschtalg eingefettet werden.
Blutunterlaufene Nägel werden am besten vom Arzt behandelt. Er durchbohrt den Nagel an einer oder mehreren Stellen, um das darunterliegende Blut abzulassen. Die Zehe wird mit einem Salbenverband versorgt, der Nagel wird nicht entfernt.

Prellung, Gelenkverstauchung, Bänderriß
Bei **Prellungen** (Kontusionen) des Rumpfes durch stumpfe Gewalteinwirkung besteht stets die Gefahr innerer Verletzungen (von Milz, Leber, Nieren oder Blutgefäßen). Eine eingehende Untersuchung nach Radunfällen oder -stürzen ist ratsam. Prellungen, Gelenkverstauchungen (am häufigsten ist die Distorsion des oberen Sprunggelenkes) und Sehnenverletzungen an den Extremitäten werden zunächst gleich behandelt: mit Hochlagerung und Kühlung (unter fließendem kaltem Wasser mindestens ½ h lang oder mit Eisbeuteln). Anschließend legt man einen Kompressionsverband an und entlastet den betroffenen Bereich. Mittels Röntgenaufnahmen wird ein Knochenbruch oder eine Bandverletzung ausgeschlossen. Funktionelle Stützverbände (Acrylast- oder Tapeverband) schützen in den nächsten 4–6 Wochen vor neuer Verletzung. Liegt eine Bandverletzung vor (oberes Sprunggelenk oder Kniegelenk), dann muß der Sportler operiert werden.

Sehnenriß
Zu einem Sehnenriß kann es bei plötzlicher Muskelanspannung an einer vorgeschädigten Sehne kommen. Ein typisches Beispiel ist der Achillessehnenriß, der oft mit einem lauten Knall verbunden ist. Die operative Behandlung muß umgehend erfolgen, da sich der Muskel sonst verkürzt. Zwischenzeitlich wird intensiv gekühlt.

Meniskusriß
Die Menisken im Kniegelenk sorgen für eine Stoßdämpfung und bessere Druckverteilung bei Belastung. Die aus Faserknorpel bestehenden C-förmigen Gebilde können bei Verdrehverletzungen des Kniegelenks ein- oder teilweise abreißen. Ist der Meniskus nicht vorgeschädigt, so kann der losgerissene Anteil heute auch »arthroskopisch« entfernt werden. Bei diesem Verfahren wird die Kniegelenkskapsel nur punktförmig durchbohrt und der losgerissene Teil mit feinen Instrumenten entfernt. Um Schmerzfreiheit zu erzielen, bleibt sonst nur der operative Eingriff mit Entfernung des geschädigten Meniskus.

Verhalten bei Infektionskrankheiten

Spitzensportler besonders in den Ausdauersportarten sind gegenüber Normalpersonen mit einer erhöhten Infektanfälligkeit behaftet. Es handelt sich dabei vorwiegend um Infekte der oberen Luftwege (Schnupfen, Mandelentzündung), die zur Kürzung der Trainingsprogramme führen und die Wettkampfleistung wesentlich beeinträchtigen. Ursachen für die vermehrte Infektanfälligkeit bei Leistungssportlern können unter anderem sein:

- Ernährungsbedingte Mangelzustände (z. B. Magnesium-, Zink- und Eisenmangel).
- Vermehrte Keimbelastung durch das erhöhte Atemvolumen.
- Erhöhte Schleimhautdurchlässigkeit aufgrund verstärkter Durchblutung oder Schleimhautaustrocknung.
- Unterkühlungszustände.
- Streßbedingte Erhöhung des Kortisolspiegels (Hormon) mit negativen Auswirkungen auf das Abwehrsystem.
- Stoffwechselbedingte Veränderungen, die das Abwehrsystem schwächen (erhöhter Eiweißabbau, Übersäuerung).

Weiterhin ergaben Untersuchungen an Leistungssportlern einen Mangel an Lysozym (zuständig für die unspezifische Körperabwehr), eine Verminderung der T-Lymphozyten (zuständig für das spezifische zelluläre Abwehrsystem), erniedrigte Immunglobulinkonzentrationen (zuständig für die humorale Abwehr des Körpers) und in über 70% der Fälle einen Zink- und Magnesiummangel (Ricken/Kindermann 1986).
Da die Infektanfälligkeit bei Leistungssportlern eine sehr häufige Ursache für Trainings- und Wettkampfausfälle darstellt, gewinnt das Verhalten bei Infektionskrankheiten zunehmend an Bedeutung. Zur Vorbeugung ist zu empfehlen

- eine vollwertige Ernährung,
- die Beseitigung der Mangelzustände (tägliche Magnesiumgabe),
- für Frauen zusätzlich Eisenersatz,
- im süddeutschen Raum Zufuhr von jodiertem, kaliumhaltigem Speisesalz,
- Schutz der Nasenschleimhäute vor Austrocknung durch regelmäßiges Einreiben mit einer Heilsalbe (Bepanthen),
- das Vermeiden von Unterkühlungszuständen und starken Temperaturschwankungen,
- ausreichend Schlaf.

Der Vorbeugung und Behandlung dienen darüber hinaus eine ganze Reihe von schulmedizinischen und naturheilkundlichen Präparaten. Bei den Präparaten der

Naturheilkunde (z. B. Homöopathika, Pflanzenextrakte usw.) fehlt in der Regel der wissenschaftlich gesicherte Wirkungsnachweis.
Fieberhafte Infektionskrankheiten sind immer als Kontraindikationen gegenüber körperlichen Beanspruchungen aufzufassen! Schädigungsmöglichkeiten treten hier gerade bei Ausdauersportarten auf, zu denen Triathlon zählt. Es gibt eine ganze Reihe von Infektionserregern, die einen entzündlichen Zustand des Herzmuskels auslösen können. Kommt es nun weiterhin zur Belastung in Training oder sogar Wettkampf, kann mit Schäden gerechnet werden (z. B. Herzrhythmusstörungen), die den Sportler u. U. ein Leben lang begleiten werden. Entweder muß er den Sport völlig aufgeben oder er erreicht nie mehr seine frühere Leistungsstärke. Aus einer Grippe kann so eine lebensbedrohliche Erkrankung werden! Ein EKG kann die Herzmuskelentzündung rechtzeitig erkennen helfen.

Medizinische Aspekte des Frauentriathlons

Während Frauen in den traditionellen Sportarten lange Zeit um die Teilnahme an offiziellen Meisterschaften kämpfen mußten (erst 1928 wurde der Frauensport in das olympische Programm aufgenommen, noch 1968 bei den Olympischen Spielen in Mexiko City betrug die längste Frauenlaufstrecke 800 m), waren Frauen im Triathlon von Anfang an gleichberechtigt. Sie starten zusammen mit den Männern und absolvieren die gleichen Streckenlängen.
Die geschlechtsbedingten Leistungsunterschiede beruhen auf anatomischen, physiologischen und psychischen Ursachen wie z. B.:

- Geringere Körpergröße (durchschnittlich 13 cm).
- Geringeres Körpergewicht (20–25%).
- Höherer Prozentsatz an Gesamtkörperfett.
- Geringerer Anteil an Muskelgewebe.
- Leichterer Knochenbau.
- Höhere Dehnbarkeit der Muskulatur.
- Geringere Festigkeit von Bändern und Bindegewebe.
- Gutes Koordinationsvermögen.
- Niedrigerer Energiegrundumsatz.
- Kleineres Herz- und Lungenvolumen.
- Niedrigerer Blutdruck.
- Geringere Anzahl roter Blutkörperchen und kleinerer Anteil des Hämoglobins.

Bezogen auf das Körpergewicht ergeben sich Werte, die die Frauen gerade im Ausdauerleistungsbereich relativ begünstigen. Die Leistungsfähigkeit und Trainierbarkeit der Frau wird durch ihren hormonellen Zyklus mitbestimmt. Seit Ende der 70er Jahre beschäftigen sich vermehrt Untersuchungen mit dem Einfluß körperlicher Belastung auf den weiblichen Hormonhaushalt, da gerade durch langjähriges Ausdauertraining Veränderungen des Menstruationszyklus festgestellt wurden. Diese äußern sich in

- verspäteter Menstruation (z. B. alle 40–45 Tage)
- anovulatorischen Zyklen (Menstruation ohne Eisprung) oder
- Amenorrhoe (völliges Ausbleiben der Menstruation).

In der Literatur finden sich hierzu eine Reihe möglicher Erklärungen, die sich meist noch gegenseitig verstärken:

- Hoher Trainingsumfang und/oder -intensität.

Mutter und Kind, durchaus möglich im Hochleistungssport.

- Geringes Körpergewicht, niedriger Körperfettanteil (<8%), große Gewichtsverluste.
- Frühere Menstruationsunregelmäßigkeiten.
- Noch nicht eingetretene Schwangerschaft.
- Großer körperlicher und/oder emotionaler Streß, soziale Faktoren.
- Mangelernährung oder Diät.

Neben einer Gesundheitsbeurteilung sind Leistungsbeurteilung/-prognose und eventuell auch Trainingssteuerung Inhalte der sportärztlichen Leistungsuntersuchung, die vor allem für Spitzensportler in einem sportmedizinischen Institut durchgeführt wird. Um in der Langzeitausdauersportart Triathlon hohe sportliche Leistungen zu erbringen, sind neben einem einwandfreien Gesundheitszustand, bestimmten körperlichen Meßgrößen, guten sporttechnischen Fähigkeiten und biomechanischen Voraussetzungen für die einzelnen Sportarten und der Bereitschaft und Möglichkeit des Athleten, ein äußerst umfangreiches Training zu absolvieren, in erster Linie gute Werte der aeroben Kapazität (Dauerleistungsfähigkeit) Voraussetzung. Spitzentriathleten müssen über eine hohe Sauerstoffbereitstellung, optimale Sauerstoffnutzung verfügen.
Diese hormonellen Schwankungen bei Ausdauersportlerinnen können als normal angesehen werden. Nachteilige Auswirkungen auf die Gesundheit sind bisher nicht nachgewiesen. Nach Reduzierung des Trainingsprogramms setzt die Regelblutung meist ohne weitere Beeinträchtigung wieder ein.
Bei einer Entkalkung der Knochen (Osteoporose) oder immer wiederkehrenden Harnwegsinfekten kann eine Hormonbehandlung in Erwägung gezogen werden. Zyklusbedingte Unterschiede im Leistungsvermögen sind individuell mehr oder weniger ausgeprägt und nicht zu verallgemeinern. Infolge des Blutverlustes während der Menstruation, wegen der geringeren Eisenaufnahmefähigkeit und -speicherkapazität haben Frauen einen höheren Eisenbedarf als Männer. Um einer Eisenmangelsituation vorzubeugen, empfiehlt sich in Zeiten hoher Belastung die Einnahme eines gut verträglichen Eisen-Vitaminpräparates (50–60 mg zweiwertiges Eisen pro Tablette, z. B. Biovital Dragees). Nach einer 3–4wöchigen Einnahme folgt eine längere Pause. Der Hämoglobinspiegel sollte regelmäßig kontrolliert werden. Ergeben sich Werte unter 12,5 g/dl, ist die Überprüfung des Eisenspiegels angebracht.

Die sportärztliche Untersuchung

Vor Aufnahme eines Trainings im Triathlon ist eine internistische und orthopädische Voruntersuchung empfehlenswert. Es gilt, eventuell bestehende Erkrankungen aufzudecken und Veränderungen am Skelettsystem zu erkennen, die leicht zu Überlastungsschäden führen können. Folgende Punkte sprechen gegen eine körperliche Belastung (Kontraindikationen):

- Angeborene oder erworbene Herzfehler.
- Schwere Herzrhythmusstörungen.
- Herz- und Gefäßerkrankungen.
- Unbehandelter höhergradiger Bluthochdruck.
- Akute und chronische Infektionskrankheiten.

Sportmedizinische Parameter deutscher Spitzenathleten (männlich, 1986):

	Durchschnitt	Minimum	Maximum
Alter (in Jahren)	26	19	39
Körpergewicht (in kg)	75	63,6	90,2
Körperhöhe (in cm)	181,9	168	194
Körperfettanteil (in %)	12,64	8,2	14,9
Herzvolumen (in ml)	1228,7	981	1597
Herzfrequenz in Ruhe (Schläge/min)	55,6	42	71
Herzfrequenz bei max. Belastung (Schläge/min)	186,2	168	197
Vitalkapazität (in l)	5,85	4,72	6,73
Atemstoßwert (in %)	83,4	74	95,7
Atemminutenvolumen (in l/min)	176,1	145,5	204
Leistung maximal (in Watt)	403,3	366,6	433,3
Leistung maximal (in Watt/kg)	5,43	4,62	5,95

- Unbehandelte oder nicht wirksam eingestellte Stoffwechselerkrankungen (Schilddrüsenüberfunktion, Diabetes mellitus).
- Für die Belastung bedenkliche Organveränderungen (Leber, Lunge, Nieren) oder vorausgegangene Blutungen im Bereich der Speiseröhre, des Magens oder Darmes.

Auch unbehandelte Zahnerkrankungen (Zahnkaries, Parodontose, Durchbruchsstörungen von Weisheitszähnen und andere Entzündungsvorgänge) können die Leistungsfähigkeit negativ beeinflussen.

Durch die erhöhte Kohlenhydratzufuhr in Form von süßen Mineraldrinks, Müsliriegeln usw. sind gerade Ausdauersportler besonders gefährdet. Es empfiehlt sich eine sorgfältige Mundhygiene, regelmäßige zahnärztliche Kontrolle und ggf. frühzeitige Behandlung.
Die Leistungserfassung der aeroben Kapazität erfolgt durch Erhebung der maximalen körpergewichtsbezogenen Sauerstoffaufnahme oder indirekt mit der geleisteten Wattzahl pro kg Körpergewicht. Die Wirksamkeit der Sauerstoffnutzung im arbeitenden Muskel wird mittels Laktatbestimmung vorgenommen. Die Laktatwerte sind die indirekte Meßgröße der Sauerstoffschuld im Energiestoffwechsel.
Um eine Leistungsprognose stellen, d. h., die hypothetische Leistungsfähigkeit des Sportlers bestimmen zu können, müssen zahlreiche Daten erhoben werden. U. a. ist das Verhältnis zwischen Herzgröße und dem Blutvolumen, das vom Herz gefördert werden kann, entscheidend. Die Bestimmung der aerob-anaeroben Laktatschwelle ermöglicht als indirekte Messung die Prognose hinsichtlich der Sauerstoffnutzung im Muskel, die durch den Prozentsatz an langsamen, tonischen Muskelfasern (die die aerobe Energiebereitstellung begünstigen) limitiert ist.
Für eine wirksame Trainingssteuerung sind getrennte Untersuchungsverfahren für alle drei Sportarten notwendig. Im Verlauf eines Trainingsjahres werden die »Feldversuche« mehrmals durchgeführt und lassen Rückschlüsse auf Trainingsumfang und -intensität sowie die Wahl der Trainingsmethode zu. Die Trainingsüberwachung erfolgt am einfachsten durch Selbstkontrolle (Allgemeinbefinden, Gewicht, Herzfrequenz) oder über Urin- und Blutkontrollen durch den betreuenden Sportarzt. Im täglichen Training werden die Herzfrequenzen in Abhängigkeit von der Belastung bestimmt.

Anhang

Organisation eines Triathlonwettkampfes

Die Nachfrage der Bevölkerung an Triathlonveranstaltungen macht die Organisation von immer mehr Triathlonwettbewerben notwendig. Organisation und Durchführung eines Triathlons sind jedoch sehr aufwendig.
Die örtlichen Gegebenheiten bestimmen weitgehend die Möglichkeiten. Gebunden ist man in erster Linie an ein Gewässer (See, Fluß, Kanal, Meer). Anschließend muß man eine Entscheidung treffen, welche Streckenlängen angeboten werden sollen (Volkstriathlon km 0,5–20–5, Kurztriathlon km 1,5–40–10, Mitteltriathlon km 2–80–20), was teilweise wieder von den Örtlichkeiten abhängt.
Bevor die Organisation richtig beginnen kann, müssen zunächst Genehmigungen eingeholt werden. Als neuralgischer Punkt erweist sich dabei die Radstrecke. Sie muß vom Regierungspräsidium genehmigt werden. Eine Haftpflichtversicherung sowie die Zusage zur Einhaltung der Straßenverkehrsordnung sind neben einer detaillierten Streckenbeschreibung mit Beilage von Kartenmaterial Mindestvoraussetzung für eine behördliche Zustimmung. Die Gewässer-, Rad- und Laufstrecke sollte ferner mit den ortsansässigen Behörden abgesprochen werden. Die Unterstützung durch die Beamten (besonders der Verkehrsbehörde) ist unverzichtbar. Sollte die Laufstrecke durch ein Waldgebiet führen, muß in jedem Fall die Forstbehörde kontaktiert werden. Bestehen keine grundsätzlichen Einwände der ortsansässigen Behörden, kann mit der weiteren Vorbereitung/Organisation begonnen werden. Auf die Genehmigung auf Landesebene kann man nicht immer warten, da sie häufig erst sehr kurz vor der Veranstaltung eintrifft.
Bei der Organisation ist die Zusammenarbeit mit den örtlichen, traditionell gewachsenen Vereinen meist unerläßlich. Für die einzelnen Disziplinen sollten erfahrene Mitarbeiter aus den jeweiligen Einzelsportarten Schwimmen, Radfahren und Laufen gewonnen werden. Um den Gesamtaufwand der Organisation überhaupt bewältigen zu können, müssen die Aufgaben delegiert, die Verantwortung verteilt werden. Ideal ist die Zusammenarbeit mit drei Vereinen oder Abteilungen, die bereits Erfahrungen bei der Organisation eines Langstreckenschwimmens, einer Radtourenfahrt und eines Volkslaufes haben. Sollten die Vereine mitziehen, so wird ihnen die Organisation der jeweiligen Teilstrecke übertragen. Jeweils ein Vertreter arbeitet im Organisationsstab mit.

Schwimmen, Startmodus

Wir empfehlen aus organisationstechnischen Gründen der Chancengleichheit eine Teilnehmerbegrenzung auf maximal 200–300 Athleten. Sollte diese Zahl überschritten werden, raten wir zu zeitlich versetzten Gruppenstarts (vgl. Sportordnung der DTU 2.6.). Der Start erfolgt am sinnvollsten im Wasser an einer Stelle, an der die Teilnehmer keinen Bodenkontakt mehr haben. Vor dem Massenstart wird noch einmal eine Kurzanweisung mit Hinweisen zum Streckenverlauf gegeben. Die Streckensicherung erfolgt durch die Deutsche Lebens-Rettungs-Gesellschaft oder den ortsansässigen Schwimmverein mit Begleitbooten/Surfbrettern.

Zu beachtende Regeln
(vgl. auch Sportordnung)

Bademützenpflicht, auf die Bademützen und die Oberarme werden die Startnummern gemalt
Neoprenanzüge und Schutzbrillen dürfen getragen werden.
Fremdhilfe, Privatbegleitung und Abkürzung sind untersagt
Keine Einschränkung des Schwimmstils
Hilfsmittel (Flossen, Paddels usw.) sind untersagt

Benötigtes Material

Numerierte Bademützen (möglichst grelle Farben)
Startleine, Startpistole
Sicherungsboote
Markierungsbojen auf der Strecke, evtl. besonders gekennzeichnete Wendeboje/ Wendeboot
Schwimmleinen für den Zielkanal
Duschen bei Salzwasserschwimmen

Die erste Zwischenzeitnahme erfolgt bei oder nach dem Verlassen des Wassers. Zur exakten Erfassung der Zeitnahme empfehlen wir einen abgesperrten Laufkanal vom See/Gewässer zur Wechselzone, durch den jeweils nur ein Aktiver hindurchpaßt.

Wechselzone

Die Wechselzone ist ein wichtiger organisatorischer Punkt. Ein reibungsloser Ablauf erfreut die Teilnehmer und erspart den Organisatoren viel Ärger und Beschwerden.
Am organisatorisch einfachsten ist eine einzige Wechselzone. Dies setzt jedoch voraus, daß die Rad- und Laufstrecke jeweils am gleichen Ort beginnen sowie enden (Rundkurse). In einem solch anzustrebenden, idealen Fall raten wir zu einem Zeltaufbau. In dem Zelt werden Bänke aufgestellt und mit Nummern versehen. Jeder Aktive hat so seinen festen Wechselplatz, an dem er seine Materialien vor dem Rennen plazieren kann. Das Zelt bietet Schutz vor lästigen Fotografen und Wettereinflüssen und kann zudem bei schlechtem Wetter nach Wettkampfabschluß weiter genutzt werden (Siegerehrung, Aufenthaltsraum, Bewirtung usw.).
Sollte ein Zeltaufbau aus finanziellen oder räumlichen Gründen nicht möglich sein, so kann der Wechselraum zumindest mit spanischen Wänden abgetrennt werden.
Die Wechselzone muß grundsätzlich für Zuschauer und Angehörige abgesperrt sein. In ihr haben nur die Teilnehmer und offizielle Helfer (als solche auch gekennzeichnet) etwas zu suchen. Die Zone muß so angelegt sein, daß die Athleten keine unnötige Zeit verlieren. Großzügigkeit verhindert Gedränge. Getrennter Ein- und Ausgang sowie deutliche Hinweisschilder erleichtern die Orientierung. Hilfspersonal wird besonders beim Ausziehen der Neoprenanzüge benötigt. Zwischen dem Schwimmen und Radfahren sollten in unmittelbarer Nähe zur Wechselzone ein Verpflegungsstand (Wasser, lauwarmer Tee, Bananenstückchen als Angebot) sowie ein Erster Hilfe-/Massagestand eingerichtet sein.
Ist der Idealfall mit einer Wechselzone nicht zu realisieren, dann erhält jeder Teilnehmer drei große, stabile, mit Schnur zuziehbare Plastiktüten mit der Aufschrift S (für Schwimmen), R (für Radfahren) und L (für Laufen). Schwimm- und Radfahrbeutel liegen dann an der ersten Wechselzone, der Laufbeutel muß vom Veranstalter zum Laufstart transportiert werden. Ein solches Vorgehen bedeutet Mehraufwand und vergrößert die Wahrscheinlichkeit von Verwechslungen.

Benötigtes Material
Umkleidezelt, Bänke, Nummern
Evtl. spanische Wände, Plastikbeutel
Absperrmaterial
Bananen, Wasser, Tee

Radfahren

Für die Räder werden Radständer benötigt. Radständer können aus Holzlatten hergestellt werden. Eisenstangen, dünne Holzlatten oder stramm verspannte Seile, an denen man die Fahrräder mit ihren Bremsgriffen einhängen kann, erfüllen den gleichen Zweck.
Die Räder werden nach Startnummern aufgereiht. Die Numerierung erfolgt mit Zahlenaufklebern oder mit einer Nummer, die an der Fahrradstange angebracht ist. Die Nummer kann den Startunterlagen beigefügt oder vom Veranstalter angebracht werden.
Da die heutigen Rennräder meist sehr wertvolle Gegenstände sind, sollte der Veranstalter eine eigene Zone absperren, in der die Fahrräder abgestellt werden und zu der nur Aktive und offizielle Helfer Zutritt haben. Die Fahrradausgabe erfolgt nach Beendigung der Veranstaltung gegen einen Abholschein. Sind Start und Ziel nicht identisch, verdoppelt sich wieder der Aufwand.
Die Radstrecke stellt hohe Anforderungen an die Organisatoren. Der Kurs muß gut aufgeteilt sein. Pfeile mit grellen Farben (rot, orange usw.) erleichtern den Aktiven die Orientierung. Einige Stunden vor dem Start sollte die Strecke noch einmal abgefahren/kontrolliert werden. Besondere Schwierigkeiten bereitet die Sicherung der Strecke. Das Überqueren von Kreuzungen und das Linksabbiegen sollten möglichst polizeilich und von zusätzlichen Organisationshelfern gesichert werden. Vor gefährlichen Stellen empfehlen wir das Anbringen von zusätzlichen Hinweisschildern (z. B. Vorsicht Kreuzung, Vorsicht Linksabbiegung, Vorsicht gefährliche Abfahrt, Vorsicht gefährliche Kurve).
Die Radstrecke sollte über das Rote Kreuz oder über eine der Hilfsorganisationen gesichert werden. An den Gefahrenpunkten der Strecke empfiehlt sich das Aufstellen von Sanitätsfahrzeugen.
Verpflegungs- und Kontrollstellen sind je nach Streckenlänge und Beschaffenheit notwendig. Angemessen sind Abstände von ca. 20 km. Bei einem Kurztriathlon kann auf Verpflegungsstellen an der Radstrecke verzichtet werden. Wenn Verpflegung angeboten wird, dann sollte das Angebot auf oder kurz nach einer Anhöhe oder auf ebener Strecke erfolgen. Gereicht werden Bananen und Flüssigkeit in 0,5-l-Trinkflaschen (die gegen die Flaschen der Fahrer ausgetauscht werden).
Ein weiterer entscheidender Punkt ist die Kontrolle bzw. das Verhindern von Windschattenfahren. Windschattenfahren bringt unerlaubten Wettbewerbsvorteil und muß wegen der Chancengleichheit unterbleiben. Da sich nicht alle Athleten an die sportlichen Regeln halten wollen und sie

der Ehrgeiz zum Windschattenfahren verleitet, sind Kontrollen durch den Veranstalter notwendig. Am geeignetsten haben sich Motorradfahrer erwiesen. Diese teilen Verwarnungen aus und können bei eindeutigem Windschattenfahren Disqualifikationen aussprechen (Nummern der Fahrer und Tatbestand werden während der Fahrt auf ein Diktiergerät gesprochen).

Zu beachtende Regeln

Kopfschutz durch Helm ist Pflicht
Die Straßenverkehrsordnung muß eingehalten werden
Windschattenfahren führt zur Disqualifikation
Startnummer an Fahrer und Rad sind vorgeschrieben
Fremde Hilfe und Begleitung ist untersagt
Werkzeug und Reifen können mitgeführt werden

Benötigtes Material

Radständer
Absperrmaterial
Radnummern
Startnummern für die Aktiven
Fahrradabholscheine
Pfeile für die Strecke
Hinweisschilder auf Gefahrenpunkte
Motorräder zur Kontrolle auf Windschattenfahren

Die zweite Zwischenzeitnahme erfolgt nach dem Radfahren. Auch hier empfiehlt sich zur besseren Registrierung die Einrichtung eines Gasseneinlaufes, durch den immer nur ein Athlet laufen kann. Das Fahrrad muß vorher von Helfern in Empfang genommen werden, die es in den Fahrradparcour bringen. Bei genügender Helferzahl kann das Rad an den Platz der zugeordneten Nummer gestellt werden, ansonsten wird es nach Eingang hingestellt.

Die Verpflegung muß perfekt organisiert sein. Der Triathlet darf keine Zeit dadurch verlieren.

Laufen

Beim abschließenden Laufen sind die Athleten bereits ermüdet und oft nicht mehr voll aufnahmefähig. Daher muß die Strecke gut markiert sein. Große weiße Pfeile werden auf dem Boden angebracht. Zusätzliche Absperrbänder und Helfer, die den Weg weisen, sind nützlich. Die Strecke sollte möglichst ohne Verkehr und auf befestigtem Untergrund verlaufen. Dies mindert die Verletzungsgefahr. Als angenehm werden befestigte Waldwege (Schatten bei Hitze) empfunden.
Die Laufstrecke sollte mit mehreren Verpflegungsständen versehen werden, an denen in erster Linie Flüssigkeit (in halbvollen Bechern), Schwämme (zur Kühlung der Haut) und Bananenstückchen angeboten werden sollten.
Kilometertafeln besonders gegen Ende des Wettkampfes werden von den Aktiven sehr geschätzt.
Die Laufstrecke muß vom Sanitätsdienst gesichert werden. Erschöpfungszustände besonders bei extremen Temperaturen sind keine Seltenheit und erfordern schnelle Hilfe.

Zu beachtende Regeln

Startnummer muß nach vorne sichtbar getragen werden
Fremde Hilfe, Begleitung, Privatbetreuung sind untersagt

Benötigtes Material

Kreide, Holzspäne zum Auspfeilen
Absperrband, Hinweisschilder
Kilometertafeln
Verpflegungsstände mit Flüssigkeit und Bananen
Becher
Schwämme, Wasserbehälter

Am Ende des Laufens erfolgt die Endzeitnahme. Um alle Athleten erfassen und reigstrieren zu können, ist ein Gasseneinlauf unverzichtbar. Es erspart dem Veranstalter Mühe und Beschwerden durch nichterfaßte Athleten.

Ergebniserstellung

Die Ergebniserstellung erfordert gute Planung und ein eingespieltes Team im Wettkampfbüro. Wichtigste Voraussetzung ist das exakte Erfassen von Startnummern und Zeiten durch die Kampfrichter. Ohne Gasseneinlauf ist dies bei einer größeren Teilnehmerzahl praktisch nicht zu gewährleisten. Jeweils zu zweit werden die Bögen der Kontrollstellen ausgewertet. Einer liest die Nummer vor, der andere hakt sie auf einer vorbereiteten Liste ab.
Danach wird die Liste mit den Zeiten entweder in den mit einem entsprechenden Programm vorbereiteten Computer getippt oder man erstellt per Schreibmaschine eine Ergebnisliste nach Teilnehmereingang.
Ein weiterer Mitarbeiter beginnt sofort nach der Erstellung des ersten Blattes mit dem Fotokopieren in der gewünschten Anzahl. Parallel dazu schreiben einige Helfer mit guter Handschrift die Urkunden (in letzter Zeit setzt sich die Aushändigung der leeren Urkunden immer mehr durch. Das ermöglicht den Teilnehmern das Schreiben der Urkunde mit der gewünschten Schrift und spart dem Veranstalter Mühe. Die Urkunden sollten dann jedoch unmittelbar nach Zieleinlauf in einer Klarsichthülle ausgehändigt werden). Sobald die letzte Ergebnisliste vorliegt, können die Seiten zusammengetragen und ergänzt durch ein vorbereitetes Deckblatt geheftet werden.
Um eine reibungslose Ergebniserstellung zu gewährleisten ist es notwendig, das Wettkampfbüro vollständig abzuschirmen. Nur unmittelbar an der Auswertung Beteiligte dürfen in die Räumlichkeiten gelangen, damit der Ablauf nicht behindert wird.
In der Zwischenzeit wird die Siegerehrung vorbereitet. Siegerpodest und auf einem Tisch dekorativ aufgestellte Ehrenpreise und Medaillen sollten bereits vorher auf den abschließenden Höhepunkt hinweisen. Sobald die ersten Ergebnislisten vorliegen, wird mit der Siegerehrung begonnen. Persönlichkeiten des öffentlichen Lebens stellen sich gerne für die Ehrungsdurchführung und Preisübergabe zur Verfügung.
Für die Organisation einer Triathlonveranstaltung werden 100–300 Helfer benötigt. Eigene Erfahrungen bei der Organisation von Triathlonveranstaltungen haben gezeigt, daß jeder Helfer wenigstens in groben Zügen über den Ablauf informiert sein sollte; möglichst sollten ihm die wichtigsten Punkte schriftlich vorliegen. Dies ist für die eigene Motivation zur Mitarbeit und für Fragen von seiten der Aktiven notwendig.
Die Organisation beginnt schon ca. 1 Jahr vor Wettkampftermin. Zu diesem Zeitpunkt erfolgen Gedanken zum Konzept der Veranstaltung, über Streckenverlauf und Finanzierung/Sponsoren. Die Durchführung einer Triathlonveranstaltung ist nicht zuletzt eine Frage der Finanzierung. Um den Teilnehmern einen adäquaten Wettkampf bieten zu können, reichen die ohnehin schon hohen Startgelder häufig nicht aus. Sponsoren müssen zur Mitfinanzierung gewonnen werden. Es gibt viele Firmen, die ein Interesse haben könnten, bei Triathlonveranstaltungen mit ihren Produkten zu werben, für die sich durch Triathlon ein neuer Marktzweig eröffnet. Eine Werbung kann und sollte deshalb nicht ohne finanzielle Unterstützung erfolgen. Allein die Produktüberlassung nützt mit Ausnahme der T-Shirt-Erstellung und der Verpflegung dem Veranstalter bei seinen Bemühungen, den Wettkampf für die Aktiven noch attraktiver zu gestalten, wenig.
Nachdem die Genehmigungsverfahren durch die Behörden eingeleitet wurden und erste Gespräche mit den Sponsoren stattgefunden haben, sollte die Organisationsleitung rechtzeitig die Wettkampfleitung (Schwimmen, Radfahren, Laufen, Wechselzonen) sowie die Verantwortlichen für Pressearbeit, Ausschreibung, Wettkampfbesprechung, Auf- und Abbau usw. bestimmen.
Nach den ersten Zusammenkünften werden die erste Ausschreibung sowie eine Liste mit benötigtem Material zusammengestellt. Die weitere Organisationsplanung wird vorgenommen. Die gesteckten Ziele werden nur schrittweise verwirklicht. Einzelheiten wie Pressearbeit, Kontakt zu örtlichen Behörden usw. werden individuell je nach Größe und Bedeutung der Veranstaltung angegangen.

Aus dem Fahrradpark auf die Rennstrecke.

Triathlon-Organisationsplan

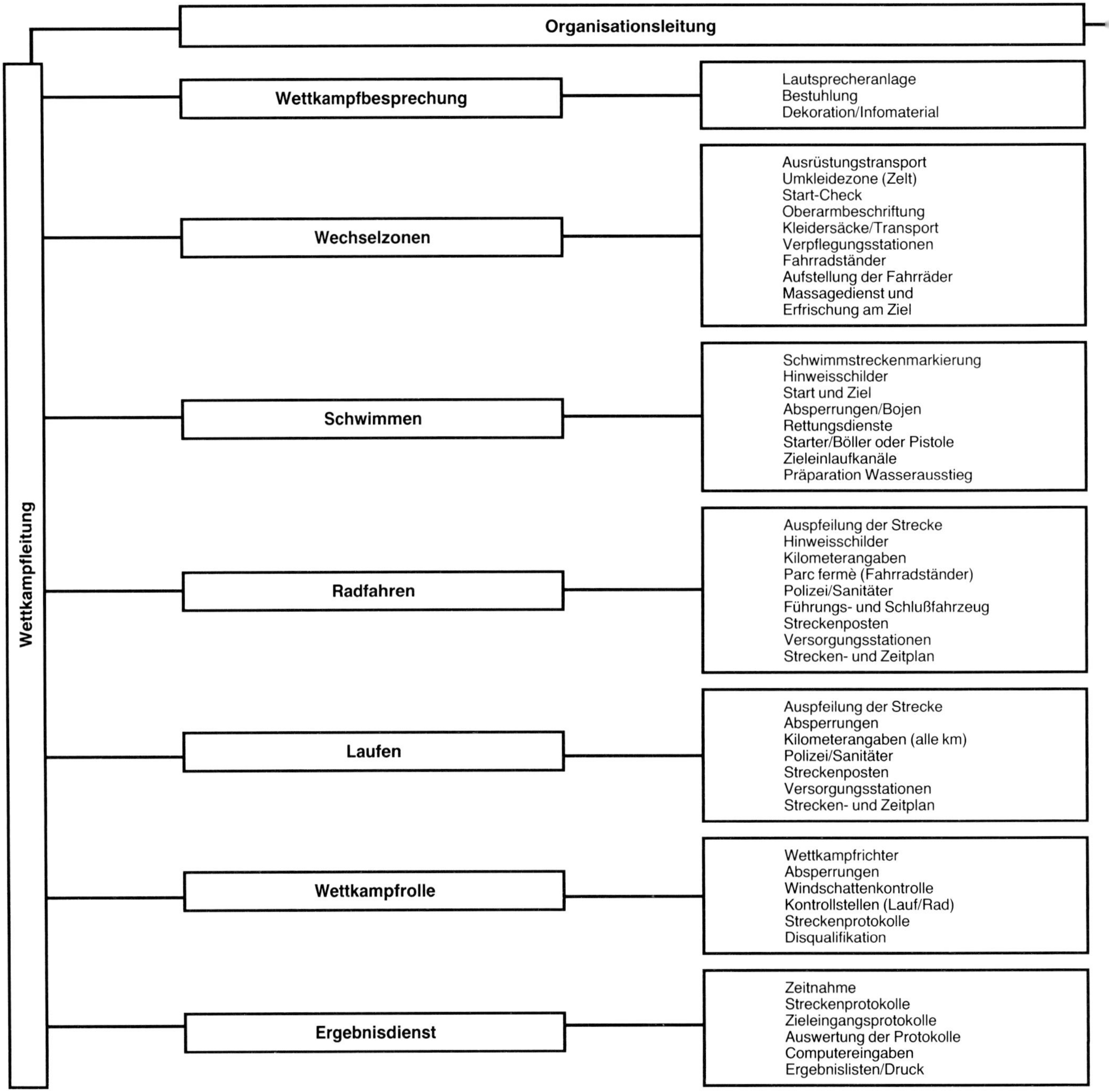

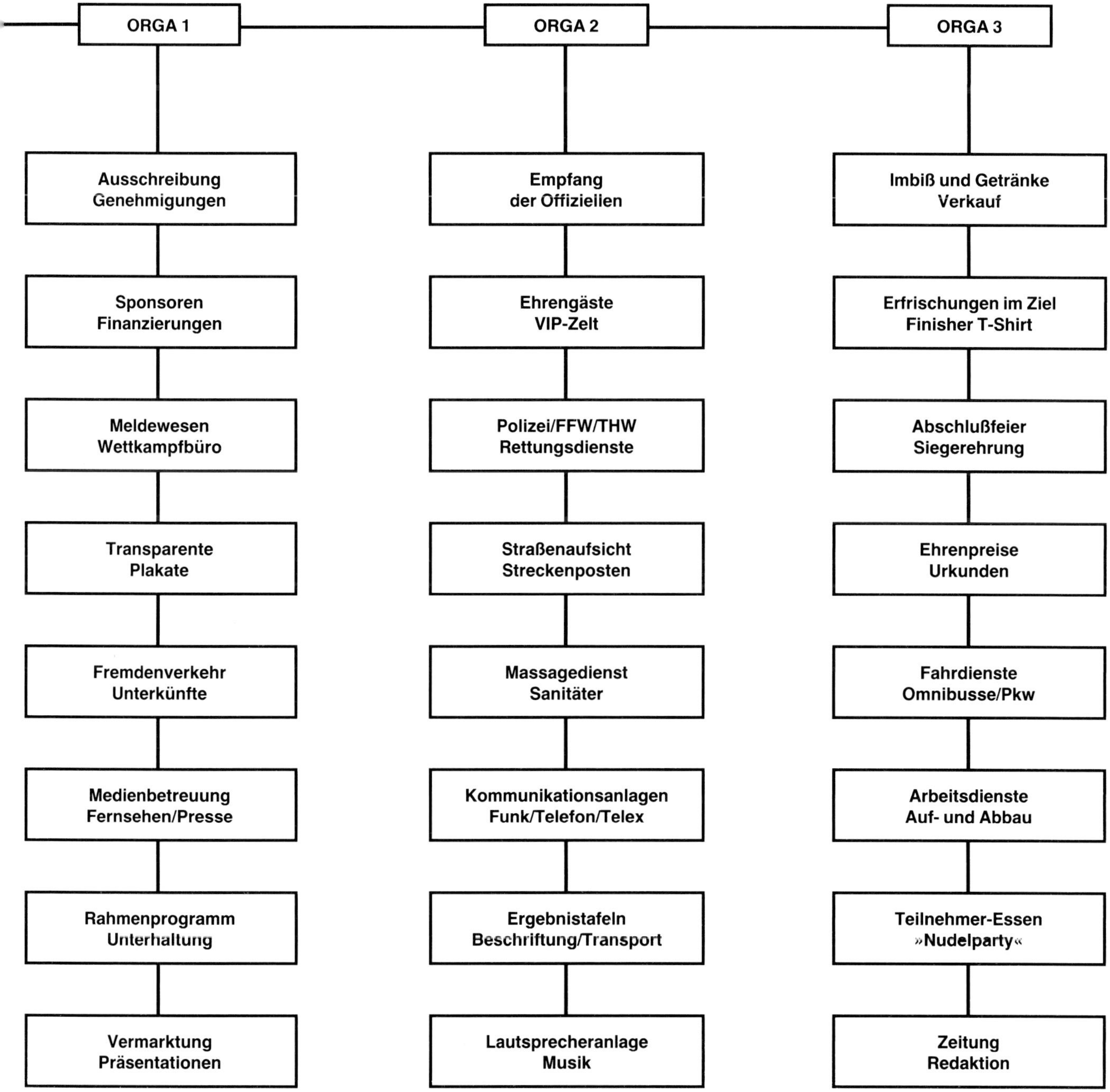
ORGA 1
ORGA 2
ORGA 3
Ausschreibung Genehmigungen
Sponsoren Finanzierungen
Meldewesen Wettkampfbüro
Transparente Plakate
Fremdenverkehr Unterkünfte
Medienbetreuung Fernsehen/Presse
Rahmenprogramm Unterhaltung
Vermarktung Präsentationen
Empfang der Offiziellen
Ehrengäste VIP-Zelt
Polizei/FFW/THW Rettungsdienste
Straßenaufsicht Streckenposten
Massagedienst Sanitäter
Kommunikationsanlagen Funk/Telefon/Telex
Ergebnistafeln Beschriftung/Transport
Lautsprecheranlage Musik
Imbiß und Getränke Verkauf
Erfrischungen im Ziel Finisher T-Shirt
Abschlußfeier Siegerehrung
Ehrenpreise Urkunden
Fahrdienste Omnibusse/Pkw
Arbeitsdienste Auf- und Abbau
Teilnehmer-Essen »Nudelparty«
Zeitung Redaktion

Triathlon-Sportordnung

Diese Triathlon-Sportordnung, herausgegeben von der Deutschen-Triathlon-Union, ist allgemein für den deutschen Triathlon-Sport sowie alle der DTU angeschlossenen Landesverbände (LV), Vereine und Veranstalter verbindlich. Stand: Januar 1987

Oberste Grundsätze sind sportliche Fairness und die strikte Einhaltung der Regeln.

Definition

Triathlon ist ein Ausdauerwettkampf.
Triathlon ist ein Einzelwettkampf, der aus Schwimmen, Radfahren und Laufen besteht.
Der Wettkampf ist ohne Unterbrechung der Zeitnahme durchzuführen.

Erläuterungen:

Kurztriathlon:	ab	0,5 km	Schwimmen
	ab	15,0 km	Radfahren
	ab	5,0 km	Laufen
Mitteltriathlon:	ab	1,6 km	Schwimmen
	ab	48,0 km	Radfahren
	ab	16,0 km	Laufen
Langtriathlon:	ab	3,2 km	Schwimmen
	ab	96,0 km	Radfahren
	ab	32,0 km	Laufen

Veranstaltungen, die unter den Streckenlängen des Kurztriathlons liegen, sind als Volkstriathlon zu bezeichnen.

Relationen:
Die Einzelteilstücke eines Triathlons müssen sich wie 1:30–50:9–11 verhalten.
Abweichungen aufgrund geografischer Gegebenheiten sind von der DTU oder dem jeweiligen LV genehmigen zu lassen.

Triathlonveranstaltungen:
Den Namen Triathlon können nur Veranstaltungen für sich in Anspruch nehmen, die diese Sportordnung einhalten. Der Veranstalter muß Mitglied der DTU oder eines LV sein.

Limitzeiten:
Limitzeiten können vom Veranstalter sowohl für Schwimmen, Schwimmen und Radfahren zusammen, als auch für die Gesamtstrecke festgelegt werden. Sie sollen so bemessen sein, daß ein trainierter Teilnehmer ohne Probleme im Limit bleiben kann. Wird das Zeitlimit überschritten, muß die Rennleitung den Athleten aus dem Wettkampf nehmen.

Startmodus:
Gruppenstart ist erlaubt.
Bei Kurztriathlonwettkämpfen ist ab 200 Teilnehmern Gruppenstart vorgeschrieben.
Die Gruppenstärke darf 150 Teilnehmer nicht überschreiten.
Die Gruppen sind im Abstand von mindestens 15 Min. zu starten.
Bei Gruppenstarts muß der Veranstalter gewährleisten, daß für Zuschauer und Aktive erkennbar ist, zu welcher Gruppe der einzelne Teilnehmer gehört (z. B. verschiedenfarbige Startnummern oder pro Gruppe Beginn einer neuen Startnummernhundertschaft).

Einzelteilstücke

Schwimmen

Das Schwimmen soll in offenem, natürlichem und stehendem Gewässer durchgeführt werden.
Wird in einem Schwimmbad geschwommen, ist dies in der Ausschreibung auszudrücken.
Das Tragen von Kälteschutzanzügen ist gestattet.
Die drei folgenden Sätze der Sportordnung dürfen durch die Ausführung der Anzüge nicht tangiert werden.
Hilfsmittel wie Flossen, »paddles«, Handschuhe, Schnorchel sind verboten. Erlaubt sind Augenbrillen und Gesichtsmasken.
Das Tragen mehrerer Kälteschutzanzüge übereinander ist verboten, ebenso das Unterfüttern der Anzüge mit Luftkammerfolien, Auftriebsplatten usw. Zuwiderhandlungen werden mit Disqualifikation bestraft.
Das Tragen eines Triathloneinteilers (Tri-suit) unter einem Kälteschutzanzug ist gestattet.
Beträgt die Wassertemperatur unter 15 Grad Celsius, ist die Schwimmstrecke auf maximal 1000 m zu begrenzen.
Bei unter 13 Grad Celsius Wassertemperatur ist ein Schwimmen nicht durchzuführen.
Die Temperatur wird in Gewässermitte in 50 cm Tiefe gemessen.
Jeder Teilnehmer hat eine Schwimmütze mit aufgeschriebener Startnummer zu tragen. Die Startnummer ist außerdem auf zumindest einen Arm des Teilnehmers zu schreiben. Dies geschieht durch das Personal des Veranstalters.
Fremde Hilfe ist nicht erlaubt. Helfend eingreifen dürfen nur die vom Veranstalter eingesetzten Personen.
Der Veranstalter hat dafür Sorge zu tragen, daß genügend Hilfspersonal das Schwimmfeld begleitet und jederzeit eingreifen kann.
Bei ungünstigen Witterungsbedingungen (z. B. Dunkelheit, Nebel), die eine ordnungsgemäße Überwachung des Teilnehmerfeldes nicht zulassen, muß der Start verschoben werden.

Radfahren

Jeder Teilnehmer ist verpflichtet, sein Rad in technisch einwandfreiem Zustand an den Start zu bringen. Der Veranstalter kann dies kontrollieren, die Verantwortung liegt ganz bei dem Teilnehmer.
Während des Rennens ist jede fremde Hilfe verboten.
Ausnahmen gelten bei unvorhergesehenen Schwierigkeiten auf der Strecke (kurzfristige Baustrecken). Hier kann der Veranstalter Hilfsposten einsetzen. Helfend eingreifen dürfen nur die vom Veranstalter eingesetzten Personen.
Gestattet ist das Mitführen von Werkzeugen und Ersatzteilen.
Jeder Teilnehmer hat seine Startnummer deutlich sichtbar auf der Rückseite, seitlich rechts, an seinem Radtrikot zu tragen. Das Rad ist ebenfalls mit der Startnummer zu versehen.

Zur Disqualifikation führen:
Das Auswechseln von Laufrädern und das Wechseln des Rahmens.
Das Fahren ohne Helm oder Sturzring.
Windschattenfahren, wobei
a) der Abstand zweier Teilnehmer zueinander mindestens 10 m in Fahrtrichtung betragen muß. Ausnahmen bilden Überholvorgänge und das Fahren in scharfen Kurven.
b) für das Einhalten des 10-m-Abstandes der Überholte verantwortlich ist.

c) ein ständiges Nebeneinanderfahren verboten ist.

Die Verwendung von Rahmenverkleidungen und/oder Windabweisern ist verboten. Zuwiderhandlungen führen zur Disqualifikation.
Wer sich auf unfaire Weise ungerechtfertigte Vorteile verschafft, wird disqualifiziert.
Scheibenräder sind erlaubt, auch Verkleidungen von Speichenrädern.
Die StVO ist einzuhalten.

Laufen

Es muß auf befestigten Straßen und Wegen gelaufen werden.
Fremde Hilfe, auch Schrittmacherdienste per Rad, sind verboten.
Die Startnummer ist sichtbar auf der Vorderseite der Laufkleidung zu tragen.

Verlassen der Strecken und Teilnehmeridentifikation

Ein Verlassen der Strecken zum eigenen Vorteil hat die sofortige Disqualifikation zur Folge.
Jeder Teilnehmer ist zur Feststellung seiner Identität während des Wettkampfes gegenüber der Wettkampfleitung und den Kontrolleuren durch sichtbares Tragen der Startnummer verpflichtet. Er hat auf seine Erfassung zu achten.
Fehlender Startnummerneintrag im Streckenprotokoll führt zur Disqualifikation.

Altersklassen

Altersklasseneinteilung:
Für die Teilnahme an Triathlonwettkämpfen gilt folgende Altersklasseneinteilung: Der Übergang von einer Altersklasse zur nächsten vollzieht sich immer mit Beginn des Kalenderjahres, in dem das betreffende Lebensjahr vollendet wird.
Die Altersklasseneinteilung gilt für weibliche Jugend, männliche Jugend, Frauen und Männer.
Altersklassenwertungen werden nur erstellt, wenn zumindest drei Teilnehmer einer Altersklasse am Start sind.
Angehörige der Schülerklasse dürfen nur an Volkstriathlon-Wettkämpfen teilnehmen.
Angehörige der B-Jugend sind nur zu Kurztriathlons zugelassen.
Angehörige der A-Jugend sind nur zu Kurz- und Mitteltriathlons zugelassen.

Altersklassenbezeichnung:	TW = Triathlon weiblich TM = Triathlon männlich
TW 11/TM 11: (Schüler[innen] B)	Die Jahre, in denen das 11. und 12. Lebensjahr vollendet wird.
TW 13/TM 13: (Schüler[innen] A)	Die Jahre, in denen das 13. und 14. Lebensjahr vollendet wird.
TW 15/TM 15: (Jugend B)	Die Jahre, in denen das 15. und 16. Lebensjahr vollendet wird.
TW 17/TM 17: (Jugend A)	Die Jahre, in denen das 17. und 18. Lebensjahr vollendet wird.
TW 19/TM 19: (Junioren)	Die Jahre, in denen das 19., 20. und 21. Lebensjahr vollendet wird.
TW 22/TM 22: (Hauptklasse)	Beginnend mit dem Jahr, in dem das 19. Lebensjahr vollendet wird.
TW 30/TM 30: (Seniorenklasse)	Von dem Jahr ab, in dem das 30. Lebensjahr vollendet wird.

Weitere Klassen können im 5- oder 10-Jahres-Rhythmus angeschlossen werden (TW 35/TM 35; TW 40/TM 40 usw.).

Preisgelder, Siegerpreise und Startgelder

Diese Regelung ist völlig in die Hand des Veranstalters gegeben und keine Sache des Verbandes.

Meldestellen und Wettkampfbesprechung

Der Veranstalter muß eine Wettkampfbesprechung abhalten.
Die Besprechung soll Besonderheiten der Strecken, technische Details (Startnummern usw.), Regelung der Verpflegungsversorgung und Regelkunde (Windschattenfahren usw.) als Inhalt haben.
Der Veranstalter hat spätestens mit den Startunterlagen jedem Teilnehmer schriftlich mitzuteilen, welche besonderen Bestimmungen neben der Sportordnung für Wettkampf und Organisationsablauf Geltung haben.

Veranstalter

Es müssen behördliche Genehmigungen für alle Wettkampfstrecken vorliegen.
Rettungsdienste für die Schwimmstrecke, die Rad- und die Laufstrecke sowie ausreichende ärztliche Versorgung müssen garantiert werden.
Versorgungspunkte sind vom Veranstalter einzurichten. Als angemessen werden beim Radfahren Abstände von ca. 20 km, beim Laufen von ca. 3–5 km angesehen. Die Verpflegungskontrollstellen dienen nur der Versorgung mit Nahrung, Wasser, anderen Getränken usw.
Vom Teilnehmer kann dort eigene Verpflegung hinterlegt werden.
Bei Temperaturen über 25 Grad Celsius müssen zusätzliche Wasserstellen eingerichtet werden.
Mit seiner Anmeldung erkennt der Teilnehmer Wettkampfordnung und Organisationsform an.

In der Ausschreibung muß enthalten sein:
Veranstalter; Wettkampfleitung; Teilnahmeberechtigung (Klasseneinteilung); Wertungsformen (Mannschaften); Haftungs- und Anerkenntniserklärung; Startzeiten; Limitzeiten; Meldeschluß; Streckenbeschreibung und -länge; Verpflegung; Startgeld; Auszeichnungen; Ausgabe der Startunterlagen; Umkleide- und Duschmöglichkeiten; Siegerehrung; Wettkampfbesprechung.

Disqualifikation, Anweisungen der Rennleitung

Disqualifikationen können nur durch die Wettkampfleitung ausgesprochen werden.

Den Anweisungen der Wettkampfleitung und des Ordnungsdienstes ist unbedingt Folge zu leisten.
Dies gilt auch für angeordnete Pausen (z. B. durch den Arzt bei Unterkühlung), auch bei Rennausschluß.
Disqualifikationen können bis zur offiziellen Auswertung oder Drucklegung der offiziellen Ergebnisliste ausgesprochen werden, längstens jedoch bis zum 7. Tag nach der Veranstaltung. Ausgenommen davon ist ein Verfahren gemäß Abschnitt »Einsprüche«, Absatz: »Fristen«.
Der Ordnungsdienst muß für den Teilnehmer klar erkennbar sein.
Die Wettkampfstrecken müssen mindestens vier Wochen vor dem Termin des Wettkampfes veröffentlicht werden. Auf Besonderheiten und Schwierigkeiten muß hingewiesen werden.
Ausreichende sanitäre Anlagen müssen vorhanden sein.
Duschen nach dem Wettkampf sollte gewährleistet sein.
Ergebnislisten müssen erstellt und den Teilnehmern zur Verfügung gestellt werden.
Das Schiedsgericht wird bei Deutschen Meisterschaften von der DTU, bei LV-Meisterschaften vom LV benannt.
Stationäre Kontrollstellen müssen den Teilnehmern angezeigt werden (Hinweisschilder Mindestgröße 60 × 60 cm). Diese Kontrollstellen müssen ca. 50 m vorher angezeigt werden.
Die Kontrolle von Windschattenfahren setzt mobilen Einsatz voraus, wobei Motorradfahrer mit einem Wettkampfrichter am geeignetsten sind.

Zeitmessung

Zur Zeitmessung sollte eine elektronische Zeitmessungsanlage zur Verfügung stehen. Handstopper müssen in jedem Fall vorhanden sein.
Die einzelnen Teilabschnitte können gemessen werden, sie dienen jedoch nur der Information oder Kontrolle.
Bei Meisterschaften und Serienveranstaltungen müsen die Zeiten für die einzelnen Teilabschnitte genommen werden. Gemessen wird unmittelbar nach Beendigung des Einzelteilstükkes (vor dem Umziehen zum Radfahren, vor dem Umziehen zum Laufen).

Wechselzonen

Wechselzonen dürfen nur von den Teilnehmern und den Offiziellen der Rennleitung betreten werden.
Die Wechselzone ist so anzulegen, daß ausreichend Umkleidemöglichkeiten vorhanden sind.
Wechselzonen sind abzusperren.
Umziehen ist nur in dem vorgegebenen Umkleidebereich gestattet.

Meisterschaften

Eine Qualifikation für Triathlonmeisterschaften kann nur durch Leistungen und Plazierungen bei Triathlonwettkämpfen erreicht werden.
Qualifikationsregelung für Deutsche Meisterschaften:
Der Qualifikationsmodus, Normen und Veranstaltungen, die als Qualifikationswettbewerbe zur Deutschen Triathlonmeisterschaft gelten, werden vom Vorstand rechtzeitig vor Beginn der Saison festgelegt und veröffentlicht.
Die Qualifikationsleistungen müssen entweder im Kalenderjahr der Meisterschaft oder im vorhergehenden Kalenderjahr erbracht worden sein.
Als Regionalmeisterschaften gelten die Meisterschaften der Landesverbände.
Der Meldung zu den Meisterschaften hat der Teilnehmer eine Fotokopie der Ergebnislisten beizulegen, die seine Qualifikation belegen.
Für internationale deutsche Meisterschaften gelten die gleichen Bestimmungen. Ob ausländische Teilnehmer Qualifikationen zu erbringen haben, entscheidet der Veranstalter.

Mannschaften

Der Veranstalter kann eine Mannschaftswertung durchführen.
Drei oder vier Teilnehmer bilden eine Mannschaft. Die drei schnellsten Teilnehmer dieser Mannschaft werden gewertet.
Ein Verein kann beliebig viele Mannschaften melden.

Doping

Doping ist verboten, den angeordneten Kontrollen ist Folge zu leisten. Wer sich der Kontrolle entzieht, wird disqualifiziert. Bei positivem Ergebnis der Kontrolluntersuchung erfolgt eine Sperre von 18 Monaten. Diese wird auf Antrag vom LV oder der DTU ausgesprochen. DTU und alle LV sind zu benachrichtigen.

Einsprüche

Zum Einspruch ist berechtigt, wer durch einen Verstoß gegen Bestimmungen der Ausschreibung oder der Sportordnung in seiner Plazierung benachteiligt ist.
Hinsichtlich des Ergebnisses eines Wettkampfes ist eine Benachteiligung nur anzunehmen, wenn der Verstoß den Gewinn eines Ehrenpreises, Sachpreises, Geldpreises oder eine bessere Plazierung verhindert.
Der Einspruch kann nicht darauf gestützt werden, daß der Veranstalter oder die von ihm eingesetzten Wettkampfleiter bei Entscheidungen, die ihrem freien Ermessen unterliegen, unrichtig entschieden haben, es sei denn, daß das Ermessen rechtsmißbräuchlich angewendet wurde.
Einsprüche einer Mannschaft sind durch einen Bevollmächtigten einzulegen.

Einspruchsgegner:
Der Einspruch ist gegen denjenigen zu richten, dem der Verstoß gegen Bestimmungen der Ausschreibung oder der Sportordnung zur Last gelegt wird.
Bei Anfechtung einer Entscheidung der Wettkampfleitung ist der Einspruch gegen den Veranstalter zu richten.

Einlegung der Einsprüche:
Der Einspruch ist schriftlich einzulegen. Er muß einen Antrag und eine Begründung enthalten.
Als Haftsumme ist ein Betrag von DM 50,– beizufügen.
Gegen Maßnahmen der DTU oder eines ihrer Landesverbände ist der Einspruch bei der DTU oder dem betreffenden Landesverband einzulegen.

Einsprüche, die einer der vorstehenden Bedingungen nicht genügen, sind unzulässig.

Fristen:
Die Frist zur Einlegung eines Einspruches endet
a) mit Beginn des Wettkampfes, wenn der Einspruchsgrund vorher bekannt war,

b) eine Stunde nach der Siegerehrung, wenn Verstöße des/der Geehrten während des Wettkampfes oder das Ergebnis beanstandet werden,
c) in anderen Fällen mit dem 3. Tag nach der Veranstaltung.

Kann glaubhaft nachgewiesen werden, daß der Einspruchsgrund bei gehöriger Sorgfalt vorher nicht bekannt sein konnte, kann das Schiedsgericht der DTU die Fristen verlängern.
Vier Wochen nach dem beanstandeten Verstoß endet die Einspruchsfrist endgültig. Im Falle einer Täuschung endet die Einspruchsfrist erst nach 6 Monaten.

Entscheidungen über Einsprüche:
Zur Entscheidung über Einsprüche sind die Schiedsgerichte der Stellen zuständig, bei denen der Einspruch einzulegen ist.
Auf Antrag des Veranstalters und mit Zustimmung des jeweiligen Landesverbandes kann ein Einspruch zur weiteren Erledigung dem LV übertragen werden.
Über Einsprüche, die vor einem Wettkampf eingelegt sind, soll vor dessen Beginn entschieden werden.
Wird einem Einspruch stattgegeben, so ist die hinterlegte Haftsumme in Höhe von DM 50,– zurückzuerstatten.

Auswirkungen eines Einspruches:
Wird einem Einspruch stattgegeben und sind die Folgen des gerügten Verstoßes nicht mehr zu beheben, so hat/haben der/die Benachteiligte(n), vorbehaltlich einer darüber hinausgehenden Entscheidung des Schiedsgerichts, wenigstens Anspruch auf Erstattung ihres Startgeldes.
Der Veranstalter soll Ehrenpreise, Sachpreise und/oder Geldpreise bis zur endgültigen Entscheidung über einen Einspruch einbehalten, oder, falls der Einspruch später eingelegt wird, diese zurückfordern.

Startberechtigung

Startberechtigt ist ein Triathlet innerhalb des Verbandsgebietes in einem Kalenderjahr nur für einen Verein.
Verstöße gegen diese Bestimmung werden durch den jeweiligen LV mit einem dreimonatigen Startverbot geahndet. Sind zwei LV beteiligt, entscheidet die DTU.

Bekleidung

Beim Laufen und beim Radfahren muß ein Trikot (Oberkörperbekleidung) getragen werden. Tri-suits sind erlaubt.
Die Startnummer darf nicht geändert werden, ein Falten, Knicken und Verkleinern ist nicht erlaubt. Zuwiderhandlungen führen zur Disqualifikation.

Startrecht

Ein Start ist ohne Genehmigung des Veranstalters nicht möglich.
Eine Übertragung des Startrechts (Startnummer) auf andere ist nur mit Genehmigung des Veranstalters möglich. Zuwiderhandlungen führen zur Disqualifikation.

Meisterschaftswertung

Bei LV-Meisterschaften kann nur ein Mitglied eines Vereines (oder Direktmitglied) im jeweiligen LV gewertet werden.
Bei DTU-Direktmitgliedschaft kann eine Wertung bei LV-Meisterschaften nur im LV-Gebiet des Wohnsitzes des Mitgliedes erfolgen.
Eine Wertung bei LV-Meisterschaften kann im Kalenderjahr nur in einem LV erfolgen.
Ist ein Ausländer Mitglied der DTU oder/und eines LVs und hat er mindestens 6 Monate einen Wohnsitz in der BRD, kann eine Wertung bei Meisterschaften erfolgen. Die Bestimmungen des ersten Satzes dieses Abschnitts gelten auch hier.

Literatur

van Aaken, E.: Alternativ-Medizin durch Ausdauer. Verlag Mehr Wissen, Düsseldorf 1984.
Arndt, K.-H.: Ausdauerdreikampf. Gesellschaft für Sportmedizin der DDR 1986.
Bauersfeld, K.-H.; G. Schröter: Grundlagen der Leichtathletik. Sportverlag, Berlin 1980.
Benninghoff, A.; K. Goertler: Lehrbuch der Anatomie des Menschen. Urban und Schwarzenberg Verlag, München 1975.
Brehm, H. K.: Frauenheilkunde und Geburtshilfe. Georg Thieme Verlag, Stuttgart 1976.
Bremer, D.: Triathlon Training. Hessischer Triathlon Verband, Darmstadt 1985.
Bremer, D.: Neue Entwicklungstendenzen im Training und ihre Auswirkungen auf ein langfristiges Trainingsmodell im Triathlon. In: Triathlon: Sportmedizin und Trainingswissenschaft. Verlag Ingrid Czwalina, Ahrensburg 1987.
Breuer, R.: Leistungssteigerung durch gezielte Ernährung. Volkssport-Verlag, Bruchhausen-Vilsen 1984.
Brunner, U.; M. Knebel; H. Wirth: Das Konditionstraining des Schwimmers. Teil 1 – Trockentraining. Bartels und Wernitz Verlag, Berlin 1976.
Counsilman, J. E.: Schwimmen. Limpert-Verlag, Bad Homburg 1977.
Counsilman, J. E.: Handbuch des Sportschwimmens. Schwimmsport-Verlag Fahnemann, Bokkenem 1980.
Donike, M.: Dopingkontrollen. Bundesinstitut für Sportwissenschaft, Köln 1984.
Eberspächer, H.: Sportpsychologie. Rowohlt Taschenbuch Verlag, Reinbek 1982.
Ehlenz, H.: Krafttraining. BLV Verlagsgesellschaft, München 1983.
Ehm, O. F.: Tauchen – noch sicherer! Müller Rüschlikon Verlag, Zürich 1974.
Fixx, J. F.: Das komplette Buch vom Laufen. Krüger Verlag, Frankfurt/Main 1979.
Forstreuter, H.: Gymnastik. Limpert Verlag, Frankfurt/Main 1976.

GABLER, H.: Leistungsmotivation im Hochleistungssport. Verlag Karl Hofmann, Schorndorf 1975.

GIEHRL, J.: Richtig Schwimmen. BLV Verlagsgesellschaft, München 1981.

GRAF, O.: Arbeitsablauf und Arbeitsrhythmus. In: Lehmann, G. (Hrsg.): Handbuch der gesamten Arbeitsmedizin, Bd. 1: Arbeitsphysiologie. Urban und Schwarzenberg Verlag, München 1961.

GRISOGONO, V.: Sportverletzungen erkennen und behandeln. BLV Verlagsgesellschaft, München 1986.

GROSSER, M.; A. NEUMAIER: Techniktraining. BLV Verlagsgesellschaft, München 1982.

GROSSER, M.: Konditionstraining. BLV Verlagsgesellschaft, München 1985.

GROSSER, M.; S. STARISCHKA; E. ZIMMERMANN: Konditionstraining. BLV Verlagsgesellschaft, München 1985.

GROSSER, M.: Leistungssteuerung in Training und Wettkampf. BLV Verlagsgesellschaft, München 1986.

HAAS, R.: Die Dr. Haas Leistungsdiät. BLV Verlagsgesellschaft, München 1983.

HARRE, D.: Trainingslehre. Sportverlag, Berlin 1977 und 1982.

HILLE, E.: Verletzungen beim Jogging. In: Deutsche Zeitschrift für Sportmedizin 32 (1981), 10, S. 265 ff., Deutscher Ärzte Verlag Köln.

HILLIG, W.; H.-O. KRAUEL: Leichtathletik. August Bagel Verlag, Düsseldorf 1979.

HOLLMANN, W.: Zentrale Themen der Sportmedizin. Springer Verlag, Heidelberg 1977.

HOLLMANN, W.; T. HETTINGER: Sportmedizin – Arbeits- und Trainingsgrundlagen. Schattauer-Verlag, Stuttgart 1980.

ISRAEL, S.: Zur Problematik des Übertrainings aus internistischer und leistungsphysiologischer Sicht. Medizin und Sport, 16 (1976), 1, S. 1, VEB Verlag Volk und Gesundheit Berlin.

KILZER, R.; B. ZOLLFRANK: Radsport. Limpert Verlag, Frankfurt/Main 1984.

KLÜMPER, A.: Überlastungsreaktionen bei Spitzenathleten. In: Leistungssport 17 (1987), 2, S. 5 ff., Philippka-Verlag Münster.

KONOPKA, P.: Radsport. BLV Verlagsgesellschaft, München 1983.

KONOPKA, P.: richtig rennradfahren. BLV Verlagsgesellschaft, München 1987.

KONOPKA, P.: Sporternährung. BLV Verlagsgesellschaft, München 1985.

LETZELTER, M.: Trainingsgrundlagen. Rowohlt Taschenbuch Verlag, Reinbek 1978.

MAKARENKO, L. P.: Schwimmtechnik. Sportverlag, Berlin 1978.

de MARÉES, H.: Sportphysiologie. Troponwerke, Köln 1976 und 1981.

MARTIN, D.: Grundlagen der Trainingslehre. Verlag Karl Hofmann, Schorndorf. Teil 1 1979, Teil 2 1982.

MATWEJEW, L. P.: Grundlagen des sportlichen Trainings. Sportverlag, Berlin 1981.

NABATNIKOWA, M. J.: Die spezielle Ausdauer des Sportlers. Bartels und Wernitz Verlag, Berlin 1974.

NEUMANN, G.: Stoffwechselprobleme beim Ausdauerlauf. In: Medizin und Sport 1984 (24), 49–56, VEB Verlag Volk und Gesundheit Berlin.

NEUMANN, G.: Sportmedizinische Grundlagen der Ausdauerentwicklung. In: Medizin und Sport 1984 (24), 174–178, VEB Verlag Volk und Gesundheit Berlin.

NOAKES, T.: Lore of running. Oxford University Press, Cape Town 1985.

NÖCKER, J.: Die biologischen Grundlagen der Leistungssteigerung durch Training. Verlag Karl Hofmann, Schorndorf 1977.

OSTEN-SACKEN; K. SCHUCHARD: Die Reize der Reifen im Test. In: Tour 1986 (9), 54 ff., Atlas Verlag München.

PETER, H. H.: Immunsystem und Infektanfälligkeit. In: Deutsche Zeitschrift für Sportmedizin 37 (1986), 11, S. 348 ff., Deutscher Ärzte Verlag Köln.

PETERS, G.: Trainingsplanung im Triathlon. Diplomarbeit Deutsche Sporthochschule 1985.

PFÖRRINGER, W.; B. ROSEMEYER: Sport, Trauma und Belastung. Perimed Verlagsgesellschaft, Erlangen 1985.

PIEPER, B.; C. FELDMEIER: Tendopathien in der Sporttraumatologie. In: Leistungssport 16 (1986), 6, S. 5 ff., Philippka-Verlag Münster.

POPESCU, A.: Schwimmen. BLV Verlagsgesellschaft, München 1978.

RENZLAND, J.: Regeneration im Sport unter Berücksichtigung psychologischer Prozesse. In: Sportpsychologie 1987 (1), 171 ff., Philippka-Verlag Münster.

RICKEN, K. H.; W. KINDERMANN: Der Immunstatus des Leistungssportlers – Ursachen der Infektanfälligkeit. In: Sonderheft Deutsche Zeitschrift für Sportmedizin 37 (1986), S. 38 ff., Deutscher Ärzte Verlag Köln.

RICKEN, K. H.; W. KINDERMANN: Behandlungsmöglichkeiten der Infektanfälligkeit des Leistungssportlers. In: Deutsche Zeitschrift für Sportmedizin 37 (1986), 5, S. 146 ff., Deutscher Ärzte Verlag Köln.

SAMULSKI, D.: Wie motivieren sich Leistungssportler selbst? In: Sportpsychologie 1 (1987), 1, S. 7 ff., Philippka-Verlag Münster.

SATORI, J.; P. TSCHIENE: Die Fortentwicklung der Theorie des Trainings. In: Leistungssport 1987 (2), 7 ff., Philippka-Verlag Münster.

SCHARCH, W.: Der radfahrende Athlet. Verlag Kesselring, Emmendingen 1978.

STEFFNY, M.: Marathontraining. Dr. Hanns Krach Verlag, Mainz 1972.

STEFFNY, M; R. BREUER: Das Frauen-Laufbuch. Spiridon Verlag, Hilden 1982.

STEGEMANN, J.: Leistungsphysiologie. Georg Thieme Verlag, Stuttgart 1977.

SZÖGY, A.; D. BÖHMER: Das sportmedizinische Profil des optimalen Triathlonsportlers. In: Triathlon: Sportmedizin und Trainingswissernschaft. Verlag Ingrid Czwalina, Ahrensburg 1987.

SZÖGY, A.; D. BÖHMER: Fahrradspiroergometrische Bestimmung der aeroben Kapazität bei Triathletinnen und Triathleten. In: Triathlon:

Sportmedizin und Trainingswissenschaft. Verlag Ingrid Czwalina, Ahrensburg 1987.
THIES, E.; M. ENGELHARDT: Sportverletzungen beim Triathlon. In: Triathlon: Sportmedizin und Trainingswissenschaft. Verlag Ingrid Czwalina, Ahrensburg 1987.
TITTEL, K.: Beschreibende und funktionelle Anatomie des Menschen. Gustav Fischer Verlag, Stuttgart 1976.
TSCHIENE, P.: Veränderungen in der Struktur des Jahrestrainingszyklus. In: Leistungssport 36 (1985), 5, S. 5ff., Philippka-Verlag Münster.
WEINEK, J.: Optimales Training. Perimed Verlagsgesellschaft, Erlangen 1983.
WESSINGHAGE, E. u. T.: Laufen. BLV Verlagsgesellschaft, München 1987.
WILKE, K.: Schwimmen. August Bagel Verlag, Düsseldorf 1979.
WILKE, K.; E. FASTRICH: Das Kraulschwimmen. Limpert Verlag, Bad Homburg 1978.
WILKE, K.; Ø. MADSEN: Das Training des jugendlichen Schwimmers. Verlag Karl Hofmann, Schorndorf 1983.
WÖLLZENMÜLLER, F.; B. GRÜNEWALD: Ausdauertraining. Otto Maier Verlag, Ravensburg 1984.
WÖLLZENMÜLLER, F.: Richtig Radfahren. BLV Verlagsgesellschaft, München 1985.
WÖLLZENMÜLLER, F.: Richtig Jogging, Dauerlaufen. BLV Verlagsgesellschaft, München 1985.
WOLF, A.: Langstreckenläuferinnen: Psyche und Hormone.
WOLF, A.: Die Bedeutung des Sports für die Menarche. In: Sozialpädiatrie in Praxis und Klinik (1985), 8, Verlag Kirchheim Mainz.
ZIESCHANG, K.: Richtig Leichtathletik. BLV Verlagsgesellschaft, München 1980.
ZORN, H.: Radsport. Rowohlt Taschenbuch Verlag, Reinbek 1984.

Fachzeitschriften

Leistungssport
Philippka-Verlag, Münster

Skilanglauf + Triathlon Magazin
Echo Verlags GmbH, Köln

Triathlon Magazine
8461 Warner Drive, Culver City CA 90230

Triathlon – Journal
Triathlon Verein Deutscher Ärzte und Apotheker, Hanau

Triathlon – Magazin
Spiridon-Verlags GmbH, Hilden

Zeitschrift für Sportmedizin
Deutscher-Ärzte-Verlag GmbH, Köln

Sportpsychologie
Philippka-Verlag, Münster

Sport-special
Vereinigte Fachverlage Krausskopf, Mainz

Bildnachweis

Archiv Arena: S. 18 oben
Archiv Le Coq sportif: S. 36, 78, 144
Archiv Look: S. 20
D. Birkner: S. 17, 18 unten, 19, 23, 25, 28, 32, 33, 50, 80/81, 82/83, 84/85, 87, 89, 90
H. J. Herzog: S. 12
Kent: S. 54
G. Klaeren: S. 7, 108
T. Kleine-Rüschkamp: S. 16, 105
Th. Knoeckel: S. 51
Ch. Kühn: S. 65, 126/127
Pühn/Lutz (Hilpoltsteiner Volkszeitung): S. 13 rechts, 14, 15, 63, 67, 95, 96/97, 104, 105 oben, 106, 131
M. Sauerbier: S. 133
E. D. Schmickler: S. 11, 103
Schüssler: S. 25
K. Steinbach: S. 42
H. Szware: S. 8, 79, 98
H. Zehendner: S. 13 links

Titelfotos: Le Coq sportif
Grafiken: Barbara von Damnitz

Nützliche Adressen

Deutsche Triathlon Union

Präsident: Dr. Martin Engelhardt,
Am Hexenpfad 20, 6450 Hanau

Fachverbände der Einzeldisziplinen

Deutscher Schwimm-Verband, Silcherstr. 8, 8000 München 40, Tel. 089/356006

Bund Deutscher Radfahrer, Otto-Fleck-Schneise 4, 6000 Frankfurt 71, Tel. 069/6789222

Deutscher Leichtathletik Verband, Julius-Reiber-Str. 19, 6100 Darmstadt, Tel. 06151/88090

Deutsche Ultramarathon Vereinigung, Harry A. Arndt, Südring 5, 6458 Rodenbach, Tel. 06184/51604

Triathlon Verein Deutscher Ärzte und Apotheker, Dr. Martin Engelhardt, Am Hexenpfad 20, 6450 Hanau 1, Tel. 06181/259051 (p.)

Radsportvereinigung Deutscher Ärzte und Apotheker, Dr. Hans-Peter Dietrich, Albrecht-Dürer-Ring 30c, 6710 Frankenthal, Tel. 06233/43900 (p.), 06233/61309 (d.)

Verband langlaufender Ärzte, Dr. Hans-Henning Borchers, Prinzregentenstr. 1, 8900 Augsburg, Tel. 0821/92985 (p.), 0821/33867 (d.)

Stichwortverzeichnis